新时期上海合作组织：
形势和任务

(2018—2019)

Shanghai Cooperation Organization in the New Era:
Situation and Task (2018—2019)

中国上海合作组织研究中心
主　编　戚振宏
执行主编　邓　浩

世界知识出版社

中国上海合作组织研究中心

2006年3月30日，经国务院批准，中国上海合作组织研究中心在北京成立。本中心拥有上海合作组织国家研究中心的地位。中心主要由中国国内权威学术机构的著名专家学者组成，同时聘请部分政府官员参加。中心秘书处设在中国国际问题研究院，负责国家研究中心的日常工作。

中心的宗旨在于以中心为平台整合中国国内智力资源，加强对上海合作组织的理论、战略、对策与动态研究。中心的主要任务是与上海合作组织其他成员国相应的国家研究中心一道，组成上海合作组织论坛，并通过论坛携手各成员国专家学者，开展有关上海合作组织的学术研究和理论探讨，加强上海合作组织的国际影响和地位，发挥论坛上海合作组织智囊团的作用。

中心每年根据形势发展和现实需要举办多项学术活动，包括学术研讨会，形势报告会等。中心成立以来，已出版三部《上海合作组织研究报告》。2018年11月，中心正式出版了国内首部上合组织蓝皮书《上海合作组织：回眸与前瞻（2001—2018）》。中心定期派遣代表团出席上海合作组织论坛会议，为上合组织的发展贡献中方专家的智慧和方案。2008年5月，中心作为上海合作组织论坛轮值主席首次主办论坛第三次会议，时任中国外交部部长杨洁篪出席会议并讲话。2013年4月，中心再次作为轮值主席主办论坛第八次会议。2019年4月，中心作为轮值主席主办论坛第十四次会议，来自八个成员国及观察员国、对话伙伴的50余名代表与会，会议一致通过了会议纪要。

编辑委员会名单

主　编

戚振宏

执行主编

邓　浩

编　委（以姓氏笔画为序）

于振起　王海运　邓　浩　邢广程　孙壮志　李凤林
李永全　李自国　张志明　季志业　戚振宏

Редакционная коллегия

Главный редактор
Ци Чжэньхун

Главный исполнительный редактор
Дэн Хао

Редакционная коллегия (по алфавиту)
Ван Хайюнь   Дэн Хао   Ли Фэнлинь
Ли Юнцюнь   Ли Цзыго   Син Гуанчэн
Сунь Чжуанчжи   ЦзиЧжийе   Ци Чжэньхун
Чжан Чжимин   Юй Чжэньци

Editorial Committee

Editor in Chief
Qi Zhenhong

Executive Editor
Deng Hao

Editorial Committee (by initials)
Deng Hao   Ji Zhiye   Li Fenglin   Li Yongquan
Li Ziguo   Qi Zhenhong   Sun Zhuangzhi
Wang Haiyun   Xing Guangcheng   Yu Zhenqi
Zhang Zhiming

前　言

2017年上海合作组织（以下简称"上合组织"）阿斯塔纳元首峰会正式接纳印度、巴基斯坦为新成员，是上合组织发展进程中一个具有划时代意义的重大事件，标志着上合组织进入一个全新的历史发展时期，开启上合组织跨区域融合发展新征程。2018青岛峰会是上合组织扩员后举行的首次峰会，确立了新时期上合组织的发展方向和奋斗目标，堪称上合组织发展进程中的一座新的里程碑，对新时期上合组织具有领航定向作用。2019年比什凯克峰会，是上合组织度过18周年"成人礼"的象征，成员国元首重申青岛峰会确立的宗旨和目标，积极擘画推进上合组织合作，为新时期上合组织发展注入新的活力和动力。当前，上合组织政治、安全、经济、人文、机制建设、对外联系六大领域合作稳步推进，对地区和全球事务的影响和作用与日俱增，正朝着构建上合组织命运共同体的宏伟目标阔步前行。

新时期上合组织面临新形势。从国际大势看，世界正处于"百年未有之大变局"，世界力量对比加速演变，新兴市场国家和发展中国家群体性崛起，新一轮科技革命和产业变革方兴未艾，正在对现有国际格局和国际秩序产生前所未有的巨大影响。与此同时，美国大行单边主义和保守主义，肆意挑起大国对抗，导致全球战略稳定遭受严重冲击。世界正进入一个新旧力量激烈博弈、新旧动能加速转换、新旧秩序深刻演变的关键时期。从地区层面看，上合组织所在的欧亚地区正经历新一轮的大发展、大变革、大调整，一方面，作为维护地区稳定的重要力量，中俄全面战略协作伙伴关系进入新时代，双方不断深化"一带一盟"对接合作，积极共建欧亚经济伙伴关系，有力地促进了欧亚地区治理良性发展，带动区域合作稳步前行，为地区局势增加了更多的正能量和确定性。同时，作为欧亚地区最大的综合性国际组织，上合组织高扬"上海精神"，积极推动地区安全、融合发展和文明互鉴，树立了新型国际关系典范，成为地区安全的重要保障。但另一方面，阿富汗问题、"三股势力"、印巴矛盾冲突等对地区安全的威胁有增无减，欧亚地区隐患犹在，很不太平，地区治理尚面临诸多挑战。从上合组织内部看，首次成功扩员，不仅仅是上合组织地理范围的延伸和成员国数量的增加，更是上合组织强大感召力、影响力、凝聚力和吸引力的集中展示，彰显上合组织旺盛的生命力。但同时也要看到，随着印巴加入，上合组织自身的固有模式面临新的考验，如何面对成员国增多、差异性加大求同化异，保持协调，开展高效合作；如何应对多种区域机制和地区治理方案并存发挥自身优势，脱颖而出；如何将先进理念和地区实际相结合统筹推进组织的安全、经济、人文合作，并有效化解成员国之间矛盾冲突。这都是必须认真对待、亟待解决的当务之急，事关上合组织能否行稳致远。

新时期上合组织呼唤新理念。上合组织一直以理念先进而著称，其倡导和践行的以"互信、互利、平等、协商、尊重多样文明、谋求共同发展"为内涵的"上海精神"，是凝聚上合组织大家庭的核心价值，集中体现了上合组织超越冷战思维的创新理念，确保上合组织不断发展壮大。2018年青岛峰会在继续强调严格遵循"上海精神"的基础上，倡导"两个构建"，即构建新型国际关系和构建人类命运共同体，并将其写入上合组织青岛峰会宣言。2019年，"两个构建"再次写入比什凯克峰会宣言。这进一步丰富了"上海精神"的时代内涵，为新时期上合组织发展提供了新的先进理念。习近平主席在青岛峰会上提出的创新、协调、绿色、开放、共享的发展观，共同、综合、合作、可持续的安全观，开放、融通、互利、共赢的合作观，平等、互鉴、对话、包容的文明观，共商共建共享的全球治理观，是对"两个构建"理念的具体化，揭示了"两个构建"的基本遵循原则，是对当代"上海精神"内涵的全新阐释和概括，使"上海精神"与时俱进，与"两个构建"有机地融为一体，成为新时期上合组织全面系统的理念指引，为构建上合组织命运共同体提供了强大的思想武器和指路明灯。

新时期上合组织肩负新使命。面对新形势、新问题、新挑战，作为维护地区和全球稳定的重要力量，上合组织必须承载更加宏大的使命和更加艰巨的任务，以无愧于时代的重托和国际社会的期待。上合组织青岛宣言明确指出，上合组织将以平等、共同、综合、合作、可持续安全为基础，推动国际秩序更加公正、平衡。这是成员国基于共同需要达成的重要政治共识，为完善全球治理贡献了上合智慧，指明了新时期上合组织的新使命。习近平主席在青岛峰会讲话中指出，我们要坚持共商共建共享的全球治理观，不断改革完善全球治理体系，推动各国携手建设人类命运共同体，并在2019年比什凯克峰会讲话中进一步提出要把上合组织打造成团结互信、安危共担、互利共赢、包容互鉴的典范。这是中国为上合组织破解时代难题、化解风险挑战提供的"中国药方"，也是中国为新时期上合组织在区域和全球治理中发挥更大作为提出的"中国方案"，集中体现了新时期上合组织应有的担当和职责。我们应该凝心聚力、务实笃行，按照"四个典范"的要求，从全球治理的高度，着眼于地区秩序重塑，不辱使命，不负重托，紧紧围绕构建上合组织命运共同体，坚定推进上合组织各项合作，努力将上合组织打造成构建新型国际关系和构建人类命运共同体的样板。

中国上合组织研究中心是上合组织智囊机构——上合组织论坛的成员之一。多年来，本中心与其他成员国上合组织研究中心一道，求同存异，凝聚共识，共同为上合组织发展建言献策，为上合组织发展壮大提供了应有的智力支持。2018年，为适应新时期上合组织发展要求，本中心启动了编写上合组织蓝皮书项目，并于当年年底组织出版了国内首部上合组织蓝皮书，即《上海合作组织：回眸与前瞻（2001—2018）》。该书首次对上合组织17年的发展历程进行了全面总结，勾勒了上合组织全方位、多领域合作的概貌，并对上合组织未来发展作出展望。现在呈现给大家的是2019年度上合组织蓝皮书，主要分析了新时期上合组织面临的形势和任务，内容涉及战略合作、安全合作、经济合作、成员国关系以及成员国、观察员国、对话伙伴合作等广泛议题，希望能对有关职能部门和学界、企业界、商界了解和认识上合组织最新发展状况和趋势有所助益。此次蓝皮书系中外学者论文合集，是在参加第14次上合组织论坛会议代表提交论文的基础上，经遴选、扩充而成的，基本反映了各国权威专家学者对上合组织的观点和看法。本中心将继续按年度每年出版蓝皮书，我们希望将其打造成中外上合组织研究学者共享的学术平台和园地，使之为上合组织发展提供更加有力的智力支持。

中国上海合作组织研究中心主任
中国国际问题研究院院长
戚振宏
2019年10月于北京

目 录

总 论

当前上海合作组织面临的形势和任务
........上海合作组织秘书长　弗拉基米尔·伊玛莫维奇·诺罗夫　3
新形势下上海合作组织成员国的战略合作................孙壮志　13
对新时期上海合作组织发展的几点思考....................邓　浩　25

上海合作组织发展方向和战略目标

关于上海合作组织以更加积极姿态参与全球治理的思考......王海运　39
上海合作组织作为区域合作平台的发展
　　趋势....................【吉尔吉斯斯坦】库·沙德别科夫　47
百年变局中的上海合作组织前景广阔....................李进峰　53
上海合作组织：经济与安全领域的合作前景
　　..........................【哈萨克斯坦】阿·扎雷尔加波娃　64
用"五观"引领上海合作组织发展....................赵常庆　71
全球变局中的上海合作组织：应对共同风险的地区性
　　多边主义制度安排....................................许　涛　79
青岛峰会与上海合作组织的发展前景....................石　泽　89

上海合作组织安全合作

上海合作组织与地区安全合作………【哈萨克斯坦】鲁·伊西莫夫　103

地区安全面临的新挑战和新威胁以及上海合作组织
　　在预防上述威胁方面的作用……【塔吉克斯坦】哈·拉赫那莫　110

上海合作组织与阿富汗的关系………【俄罗斯】米·科纳罗夫斯基　117

阿富汗和谈进程与乌兹别克斯坦为支持和谈所作的
　　努力………………………【乌兹别克斯坦】桑·瓦利耶夫　129

阿富汗和平进程：最新进展及其
　　挑战………………………【阿富汗】穆罕默德·萨菲·辛那　134

上海合作组织与阿富汗………………………【印度】库·瓦里库　145

上海合作组织经济合作

地区经济一体化背景下的上海合作组织与"一带一路"……李自国　155

上海合作组织框架内经济合作的
　　前景…………………【乌兹别克斯坦】尤·库特比特季诺夫　164

青岛峰会——上海合作组织区域经济合作的新起点…………刘华芹　176

通过发展跨地区运输交通开发上海合作组织地区国家经贸
　　潜能…………………【阿塞拜疆】侯赛因·侯赛因诺夫　188

影响吉尔吉斯斯坦在欧亚空间经济合作发展的
　　因素……【吉尔吉斯斯坦】阿·科若舍夫　阿·阿巴尔别科娃　194

塔吉克斯坦与上海合作组织经济合作
　　……………………………【塔吉克斯坦】塔·巴罗托夫　201

中亚一体化新动向与上海合作组织................................杨　莉　207

成员国、观察员国、对话伙伴与上海合作组织

上海合作组织与观察员国和对话伙伴的
　　合作..................................【俄罗斯】伊·杰尼索夫　219
从青岛峰会到比什凯克峰会：上海合作组织促进印中关系
　　持续改善..............................【印度】桑杰夫·库玛尔　226
巴基斯坦和印度在上海合作组织内的互动
　　..................................【巴基斯坦】乌梅·法尔瓦　236
印巴关系对上海合作组织的影响及中国策略........................李青燕　246
塔吉克斯坦对加强上海合作组织框架内合作的政策与
　　愿景........................【塔吉克斯坦】帕·穆罕默德佐达　255
印度对上海合作组织政策的新动向................................白联磊　260

Содержание

ШОС на современном этапе: обстановка и задачи
.... Владимир Имамович Норов, Генеральный секретарь ШОС 7

Стратегическое сотрудничество между государствами-членами ШОС в новых условиях .... Сунь Чжуанчжи 22

Размышления о развитии ШОС в новое время ....Дэн Хао 35

Размышления об участии ШОС в глобальном управлении с более позитивной позицией .... Ван Хайюнь 45

О тенденциях развития ШОС как общерегиональной площадки взаимодействия .... [Кыргызстан] Куванычбек Шадыбеков 51

Широкие перспективы ШОС в переменчивом столетии
.....................Ли Цзиньфэн 62

ШОС: перспективы экономического сотрудничества и безопасности .... [Казахстан] Амина Жарылгапова 69

"Пять концепций"—руководство к развитию ШОС.....Чжао Чанцин 77

ШОС в глобальных переменчивых ситуациях: региональная многосторонняя структура для борьбы с общими рисками
.....................Сюй Тао 87

Саммит ШОС в Цидао и перспективы ШОС .... Ши Цзэ 99

Шанхайская организация сотрудничества и региональная
безопасность................................... [Казахстан] Руслан Изимов   108

SHовые вызовы и угрозы региональной безопасности и роль
ШОС в их предотвращении .... [Таджикистан] Хаким Рахнамо   115

ШОС И Афганистан .... [Россия] Михаил Конаровский   127

Переговорный процесс в Афганистане и усилия Узбекистана по
его поддержке............................. [Узбекистан] Санжар Валиев   132

Афганский мирный процесс: последние достижения и его
проблемы .... [Афганистан] Мухаммед Сафи Сина   143

Шанхайская организация сотрудничества и Афганистан
.... [Индия] Кулбхушан Варикоо   151

ШОС И "Один пояс, один путь" на фоне региональной
экономической интеграции .... Ли Цзыго   162

Перспективы сотрудничества в рамках ШОС в области экономики
.... [Узбекистан] Юрий Кутбитдинов   174

Саммит в Циндао - новая отправная точка регионального
экономического сотрудничества в рамках ШОС .... Лю Хуацинь   185

Развитие торгово-экономического потенциала в ШОС путем
развития межрегиональных перевозок
.... [Азербайджан] Гусейн Гусейнов   192

Факторы, влияющие на развитие экономического сотрудничества
Кыргызской Республики в евразийском пространстве
.... [Кыргызстан] Арзыбек Кожошев, Аида Абарбекова   199

Таджикистан и экономическое сотрудничество на пространстве
ШОС .... [Таджикистан] Тахирхон Баротов   205

Новые тенденции интеграции ЦА и ШОС .... Ян Ли   215

Сотрудничество в ШОС с наблюдателями и партнерами по
   диалогу .... [Россия] Игорь Денисов   224

Саммит ШОС из Циндао в Бишкеке: продвижение вперед в
   индийско-китайских отношениях ...... [Индия] Санджив Кумар   234

Взаимодействие Индии и Пакистана в рамках Шанхайской
   организации сотрудничества .... [Пакистан] Уме Фарва   243

Влияние Индийско-пакистанских отношений на ШОС и стратегия
   Китая .... Ли Цинъянь   253

Политика и видение Республики Таджикистан по укреплению
   сотрудничества в рамках ШОС
   .... [Таджикистан] Парвиз Мухаммадзода   258

Новые тенденции политики Индии в отношении ШОС
   .... Бай Леньлэй   269

Content

SCO at the Present Stage: Situation and Tasks
....Vladimir Norov, General Sectary of SCO   7

Strategic Cooperation of the SCO Member States under the New
Situation... Sun Zhuangzhi   24

Reflections on the Development of the SCO in the New Era .... Deng Hao   36

Reflections on the SCO's Participation in Global Governance in a
More Positive Way..Wang Haiyun   46

On the Development Trends of the SCO as A Region-wide Interaction
Platform ....[Kyrgyzstan] Kuvanychbek Shadybekov   52

Broad Prospects of the SCO in the Great Transformation of World
Order .... Li Jinfeng   63

SCO: Prospects for Economic and Security Cooperation
....[Kazakhstan] Amina Zharylgapova   70

Shaping the Development of the SCO with the "Five Concepts"
.... Zhao Changqing   78

SCO in Global Change: Regional Multilateral Arrangements for
Common Risks... Xu Tao   88

Qingdao Summit and Prospects for the SCO............................. Shi Ze   100

SCO and Regional Security Cooperation.... [Kazakhstan] Ruslan Izimov   109

New Challenges and Threats to Regional Security and the Role of the SCO... [Tajikistan] Hakim Rahnamo 116

SCO's Relationship with Afghanistan .... [Russia] Mikhail Konarovsky 128

The Afghan Peace Talks and Uzbekistan's Support for the Talks
....[Uzbekistan] Sanjar Valiev 133

Afghanistan Peace Process: Latest Developments and Challenges
....[Afghanistan] Muhammad Safi Sina 144

SCO and Afghanistan................................ [India] Kulbhushan Warikoo 152

SCO and the "Belt and Road" Iniative in the Context of Regional Economic Integration...Li Ziguo 163

Prospects for Economic Cooperation under the Framework of the SCO................................. [Uzbekistan] Yuri Kutbitdinov 175

Qingdao Summit: A New Starting Point for Regional Economic Cooperation within the SCO... Liu Huaqin 187

Exploring Economic and Trade Potential of SCO Countries by Developing Trans-regional Transportation
.... [Azerbaijan] Huseyn Huseynov 193

Factors Affecting the Economic Cooperation of the Kyrgyz Republic in the Eurasian Space
....................[Kyrgyzstan] Arzybek Kozhoshev, Aida Abarbekova 200

Tajikistan and the SCO Economic Cooperation
.... [Tajikistan] Tahirkhon Barotov 206

New Trends in Central Asian Integration and the SCO .... Yang Li 216

Cooperation between the SCO and Its Observers and Dialogue Partners .... [Russia] Igor Denisov 225

The SCO Summits from Qingdao to Bishkek: A Forward Movement on India-China Relations .... [India] Sanjeev Kumar 235

Interactions between India and Pakistan under the Framework of the SCO .... [Pakistan] Ume Farwa 245

The Impact of India-Pakistan Relations on the SCO and China's Strategy .... Li Qingyan 254

Tajikistan's Views and Policies on Strengthening the Cooperation of the SCO .... [Tajikistan] Parviz Muhammadzoda 259

New Trends of India's SCO Policy .... Bai Lianlei 270

总 论

Общие положения
Introduction

当前上海合作组织面临的形势和任务

上海合作组织秘书长　弗拉基米尔·伊玛莫维奇·诺罗夫[*]

上海合作组织（下称"上合组织"）走出了一条一以贯之的发展之路，在相对较短的历史时期内，展示出基于互信、平等、不同文化和文明和谐共处的有效的多边合作模式。随着印度和巴基斯坦的加入，上合组织已成为世界上最大的地区性机构，覆盖地域占欧亚大陆的60%，人口超过32亿，上合组织成员国GDP总量约占全球总量的近四分之一。

上合组织成员国拥有丰富的人口、领土、自然和经济资源，理应成为未来世界秩序的主要"支撑性结构"之一。

当前，地缘国际局势日益紧张，威胁和挑战愈发严峻，迫切需要共同努力，建设更加公平的多中心世界秩序模式。

上合组织的发展历程充分证明，上合组织不是军事政治联盟，也不会成为超国家机构的经济集团。

自成立以来，上合组织遵循《宪章》的目标和宗旨，不断加强政治、安全、经济、人文等领域的多边合作。

上合组织吸收成员所遵循的自愿原则、各成员国的平等性以及协商一致的决策模式，使上合组织具备较强吸引力。印度和巴基斯坦加入上合组织，以及许多国家有意成为本组织成员，证明其全球威信不断增长。

上合组织为影响力、体量、经济和政治潜力甚至文化和文明都不同的国家间建立平等伙伴关系提供了第一手历史经验。

始终不变的是，上合组织在严格遵守公认的国际法准则和原则的基础上，秉持以政治外交方式，严格遵守国际法的准则和原则解决冲突，一贯主张加强联合国在国际关系体系中的核心协调作用。

---

[*] 弗拉基米尔·伊玛莫维奇·诺罗夫（Владимир Имамович Норов），上海合作组织秘书长，法学副博士，曾任乌兹别克斯坦外交部第一副部长、部长、总统直属战略和地区间研究所所长。

《上海合作组织至2025年发展战略》确定了本组织的新方向。同时，考虑到全球和区域发展的趋势，重申保障本地区的安全和稳定仍是上合组织活动的主要优先方向。

尽管世界上一些地区面临日益严峻的威胁和挑战，但上合组织框架下的高效安全合作保障了上合组织地区的持续稳定。近年来，通过共同努力，我们建立了坚实的法规基础和有效的协作机制。

首先，上合组织地区反恐怖机构在打击恐怖主义、分裂主义和极端主义方面开展了务实工作，取得了重大成就。为提高执法机构和武装部队的实践技能，各国开展联合反恐演习。

在上合组织各项活动中，信息安全问题占据重要地位。事实上，在过去几年中，为打击网络恐怖主义和极端主义，上合组织地区反恐怖机构查封了包含50万份材料的8万个非法网络资源，制止了360名恐怖主义和宗教极端主义网络社区成员的活动。

上合组织持续为全球禁毒工作做出重大贡献。《2018—2023年上海合作组织成员国禁毒战略》落实措施计划以及2018年6月青岛峰会批准的《上海合作组织预防麻醉药品和精神药品滥用构想》是进一步抓牢禁毒工作的关键性文件。近五年，上合组织成员国的主管部门缉获了整个欧亚地区大约40%的海洛因和大麻。这表明，上合组织在打击非法贩毒活动方面有很强的能力和极大的潜力，而且各成员国都致力于履行其国际义务。

恢复阿富汗的和平与稳定是上合组织国际议程的紧迫议题之一。阿当前国情决定了上合组织必须对阿进程保持高度关注。

2018年，上合组织—阿富汗联络组会议分别在莫斯科和北京举行，为在区域和国际层面共同努力解决问题作出了重要贡献。几天后，联络组例行会议将在比什凯克举行，就联络组下一步行动路线图草案进行磋商。

除推动谈判进程外，成员国还向阿富汗提供大量物质和技术援助，特别是在基础设施和铁路建设方面。有数百名阿富汗学生在成员国的大学留学。所有上合组织成员国都迫切期待着，在阿富汗的大地上能够重现和平、和谐与安全。

《上海合作组织宪章》体现了本组织经济议程的核心目标和任务。根据其规定，本组织协调推动该地区经济全面、均衡增长，社会和文化协同发展。

需要指出的是，目前上合组织涉及经济领域的法律法规文件共有

122个。

相关部委之间建立了合作关系，成立了上合组织实业家委员会和银行联合体。

近年来，我们将在上合组织框架下优先发展交通、能源、电子商务、信息和通信技术、旅游、农业、银行和金融等领域合作，其中，在贸易和投资中可扩大本币结算。但是，现阶段数据表明，成员国尚未感受到上合组织经济活动带来的实效，也就是说，本组织总体的经济潜力尚未得到发挥。

在这方面，成员国需要解决一系列问题，简化贸易规则，让对上合组织地区的投资畅通无阻。上合组织成员国GDP总量超过全世界的20%。国际货币基金组织预测，2020年前，该指标将上升至35%。照此趋势，2025年前，上合组织成员国的经济总量可增至全球的38%~40%。考虑到当今全球经济的复杂趋势，这样的速度十分惊人。

上述证明，本组织具有巨大潜力。考虑到世界市场的不利局面以及全球范围内保护主义抬头，上合组织内部加强合作更显必要。与此同时，重点关注各成员国的利益和核心关切，并采取多种方式推动组织开展经济活动。

上合组织国家聚焦推动联合的创新计划和项目的要求日益迫切。青岛峰会期间，各成员国领导人呼吁加强创新和高科技领域的合作。成员国首脑观点的不谋而合不仅表明了各国相同的立场，更契合当今时代的要求。

总的来说，上合组织框架下的经贸合作成果尚有限，潜能未得到充分开发。因此，研究上合组织内部经济合作的特点及其对成员国发展的意义，综合分析全球和区域进程中的影响因素很有必要。

上合组织的人文遗产与为人类文明发展做出宝贵贡献的最伟大的思想家和开拓者的名字联系在一起。每九个联合国教科文组织世界遗产中就有一个位于上合组织地区。上合组织针对性地履行其主要文明使命，即促进本地区人民加深相互了解，相互认同和文化亲近。这将使各国更近、更亲。在这方面，我们非常重视深化旅游合作。通过秘书处的努力，在上合组织成员国旅游部门的参与下，"上合组织八大奇迹"项目已列入实施计划。

提到上合组织的国际交流，我认为本组织与联合国及其专门机构的关系保持良好发展势头，联合国也认为上合组织是最重要的区域组织，且工作务实。

仅2019年第一季度，上合组织就与联合国有关机构就国际信息安全、打击恐怖主义及打击非法制毒贩毒等问题进行了多次接触。

2019年3月14日，在联合国麻醉药品委员会第62届会议框架内共同举办了"联合国与上合组织打击毒品犯罪：加强禁毒国际合作"活动，主要的国际和区域组织都出席了该活动。

欧安组织秘书长也在会见中表示，考虑到欧亚大陆面临的共同挑战和威胁，他重申欧安组织有意深化与上合组织的合作。

2019年2月我访问了位于雅加达的东盟总部。这次访问表明，双方在应对新的挑战和威胁、保障地区稳定和安全以及推动深化经贸合作方面具有相似的立场和观点。

我们即将与独联体和集体安全条约组织等国际组织的代表会面。可以说，在国际交往层面，我们的日程安排十分密集，重点是合作要取得实际的成果。

上合组织正在筹备本组织2019年比什凯克第19次峰会，各国领导人将研究下一步发展的优先任务，讨论迫切的国际和地区问题。此外，峰会还将通过一系列旨在推动上合组织多边合作的重要决议和文件。

（景晓玉　译）

ШОС на современном этапе: обстановка и задачи

Владимир Имамович Норов, Генеральный секретарь ШОС

Шанхайская организация сотрудничества прошла последовательный путь становления и за сравнительно короткий исторический период продемонстрировала эффективную модель многостороннего сотрудничества, основанного на взаимном доверии, равноправии, гармоничном сосуществовании различных культур и цивилизаций. С вступлением Индии и Пакистана, ШОС стала самой крупной региональной структурой в мире, ареал которой покрывает 60 процентов территории Евразии с населением свыше 3,2 млрд. человек, а государства-члены в совокупности ШОС производят почти четверть общемирового ВВП.

Значительная часть мирового населения, территории, природных и экономических ресурсов, приходится на государства-члены ШОС, ШОС должна войти в число основных «несущих конструкций» будущего мирового порядка.

Текущие глобальные тенденции, усиление геополитической напряженности, комплексный характер угроз и вызовов, в действительности требуют коллективных усилий для создания более справедливой и полицентричной модели мирового устройства.

Прошедшие годы убедительно доказали миру, что ШОС не является военно-политическим блоком и не стремится стать экономически интегрированным сообществом с наднациональными органами управления.

С момента своего создания, исходя из целей и задач Хартии, ШОС последовательно наращивает многостороннее сотрудничество в сферах политики, безопасности, экономики, культурных и гуманитарных связей.

Добровольность членства, равноправие участников, консенсусная модель принятия решений сформировали привлекательный образ ШОС, придали ему притягательную силу. Вступление Индии и Пакистана в ШОС, а также стремление многих стран стать членами Организации являются показателем растущего ее авторитета в мире.

Опыт ШОС можно считать первым опытом в истории построения равноправного партнерства разновесомых, разномасштабных государств с различным экономическим и политическим потенциалом, культурно-цивилизационными особенностями.

Незыблемой остается приверженность ШОС политико-дипломатическому урегулированию конфликтных ситуаций на основе строгого соблюдения общепризнанных норм и принципов международного права. Организация продолжает выступать за укрепление центральной координирующей роли ООН в системе международных отношений.

Стратегия развития ШОС до 2025 года определила новые ориентиры Организации с учетом прогнозов глобального и регионального развития, и подтвердила обеспечение безопасности и стабильности в регионе, как главный приоритет в деятельности ШОС.

Несмотря на растущие вызовы и угрозы, напряженность в ряде точек мира, регион ШОС, имеет устойчивую стабильность благодаря эффективному взаимодействию в области безопасности в рамках ШОС. За эти годы совместными усилиями удалось создать солидную договорно-правовую базу и эффективные механизмы взаимодействия.

Прежде всего, практическая работа ведется на базе Региональной антитеррористической структуры ШОС, которая демонстрирует существенные результаты в противодействии терроризму, сепаратизму и экстремизму. В целях совершенствования практических навыков проводятся совместные антитеррористические учения по линии правоохранительных органов и вооруженных сил.

Значительное место в деятельности ШОС занимает проблема информационной безопасности. Если говорить о фактах, то за прошедшие годы в рамках противодействия использования сети Интернет в террористических и экстремистских целях усилиями РАТС ШОС был ограничен доступ к 80 тысячам интернет-ресурсам, содержащим 500 тысяч материалов. Пресечена деятельность 360 участников террористических и религиозно-экстремистских интернет-сообществ.

ШОС продолжает вносить весомый вклад в глобальные усилия по борьбе с наркотиками. Антинаркотическая стратегия государств-членов ШОС на 2018-2023 годы, Программа действий по ее реализации, а также Концепция ШОС по предупреждению злоупотребления наркотическими средствами и психотропными веществами, принятые на историческом саммите в Циндао в июне 2018 года, являются ключевыми документами для дальнейшего наращивания усилий в этом направлении. за последние пять лет компетентными органами государств-членов ШОС было изъято около 40% от всего изъятого героина и марихуаны на всей территории Евразии. А это свидетельствует о больших возможностях и потенциале ШОС в борьбе с незаконным оборотом наркотиков и стремлении её государств-членов всецело выполнять свои международные обязательства.

Среди актуальных тем международной повестки дня ШОС – восстановление мира и стабильности в Афганистане. Положение в этой стране диктует необходимость для ШОС держать в фокусе внимания, происходящие там процессы.

В 2018 году в Москве и Пекине состоялись заседания Контактной группы «ШОС-Афганистан», которые стали важным вкладом в общие усилия на межрегиональном и международном уровнях. На днях в Бишкеке пройдет очередное заседание Контактной группы, где будет обсуждаться проект Дорожной карты дальнейших действий Контактной группы ШОС Афганистан.

Помимо содействия переговорному процессу, государства-члены оказывают значительную материальную и техническую помощь Афганистану, особенно это касается инфраструктурного и железнодорожного строительства, сотни афганских студентов учатся в ВУЗах наших стран. Все государства-члены ШОС крайне заинтересованы, чтобы на афганской земле были восстановлены мир, согласие и безопасность.

В качестве ключевых целей и задач экономической повестки дня

ШОС, Хартия ШОС предусматривает содействие всестороннему и сбалансированному экономическому росту, социальному и культурному развитию в регионе.

Необходимо отметить, что действующая нормативно-правовая база ШОС в экономической сфере состоит из 122 документов.

Налажено взаимодействие между профильными министерствами и ведомствами, созданы Деловой совет ШОС и Межбанковское объединение.

В последние годы в качестве приоритетных направлений в рамках ШОС, рассматриваются транспорт, энергетика, электронная торговля, информационно-коммуникационные технологии, туризм, сельское хозяйство, банковско-финансовая сфера с перспективой расширения объемов использования национальных валют в торговой и инвестиционной деятельности. Но текущие результаты деятельности свидетельствуют о том, что государства-члены пока еще не ощутили реального эффекта, производимого экономической деятельностью ШОС, то есть совокупный экономический потенциал Организации еще не раскрыт.

В этом плане государствам-членам необходимо решать целый комплекс задач по упрощению правил торговли и содействовать беспрепятственному потоку инвестиций в регион ШОС. общий размер национальных экономик членов ШОС составляет более 20 процентов мирового ВВП. Международный валютный фонд прогнозирует, что к 2020 году он составит уже 35 процентов. С таким импульсом экономика стран-членов ШОС может возрасти до 38-40 процентов к 2025 году. Такой темп впечатляет, учитывая сегодняшние неоднозначные тенденции в мировой экономике.

Эти факты показывают, какие огромные возможности у нашей Организации есть. Принимая во внимание неблагоприятную ситуацию на мировом рынке и растущий протекционизм в глобальном масштабе, становится ясно, насколько необходимо работать вместе в рамках ШОС. В то же время важно учитывать интересы и приоритеты каждого члена и объединять подходы в интересах экономической деятельности организации.

с каждым днем также повышается актуальность объединения усилий стран ШОС по совместному осуществлению инновационных программ и проектов. В ходе Циндаоского саммита ШОС лидеры государств-членов призвали усилить сотрудничество в области инноваций и высоких технологий. Такая «синхронизация» взглядов глав государств-членов не только свидетельствует об общих позициях, но также является требованием нашего времени.

В целом текущие скромные результаты, а также имеющийся нераскрытый потенциал торгово-экономического сотрудничества в рамках ШОС, предопределяют необходимость изучения особенностей экономического взаимодействия в рамках ШОС и его значения для развития государств-членов, комплексного анализа факторов с учетом глобальных и региональных процессов.

Культурно-гуманитарное наследие ШОС связано с именами величайших мыслителей, выдающихся учёных-первооткрывателей, которые внесли неоценимый вклад в развитие человеческой цивилизации. Каждый девятый объект всемирного культурного наследия ЮНЕСКО находится на пространстве ШОС. ШОС целенаправленно реализует свою главную цивилизационную миссию – способствует углублению взаимопонимания между народами, взаимному познанию и сближению культур народов, проживающих на пространстве объединения. Именно это делает наши страны ближе и роднее. В этом плане мы придаем важное значение углублению связей в области туризма. Усилиями Секретариата планируем осуществить проект «Восемь чудес ШОС» с участием туристических ведомств и агентств государств-членов ШОС.

Касаясь международных контактов ШОС, считаю, что Организация набрала хорошие темпы в развитии отношений с ООН и ее специализированными учреждениями. Тем более, что сама всемирная организация видит в ШОС важнейшего регионального игрока и нацелена на предметную работу.

Только за первый квартал текущего года состоялись многочисленные контакты с ООНовскими структурами по вопросам международной информационной безопасности, борьбы с терроризмом, противодействия незаконному производству и распространению наркотиков.

14 марта 2019 года на полях 62-й сессии Комиссии ООН по наркотическим средствам состоялось совместное мероприятие «ООН и ШОС в борьбе против наркотиков: сотрудничество в целях усиления международного наркоконтроля», в котором приняли участие все ключевые международные и региональные структуры.

Состоялась встреча с Генеральным секретарем ОБСЕ, который подтвердил заинтересованность ОБСЕ в укреплении сотрудничества с ШОС с учётом общих вызовов и угроз на обширном евразийском пространстве.

В феврале с.г. я нанес визит в штаб-квартиру АСЕАН в Джакарту. Визит продемонстрировал схожесть позиций и взглядов по вопросам противодействия новым вызовам и угрозам, обеспечения региональной стабильности и безопасности, содействия углублению торгово-экономического взаимодействия.

В скором времени предстоят также встречи с представителями таких структур, как СНГ и ОДКБ. Так что на международном треке мы имеем плотный график работы, при этом акцент делаем на практические результаты от этого взаимодействия.

ШОС сейчас готовится к своему 19-му Саммиту, который состоится в июне 2019 года в Бишкеке. Ожидается, что лидеры стран ШОС рассмотрят первоочередные задачи дальнейшего развития Организации, а также актуальные международные и региональные проблемы. Кроме того будет принят целый ряд важных решений и документов, которые будут способствовать дальнейшему развитию многопланового сотрудничества в рамках ШОС.

新形势下上海合作组织成员国的战略合作

孙壮志[*]

【内容提要】 青岛峰会后，上合组织作为一个新型区域合作机制进入稳定发展的新时期。全球和地区形势的变化给多边合作提出很多新的课题，带来新的挑战。需面向更为长远的未来，制定新的战略规划，加强成员国在政策层面的互动，落实成员国领导人峰会做出的决策和确定的目标。安全合作要具体化，针对现实的安全威胁，坚持打击"三股势力"和跨国犯罪，同时关注传统安全领域的互信和其他非传统安全挑战，包括成员国的政治安全、社会安全、经济安全、生态安全、网络信息安全等问题；经济合作要简单化，从地区的实际情况出发，不宜过多强调国际规则，不突出贸易问题，信贷支持包括经济技术项目，而不是仅仅促进贸易；人文合作要经常化，加强成员国之间的多领域、多层次交流；政治合作要机制化，能够把领导人决策转化为多边合作的行动。

【关键词】 上合组织　战略构想　多边合作

2001年成立的上海合作组织（以下简称"上合组织"）很快将步入第三个十年，作为一个国际组织将进入稳定发展的新时期。全球和地区形势的变化给多边合作提出很多新的课题，带来新的挑战。需面向更为长远的未来，制定新的战略规划，加强成员国在政策层面的互动，落实成员国领导人峰会做出的决策和确定的目标。

一、上合组织面临的新情况新问题

2018年的青岛峰会以后，上合组织进入一个全新的发展时期。随着新

---

[*] 孙壮志，中国社会科学院俄罗斯东欧中亚所所长，中国上海合作组织研究中心执行主任。

成员国的加入，合作空间大大扩展，国际形势的快速变化也更容易给多边合作带来现实的影响。

（一）需要适应形势发展的新要求

首先是开启"八国合作模式"后面临更为复杂的情况。印度、巴基斯坦成为正式成员，是各个领域合作的实际参与者，给多边合作带来新的考验，一方面增加了合作的内容和选项，提升了上合组织的国际影响，另一方面也给通过"协商一致"达成共识增加了更大的难度。2019年两国在争议的克什米尔连续发生武装冲突，给上合组织内部的团结带来阴影。

其次是"一带一路"背景下上合组织成为成员国战略对接的平台。2015年5月，中国和俄罗斯领导人签署"丝绸之路经济带"与欧亚经济联盟对接的声明，双方决定在两者对接的框架下就广泛的经济合作议题启动谈判。2016年俄罗斯总统普京又在圣彼得堡经济论坛上提出建设"大欧亚伙伴关系"的构想。这些新的地区合作倡议，对上合组织来说既是机遇，也是挑战。2018年5月17日，中国与欧亚经济联盟在阿斯塔纳签署合作协定，上合组织应该与欧亚经济联盟开展更为紧密的合作。

第三是上合组织框架内的多边合作能否惠及民生。近年来，各成员国普遍实施新的经济振兴和民生保障计划，中国进入全面建设小康社会的关键之年，习近平主席和普京总统先后进入新任期，都提出经济与社会发展宏大的目标。其他成员国也更加重视经济发展，纷纷出台长期战略，核心都是发展经济，改善民生，需要上合组织提供支持。

第四要应对国际环境的急剧变化。全球金融危机以后世界经济和国际格局发生一系列新的调整，2018年中美贸易战拉开帷幕，双方在各个领域的较量引起国际社会的关注。虽然俄罗斯希望特朗普上台后能改善俄美关系，但等来的是美国更加严厉的制裁措施。上合组织成员国需要共同应对美国单边主义、贸易保护主义的新挑战。

第五是地区安全形势日趋严峻，上合组织需要在维护稳定方面做出更多努力。阿富汗内部和平重建曙光难现，给2019年将要举行的大选带来阴影；叙利亚、伊拉克的"伊斯兰国"被打散以后，有部分恐怖分子可能"回流"中亚或巴基斯坦，给地区安全带来新挑战。

（二）需要进一步扩大共同的利益基础

新形势下，一方面成员国相互需求、相互借重更多，利益融合的程度更深；另一方面外部环境的压力增大，特别是大国博弈的升级导致一些成员国选择和上合组织保持距离，更愿意隔岸观火，目的是在大国的竞争中能够避免被"殃及"，甚至希望获得更多的好处。另外，美国的贸易保护主义实际上是经济霸权主义新的表现形式，给各成员国的经济发展都会带来伤害。

上合组织成立初年，中国、俄罗斯、中亚国家面对共同的安全挑战，积极实践"上海精神"，在地区开展密切合作，成员国有很多共同利益，为中亚的稳定和发展做出了自己的贡献，包括促进阿富汗的和平重建。在外部环境恶化的情况下，成员国的利益差异有所扩大。有俄罗斯学者认为，2008年金融危机以后俄罗斯经济严重受挫，与中国出现明显的实力上差距，俄罗斯开始担心中国在中亚的经济影响。而中国在这样的时候开始建议成立上合组织银行和建立自由贸易区，俄罗斯有自己的考虑，没有积极回应。而俄更为积极地推动上合组织扩员，把印度拉进上合组织，希望平衡中国的影响，同时强化上合组织的地缘政治功能。①

在扩大合作空间方面上合组织成员国出现一些分歧。多数成员国支持中国领导人2013年提出的"一带一路"倡议，但印度明确表示反对"中巴经济走廊"建设。有的中亚国家扩大与美国、北约的安全合作，俄罗斯、哈萨克斯坦等国则在2015年正式启动欧亚经济联盟。虽然中国和俄罗斯领导人就"一带一路"和欧亚经济联盟对接达成政治共识，但在上合组织框架内的经济合作问题上却未能形成合力。俄罗斯更看重其主导的欧亚经济联盟，主张上合组织应该发展成为亚洲安全机构。中方在青岛峰会及之前几次峰会提出的务实合作建议，包括为"上海精神"注入新的时代内涵，并没有得到其他成员国在行动上的积极回应。

（三）需要创新多边合作的思路

上合组织是冷战后特殊国际背景之下诞生的新型区域合作机制，成立

---

① Александр Габуев, Больше, да хуже. Как Россия превратила ШОС в клуб без интересов, 13.06.2017, https://carnegie.ru/commentary/71212，登录时间：2019年9月20日。

伊始由中国领导人总结提出的"上海精神",成为公认的指导上合组织实践的基本准则。互信、互利、平等、协商,尊重多样文明、谋求共同发展,需要注入新的时代内涵,青岛峰会上习近平主席用"五观"做了系统阐释,即:一是创新、协调、绿色、开放、共享的发展观;二是共同、综合、合作、可持续的安全观;三是开放、融通、互利、共赢的合作观;四是平等、互鉴、对话、包容的文明观;五是共商共建共享的全球治理观。[1]

当前,大国的地缘政治博弈全方位展开,考验成员国的政治智慧和战略选择。不能简单地用冷战思维来定义美国的外交政策,美国也在进行调整,主动求变。不能幻想用老办法解决新问题,冷战中"大三角"联美制苏也好,冷战结束后的"韬光养晦"也好,都无法适应新情况。在困境面前,要增加与其他成员国的战略互动,更好地维护自身的核心利益。

全球治理和地区治理遭遇理念上、实践上的双重冲突,竞争和妥协可能带来一系列的利益调整,牵动的方方面面日益增多。习近平主席在上合组织青岛峰会上提出,"我们要坚持共商共建共享的全球治理观,不断改革完善全球治理体系,推动各国携手建设人类命运共同体","我们要强化同观察员国、对话伙伴等地区国家交流合作,密切同联合国等国际和地区组织的伙伴关系,同国际货币基金组织、世界银行等国际金融机构开展对话,为推动化解热点问题、完善全球治理作出贡献"。[2] 就是希望上合组织在未来的全球格局中有自己的一席之地,做出符合地区国家整体利益的战略选择。"牵一发动全身",需要更开阔的思维和视角。上合组织参与全球治理,不是排他的,而是通过建立伙伴关系和开展对话来实现的。

二、加强成员国战略合作的必要性

如果盘点一下青岛峰会,规模最大,成果最多,影响力是空前的,而且首次有这么多国际组织和国际金融机构的负责人参加,说明看重上合组织的经济和政治潜力,中国一如既往地重视上合组织并给予实质性投入和

---

[1] 申亚欣、张庆峰:《习近平上合青岛峰会提出"五观"贡献新时代中国智慧》,人民网,http://politics.people.com.cn/n1/2018/0610/c1024-30048459.html,登录时间:2019年9月20日。

[2] 经济日报评论员:《为完善全球治理贡献上合力量——二论学习习近平主席上合组织青岛峰会重要讲话》,中国经济网,http://www.ce.cn/xwzx/gnsz/gdxw/201806/12/t20180612_29404640.shtml,登录时间:2019年9月20日。

支持，印、巴加入并没有使合作出现更多杂音、噪音，印度也表现出积极配合的态度。

（一）上合组织作为区域机制的特殊性

由于上合组织成员国的增多，加上成员国的经济实力、地理位置、资源禀赋差距悬殊，要保证内部的凝聚力，必须确立一个长期、稳定的合作目标，在战略合作上下功夫。上合组织作为区域合作机制，有一般国际组织的共同特点，同时也具有自己的一些特殊性：首先是奉行结伴、不结盟的原则，成员国协商一致，是平等的合作伙伴；其次是开放、透明、不针对第三方的原则，上合组织同承认其原则的所有国家、国际组织都可以对话、合作，不会成为军事政治集团；再次是自上而下的决策方式，虽然上合组织有两个常设机构，但每年一度的领导人峰会是最主要的决策机制，决定多边合作的重大问题和发展方向；最后是上合组织没有固定的合作地域，虽然起步是中国与俄罗斯和几个中亚邻国，但 10 余年后已经扩大到南亚地区，如果看观察员国，则包括西亚的伊朗、东欧的白俄罗斯和东北亚的蒙古，加上对话伙伴，则地域更为广阔。

上合组织有别于其他的区域组织，虽然选择安全合作和经济合作同时起步，提出了投资、贸易便利化的目标，但在实际推动的过程中遇到的难题比较多，各方分歧比较大，成员国之间建立自由贸易的制度安排和建立上合组织自己的金融机构，都面临重重障碍。由于上述原因，上合组织在特定条件下只能作为政治和安全方面的协商对话机制发挥作用。虽然领导人之间比较容易能够达成一些政治共识，人文领域的交流也不断扩大，但与真正成熟的区域组织相比较，还有一段距离，需要付出更多努力。

另一方面，上合组织也有自己独特的优势，中国、俄罗斯、印度都是有全球影响的大国，巴基斯坦、哈萨克斯坦等国在地区也有特殊地位，如果仅仅计算面积、人口、经济总量以及所拥有的资源储备，上合组织在国际上是没有任何一个区域组织可以比拟的。关键是如何激发合作的潜力，建立一种真正能够有利于各方的合作平台。

（二）缺少有约束力的合作机制

成立至今，上合组织已经启动了大大小小数十个会晤机制，涵盖了各个领域、各个层次，但仍然缺少必要的工作机制。已经建立的会晤机制发挥了积极作用，对多边合作意义重大，如元首会议、总理会议、外交部长会议、国防部长会议、经贸部长会议、安全会议秘书会议等，但也有一些部门领导人会晤无法保证每年举行，会晤期间只能签署纪要、备忘录等非正式文件。元首会议签署的文件最多，层次最高，体现了高层的政治决断，反映出各方对很多地区问题达成了共识，但对各成员国有一定约束力的公约、条约、政府间协议不多，有的文件也没有相应的落实措施。

政治领域合作的基础是2002年签署的《上海合作组织宪章》和2007年签署的《上海合作组织成员国长期睦邻友好合作条约》，包括一系列规范上合组织程序及观察员地位的条例等，如《观察员条例》《扩员条例》等。安全领域有打击"三股势力"的《上海公约》《反恐怖主义公约》《反极端主义公约》《关于合作打击非法贩运麻醉药品、精神药物及其前体的协议》，加上塔什干地区反恐怖机构的信息交流、机制化的联合军事演习等，在联合执法方面也能开展较为顺畅的跨国合作。但在经济领域，政府间文件只有《国际道路运输便利化协定》，中方建议的《贸易便利化协定》迟迟未能达成共识，影响了多边经贸合作的进程。

（三）成员国之间战略上的协调难进行

扩员后带来的一些负面因素开始显现，印、巴边界冲突持续爆发，给上合组织带来新困扰；决策的沟通与协调成本更高，更深层次的合作受到明显干扰；印度对其他的多边框架情有独钟，2019年1月正式启动"印度+中亚"的外长级会晤机制，并且邀请阿富汗外长参加，显然有自己的战略目的，容易让人联想起美国的"大中亚"战略。

一些成员国内部的问题影响上合组织的发展，比如成员国、观察员国内部的政局稳定，总统和议会选举，外交政策的调整变化等。同时，除中国、俄罗斯、印度这样大国之外，上合组织的其他成员国一直希望在中美俄之间建立平衡的关系。在美国总统特朗普强势的对外政策之下，其他成员国在外交上都趋于谨慎，缺少战略上的互动和配合。

三、加强战略合作的思考与建议

所谓战略，一般应该具有全局性、长期性、稳定性、综合性，能够考虑到、发挥出自身的特点和优势。上合组织成员国的战略合作，也应该从这样的目标出发,从更加广阔的时间和空间跨度经营多边互动关系,建立更为成熟的制度框架。对于当前上合组织的建设来说,应该是最为紧迫的任务。

(一)明确上合组织的战略定位

作为一般的区域性合作组织,可供选择的战略和功能定位主要包括:政治组织、经济组织、军事安全组织或综合性的一体化组织。这些功能随着时间的推移和外部环境的改变,是可能发生较大调整和变化的。上合组织成立伊始,确立了比较高的发展目标,致力于推动地区的一体化,但由于成员国经济发展水平各异,很难达成一致。虽然要推动各个领域的务实合作,但实际上是不平衡的,经济合作相对滞后,多边的重大项目难以实施,影响也比较小。在18年的实践中,经济合作明确了重点领域和优先项目,但实际效果不佳。

今后应该改变这种状况,在保持安全合作和政治合作的高水平、高层次的同时,积极探讨开展经济合作和人文交流的可能性,为上合组织框架内的多边合作奠定物质基础和社会基础。但也要量力而行,不能急于求成,政治安全合作可以先行,且可以提升到更高的战略层面。

上合组织在目前尚不具备成为一体化机制的条件,只能充分发挥其特殊的政治磋商和安全合作功能,定位为高水平的政治合作组织,扩大成员国的政治共识,增进政治与安全互信,就未来合作加大协调的力度,同时在地区和国际层面加强互动,为成员国的发展营造更加良好的外部环境。

(二)打造统一的战略合作空间

上合组织成员国之间在安全上的相互依存度在提高,彼此的经济联系也越来越紧密,但相互信任并没有达到很高水平。比如中国已经成为多数成员国最大的贸易伙伴甚至是最大的投资来源国,但贸易结构、投资结构都不合理,带来很多负面的声音,有关"经济侵略""资源掠夺"的不和谐声音在中亚、甚至俄罗斯时常出现,影响双方的长期合作。

影响上合组织未来发展的有以下几个方面的因素,应在实践中因势利导,避免使多边合作陷入困境:

1. 国际形势的变化，大国关系的调整，经济竞争加剧，对资源的需求和掌控成为焦点。

2. 后金融危机时期各成员国对经济发展的重新认识，对西方主导的经济秩序幻想破灭，对经济和社会安全更重视。

3. 中亚一些国家经济发展遇到困难，成为政治和安全形势不稳的诱因。

4. 政治和安全合作有一定的局限性，经济合作有自己的优势，应鼓励地方、企业更多参与，落实惠及民生的项目，更能体现区域合作的新理念。

5. 扩员后带来的新问题，印、巴如何融入多边合作，要避免克什米尔等地战火再起，如何保持和平。是否继续扩员进程。

6. 面临外部的竞争，包括俄罗斯主导的一体化机制，西方的区域合作计划。能否形成一个统一的地缘经济区域，对上合组织的发展非常重要。

着力打造全新的、开放的战略合作空间，对成员国来说都非常重要，符合各方的现实和长远利益，应该是以政治与安全合作为基础，兼及经济和人文等其他领域，为各成员国创造良好的发展环境。

（三）形成共同的外交与安全构想

应及早制定长远的战略规划，根据地区实际情况做一些制度安排。安全合作要具体化，针对现实的安全威胁，坚持打击"三股势力"和跨国犯罪，同时关注传统安全领域的互信和其他非传统安全挑战，包括成员国的政治安全、社会安全、经济安全、生态安全、网络信息安全等问题；经济合作要简单化，从地区的实际情况出发，不宜过多强调国际规则，不突出贸易问题，信贷支持包括经济技术项目，而不是仅仅促进贸易；人文合作要经常化，加强成员国之间的多领域、多层次交流；政治合作要机制化，能够把领导人决策转化为多边合作的行动。

形成成员国共同的外交理念，比如在"上海精神"和"丝绸之路精神"基础上形成共同遵守的外交原则，在国际和地区事务中相互支持。在面对来自外部环境压力不断增大的情况下，成员国的外交政策都需要进行必要的调整，如中美贸易摩擦带来的长期影响，俄美关系的未来走势，中亚国家平衡政策的变化等，需要在战略层面加强协调，以夯实上合组织政治互信的基础。

促进"一带一路"建设与上合组织形成良性互动。两者可以相互促进，互为平台，推动成员国和观察员国长期战略和规划的对接，充分考虑各国的具体国情和利益诉求，使各方提出的国际倡议能够在更加广阔的时空中实现"兼容"，如俄罗斯的"大欧亚伙伴关系"计划、印度的"北南交通走廊"等，避免出现不必要的地缘战略竞争，影响上合组织内部的团结；

加强战略评估和研判。建立成员国和观察员国的智库交流机制，在上合组织秘书处成立智库协调委员会，定期发布联合报告，加强对本地区重大问题的研究。

Стратегическое сотрудничество между государствами-членами ШОС в новых условиях

Сунь Чжуанчжи

Аннотация: После саммита в Циндао ШОС вступила в новый этап устойчивого развития в качестве нового механизма регионального сотрудничества. Изменения в глобальной и региональной ситуации поставили перед ШОС много новых задач и принесли новые вызовы против многостороннего сотрудничества. Необходимо разработать новый стратегический план на перспективное будущее, усилить взаимодействие между государствами-членами на политическом уровне и воплощать в жизнь решения и цели, установленные на саммите ШОС. Сотрудничество в области безопасности подлежит конкретизации и должно быть нацеленным против реальных угроз безопасности, на решительную борьбу с «тремя силами зла» и транснациональными преступлениями. При этом следует обратить внимание на взаимное доверие в области традиционной безопасности и на вызовы нетрадиционой безопасности в странах ШОС, включая вызовы политической, социальной, экономической, экологической, информационной безопасности и т. д. Что касается экономического сотрудничества, то лучше его упростить, т. е. осуществлять экономическое сотрудничество исходя из реальной ситуации региона, не надо слишком выделять международные правила и торговые отношения, а кредитная поддержка не обязанна ограничиваться только торговлей, надо предоставлять ее и для экономических и технических проектов. Гуманитарное сотрудничество должно быть регулярным, надо усиливать многообластные и многоуровневые обмены между государствами-членами. Необходимо институционализировать политическое сотрудничество с тем, чтобы превратить решения лидеров в действия многостороннего сотрудничества.

Ключевые слова: ШОС, стратегическая концепция, многостороннее сотрудничество.

Автор: Сунь Чжуанчжи, Директор Института России, Восточной Европы и Центральной Азии АОН КНР, Исполнительный директор Китайского центра исследований ШОС.

Strategic Cooperation of the SCO Member States under the New Situation

Sun Zhuangzhi

Abstract: After the Qingdao Summit, the SCO has entered a new era of stable development as a new regional cooperation mechanism. Changes in the global and regional situation have brought a variety of new subjects and challenges to multilateral cooperation. It is necessary to develop a new strategic plan for a longer-term future, strengthen the policy coordination among member states, and implement the decisions and targets set out by the leaders' summit. Security cooperation should be concrete, aiming at real security threats, persisting in cracking down on the "three evil forces" and transnational crimes, elevating mutual trust in the field of traditional security and paying more attention to non-traditional security challenges, including political security, social security, economic security, ecological security and cyber security of member states. Economic cooperation should be simplified based on the real situation in the region, not overemphasizing international rules, not giving prominence trade issues. Credit support should be also rendered to economic and technological projects in addition to trade promotion. Humanitarian cooperation should be regular, reinforcing multidisciplinary and multi-level exchanges and dialogues between member states. It is necessary to institutionalize political cooperation in order to translate the leader's decisions into actions of multilateral cooperation.

Key Words: SCO, Strategic Vision, Multilateral Cooperation

Author: Sun Zhuangzhi, Director of Institute of Russian, Eastern European and Central Asian Studies at the Chinese Academy of Social Sciences, Executive Director of the China Center for SCO Studies.

对新时期上海合作组织发展的几点思考

邓 浩[*]

【内容提要】 2017年成功实现首次扩员,标志着上合组织进入一个发展新时期。扩员后上合组织的整体实力和影响力大幅跃升,任务和目标更加宏大,面临的机遇和挑战都前所未有。中国提出的"两个构建""新五观""一带一路"等新理念、新主张为新时期上合组织指明了前进方向和奋斗目标,引领上合组织行稳致远。全球治理是新时期上合组织发展的重要方向,应成为上合组织发展新的增长点。新时期上合组织应秉持先进理念,深化务实合作,积极参与全球治理,推动上合组织命运共同体不断前行。

【关键词】 新时期　上合组织　中国理念　全球治理

上合组织2017年阿斯塔纳峰会正式接纳印度和巴基斯坦为新成员,标志着上合组织进入一个发展新时期,开启中亚和南亚两大区域融合发展新征程。2018年青岛峰会是扩员后上合组织举行的首次峰会,是新时期上合组织发展进程中的一个里程碑事件,对新时期上合组织具有领航定向作用。2019年比什凯克峰会是青岛峰会正面积极效应的延续和放大,进一步弘扬了青岛峰会成果。那么,什么是新时期上合组织发展的特点,如何评估"两个构建""新五观""一带一路"等中国新理念在新时期上合组织发展中的作用,怎样认识全球治理在新时期上合组织发展中的地位,新时期上合组织面临的主要任务和攻坚方向是什么,这都是上合组织必须认真对待、不容回避的重大课题,事关新时期上合组织能否实现既定目标,确保行稳致远。

---

[*] 邓浩,中国上合组织研究中心秘书长,中国国际问题研究院研究员,史学博士,中俄战略协作高端合作智库常务理事。

一、新时期上合组织的基本特点

从2001年成立到2017年成功首次扩员，上合组织基本完成了基础性的法律制度和机制化建设，并形成了安全、经济、人文三大合作齐头并进，相互促进的良好局面。2017年6月扩员使上合组织进入一个承上启下，继往开来的新时期。① 与前期相比，新时期上合组织的基本特点可以概括如下：

第一，整体实力和影响大幅上升。上合组织正式吸收印度和巴基斯坦，使本组织的覆盖地域、人口规模和经济总量均跃升到一个崭新高度，从而形成了由8个成员国、4个观察员国、6个对话伙伴共18个国家组成的大家庭，成为名副其实的全球最大的区域性国际组织。同时，上合组织积极拓展同观察员国和对话伙伴合作，密切同联合国等国际和地区组织交往，构建起多层次、宽领域、立体化的伙伴关系网络，上合组织的"朋友圈"呈现不断扩大之势。

第二，任务和目标更加宏大。2018年青岛峰会通过了《青岛宣言》等重要文件，确立了新时期上合组织的新理念、新任务、新目标，一是突出"上海精神"，进一步奠定了其核心价值地位；二是强调命运共同体意识，确立了人类命运共同体的共同理念；三是提出全球治理的上合主张，倡导上合组织积极主动参与全球治理；四是擘画未来一个时期上合组织的合作蓝图，确立清晰的行动路线图。② 青岛峰会提出的任务和目标对新时期上合组织具有领航定向作用，凸显新时期上合组织志存高远，目标远大。

第三，面临的机遇和挑战都前所未有。从机遇看，未来5—10年是上合组织发展振兴的关键期和机遇期。种种因素表明，上合组织地区在可预见的未来有望保持基本稳定局面，为新时期上合组织实现既定目标提供了有利的安全环境；未来上合组织地区内的区域合作有望逐渐向前稳步推进，为建设上合组织命运共同体提供了必不可少的良好条件；大国博弈在未来一个时期走向完全对抗的几率不大，为上合组织构建以合作共赢为核心的

---

① 戚振宏主编、邓浩执行主编：《上海合作组织：回眸与前瞻（2001—2018）》，北京：世界知识出版社，2018年，第6页。
② 《上海合作组织成员国元首理事会青岛宣言（全文）》，—中华人民共和国国防部，http://www.mod.gov.cn/topnews/2018-06/11/content_4816614.htm，登录时间：2019年9月21日。

新型国际关系提供了可能。新时期上合组织主要面临三大挑战，一是如何在成员国增多、差异性和多样性加大的情况下求同化异，保持凝聚力并建立共同的价值观和集体认同理念；二是如何在多种区域机制和地区治理方案并存竞争的情况下占据地区治理的制高点，成为区域秩序的引领者、塑造者和主导方；三是如何将先进理念和地区实际相结合，切实推动组织形成安全、经济、人文三大合作相互促进、融合发展、有序前行的良好局面。对新时期上合组织来说，内部挑战比外部挑战更为严峻和紧迫，而经济合作方面的挑战则是影响上合组织合作的主要症结所在。

二、中国新理念在新时期上合组织发展中的作用

扩员后的上合组织正是中国开启新时代中国特色大国外交之际。作为上合组织的发源地和总部所在地，中国一直把上合组织作为本国外交的优先方向之一，并通过上合组织积极践行外交新主张、新理念，从而在上合组织中发挥了应有的战略引领作用，确保上合组织始终沿着正确的轨道前行。2018年6月，代表新时代中国特色大国外交核心的"两个构建"，即构建新型国际关系和构建人类命运共同体写入《青岛宣言》，2019年6月再次写入《比什凯克宣言》。这表明，"两个构建"的理念得到上合组织成员国的高度认可，从而为新时期上合组织指明了前进方向和奋斗目标。

"两个构建"是以全球和世界的眼光思考人类未来提出的"中国方略"，其提出的关于建立"相互尊重、公平正义、合作共赢"新型国际关系和建设"持久和平、普遍安全、共同繁荣、开放包容、清洁美丽"世界的理念与上合组织秉持的"上海精神"实质上是一脉相承的，是在新形势下对"上海精神"的进一步升华，进一步丰富了"上海精神"的内涵，具有鲜明的时代感和普适性，为上合组织未来发展指明了更加明确的方向和更加宏大的目标，是中国为新时期上合组织发展贡献的"中国智慧"和"中国方案"。

"两个构建"是在总结吸收包括上合组织在内的国内外广泛实践经验的基础上提炼出来的，对新时期上合组织的发展具有重要的积极作用，一是赋予新时期上合组织新的崇高使命。在实施"两个构建"的背景下，上合组织不仅要继续积极维护本地区安全与稳定，促进区域发展和繁荣，而且要放眼全球，通过打造新型区域合作模式，为全球治理提供公共产品。二是"两个构建"为新时期上合组织发展注入新的活力。上合组织运行以来，

在维护地区安全和稳定上发挥了举足轻重的重大作用，但在推动区域经济合作上尚未取得预期效果，影响着组织的凝聚力和发展潜力。而"两个构建"为破解这一难题展示了新的路径和希望，这就是"一带一路"国际合作倡议。"一带一路"提出的"政策沟通、设施联通、贸易畅通、资金融通、民心相通"与上合组织成员国发展战略和现实需求高度契合，为上合组织区域合作提供了新的重要动力，有助于补足上合组织短板，激活成员国之间的经济合作，从而确保上合组织可持续发展。三是"两个构建"为消解上合组织扩员压力提供了新的契机。印度、巴基斯坦成为上合组织正式成员显示了上合组织巨大的生命力和发展潜力，提升了其国际影响力，但同时也使上合组织的内部制度、行动能力和多边合作面临新的挑战。如何化解扩员压力、强化执行效率和组织凝聚力已成为上合组织的当务之急。而"两个构建"以宽广深邃的全球视野提出了一条国与国友好交往和合作的新路，指明了人类社会的前进方向和目标，在此背景下，上合组织扩员符合"两个构建"的总目标，与推进"两个构建"相辅相成。上合组织本身也具有成为"两个构建"先行先试地区的先天优势。上合组织为实行"两个构建"提供了重要的机制性保障。上合组织成立以来，在安全、经济、人文上签署了一系列合作文件，奠定了成员国合作的制度基础，同时，相应建立了合作机制，提供了组织保障。这都为践行"两个构建"创造了有利条件。

"新五观"，即习主席在青岛峰会重要讲话中提出的创新、协调、绿色、开放、共享的发展观，共同、综合、合作、可持续的安全观，开放、融通、互利、共赢的合作观，平等、互鉴、对话、包容的文明观[①]，共商共建共享的全球治理观，对"上海精神"内涵作了全新的阐释和概括，赋予"上海精神"新的生命力，进一步显示了中国对上合组织的战略引领作用。"五观"是在全球和地区形势发生大发展大变革大调整的背景下应运而生的，是新时代中国特色大国外交理念与上合组织有机结合的产物，对新时期上合组织发展具有重要领航定向意义。

"新五观"对"上海精神"的新发展主要表现在三个方面。第一，"五观"与人类命运共同体理念紧密相连，以人类命运共同体为理论基础，服

---

① 《习近平在上海合作组织成员国元首理事会第十八次会议上的讲话（全文）》，新华网，http://www.xinhuanet.com/world/2018-06/10/c_1122964013.htm，登录时间：2019年9月17日。

务于构建人类命运共同体这一宏大愿景，具有鲜明的中国印记，是中国为"上海精神"注入的新的时代内涵，赋予"上海精神"新的崇高使命和目标。"五观"源于中国改革开放的成功实践和启示，是对新时代中国特色大国外交宝贵经验的高度概括，终极目标是要实现"两个构建"。可以说，"五观"是对"两个构建"理念的具体化，揭示了"两个构建"的基本遵循，从而使"上海精神"与时俱进，与"两个构建"有机地融为一体，成为构建上合组织命运共同体全面系统的指导思想。"五观"可以说是"上海精神"与"两个构建"的融合剂，堪称升级版的当代"上海精神"。第二，"五观"与当今时代变化和各国需求紧密相连，是中国为上合组织破解时代难题、化解风险挑战提供的"中国药方"。当今的上合组织不论是外部环境还是内部条件，都发生了前所未有的重大变化。从全球范围看，世界正经历百年未有之大变局，处在一个大发展大变革大调整的重要时期。一方面，世界多极化、经济全球化、社会信息化潮流滚滚向前，新科技革命蓄势待发，国际格局"东升西降"成为时代大势。另一方面，美国霸权主义与民粹主义合流，以战略讹诈和挑衅为手段，图谋颠覆和重构国际秩序，成为世界不确定、不稳定因素陡增的主要根源。从地区层面看，上合地区总体保持稳定大局，但不稳定、不确定因素也在增加。一方面，地区形势稳中向好势头明显。地区各国保持政局基本稳定，相互关系出现改善势头，经济逐渐步入稳步增长，区域合作砥砺前行。但另一方面，美国特朗普政府加大对中俄战略打压、撕毁伊核协议、炮制"印太战略"，并力图把阿富汗拉进"C5+1"机制，使上合组织的外部环境趋于严峻复杂。从上合组织内部看，上合组织成功实现扩员，政治、安全、经济、人文、对外交往、机制建设六大领域合作蔚为壮观，展现出良好的发展前景，但同时不能不看到，上合组织的诸多合作计划，尤其是经济合作计划进展迟缓，严重影响上合组织的行动力和效率。如何确定和界定组织的区域定位，如何根据扩员后的新形势调适组织的机制和制度，如何统筹推进安全、经济、人文三大合作，都是摆在上合组织面前紧迫而现实的严峻考验。在此背景下，中国提出进一步弘扬"上海精神"的"五观"，正是为了应对和化解上合组织面临的新问题、新挑战，可谓"有的放矢""对症下药"，从而赋予"上海精神"新的生机和活力，使其具有鲜明的问题导向和目标指向。"五观"是根据当今时代的发展要求，对传统的发展观、安全观、合作观、文明观、全球治理观扬弃创新的产物，与当代上合组织国家聚焦发展的需求高度契合，有助于各国避免重蹈覆辙，跟上时代步伐，走上共同发展之路。第三，"五观"与上合组织本身的发展壮大紧密相连，是中国为新时期上合组织在区域和全球事务中发挥更大作为提出的"中国方案"。从上海组织发展进程来看，2017年完成扩员代表着上合组织在地区和全球事务中的分量大幅提升，上合组织由此成为欧亚地区名副其实的最大最强的综合性区域组织。同时，10月中国成功举行党的十九大，正式确立习近平新时代中国特色社会主义思想，开启新时代中国特色大国外交新征程，上合组织由此成为践行中国外交新理念、新主张、新方案的最重要多边平台，面临重焕活力、转型升级的重大契机。正是在这一大背景下，"五观"应时而生，成为确保新时期上合组织发挥更大作为的系统性方案。"五观"涵盖了政治、安全、经济、人文、对外交往等多方面、多领域合作，是一个具有内在联系的全面系统的综合性理论体系，将有助于加速提升上合组织的行动力和影响力，推动上合组织合作迈向更高境界，从而在区域和全球治理中发挥更大作用。

"一带一路"是中国提出的一个宏大的国际经济合作倡议，上合组织地区是实施"一带一路"重要而关键的地区。上合组织在推进"一带一路"建设上主要发挥三大作用，一是为"一带一路"建设提供值得借鉴的宝贵经验。上合组织的创立和发展是21世纪国际关系史上具有里程碑意义的重大事件，开创了国家间关系和区域合作的新天地，为地区和全球治理贡献了新理念、新智慧和新方案。上合组织的成功经验集中体现在提出并践行了以"互信、互利、平等、协商、尊重多样文明、谋求共同发展"为内涵的"上海精神"。这是上合组织17年合作经验的结晶，是指导上合组织一切工作的行动指南。它倡导以合作共赢为核心的新安全观、新合作观和新文明观，颠覆和超越了冷战思维、零和游戏、文明冲突的陈旧思维，为全球治理指明了一条新的希望之路，对建立更加民主、公正、合理的国家政治经济新秩序具有重大现实意义和普适价值。可以说，以"上海精神"为指导的上合组织具有开拓性的创新理念和生动实践，包括在促进区域合作、人文交流方面的实践，为"一带一路"建设提供了独一无二的宝贵经验和有益借鉴。应该说，上合组织是"一带一路"的先行者，为"一带一路"建设打下了良好基础。从某种意义可以说"一带一路"是对上合组织理论和实践的进一步发扬光大，是新形势下上合组织合作的升级版。二是为实施和推进"一带一路"提供了重要的安全保障。上合组织一直把安全置于优先位置，倡导并践行新型安全观，旗帜鲜明地坚决打击"三股势力"及毒品贩运、武器走私、非法移民等跨国犯罪行径，从而有力地维护了整个地区的安全稳定，为成员国经济社会发展和民众安定生活营造了良好环境，也为"一带一路"建设提供了不可缺少的安全保障。可以说上合组织的存在和作用大大减少了"一带一路"建设面临的安全风险和挑战。三是为"一带一路"建设提供了重要的机制和制度保障。"一带一路"是一个重大国际经济合作倡议，离不开诸多边双多机制的支持。而在多边机制中，作为第一个以我国城市命名、总部设在我国的国际组织，上合组织无疑是"一带一路"建设可以依靠的首选的多边组织。上合组织18年来已建立起较为完善的组织机制和制度体系，从而为"一带一路"建设提供了重要的机制和制度保障，搭建了不可多得的多边合作平台。以经济合作为例，上合组织建立了包括政府首脑会议机制、经贸部长会议、交通部长会议、科技部长会议、农业部长会议，以及财政部长和央行行长会议等机制，构建了实业家委员会、银联体等平台，建立了多个专业工作组。同时出台实施了《多边经贸合作纲要》《成员国政府间国际道路便利化协定》《至2025年发展战略》等一系列重要的经济合作法律法规，尤其是2014年签署的《上海合作组织成员国政府间国际道路便利化协定》，标志着上合组织经济合作制度化建设迈出重要一步，不仅对推动上合组织区域的互联互通，而且对"一带一路"建设，都具有不可估量的重要价值。

三、全球治理应成为新时期上合组织的着力点

积极参与全球治理，这是上合组织元首在青岛峰会达成的重要共识，无疑应是新时期上合组织发展的重要方向。当前形势下，上合组织加大参与全球治理势在必行。

从全球范围看，美国特朗普上台后退出了一系列国际组织和重要国际协议，导致现有全球治理进程严重受阻，联合国、APEC、G20等全球治理多边机制运转蒙上阴影。严峻形势客观上要求上合组织必须挺身而出，加大参与全球治理进程，以维护现有国际秩序，阻止全球治理进程逆转。同时，这也有利于维护上合组织自身正当权益，防止在新一轮全球治理改革中被边缘化，避免危及地区稳定和发展大局。

从地区层面看，上合组织地区是一个在全球治理中相对滞后，治理赤

字相当严重的区域。当前，上合组织所在的欧亚地区存在多种治理机制、方案，竞争色彩浓厚，甚至存在明显的对抗性和排他性，并不利于整个地区的稳定和发展。在此背景下，上合组织必须高举和平、发展、合作、共赢大旗，从全球治理高度审视和规划组织的制度、机制和行动，以最大限度凝聚各方共识，引领欧亚地区治理朝着开放包容、互利共赢的方向发展，力阻重回冷战模式。

从上合组织内部看，上合组织成立伊始就明确指出，要积极推动建立公正合理的国际政治经济新秩序，并为此作出了积极努力，历次上合组织元首峰会均就重大国际和地区问题表明态度和立场。但相比安全、经济、人文合作，全球治理仍是上合组织合作的一个相对薄弱的领域，还有巨大的发展空间，理当积极挖掘潜力，充分发挥上合组织的独特优势，努力使全球治理成为上合组织发展新的增长点。

当前上合组织参与全球治理具备诸多有利的内在条件，为上合组织在全球治理中发挥更大影响和作用提供了千载难逢的良机。首先，扩员大幅提升了上合组织在全球治理体系中的分量和能量，为上合组织积极介入全球治理提供足够底气。随着印巴尤其是印度加入，上合组织成为全球幅员最广、人口最多、潜力巨大的区域性国际组织。目前，上合组织同时容纳中国、俄罗斯、印度三大全球性新兴大国，全部成员又都是发展中国家、新兴国家，各方在全球治理问题上有着广泛共识，这使上合组织上升为全球治理进程中不容忽视的重要力量，有可能在新一轮全球治理中发挥积极作用。其次，作为上合组织重要引擎，中国提出和实施"两个构建"，为上合组织参与全球治理指明前进方向，提供强劲动力。"两个构建"是在中国日益接近世界舞台中央大背景下推出的，标志着全球治理上升为新时代中国特色大国外交优先方向，显示出中国对改革完善全球治理的强大决心和信心，而"一带一路"倡议的提出、亚投行的建立则是中国对"两个构建"的具体践行，彰显中国对全球治理的积极主动引领。"两个构建"无疑成为上合组织参与全球治理的强大推进剂。第三，上合组织实际是全球治理的先行者，其理论和实践为上合组织加大参与全球治理奠定了坚实基础。上合组织是一个创新性组织，其先进性集中体现在"上海精神"上。这是一种超越冷战思维、零和游戏、文明冲突的全新理念，开创了崭新的区域合作模式，为冷战后全球治理指明了一条新的希望之路，是上合组织为全球治理贡献的"上合智慧"。上合组织的突出特点是，成员国在政治、经济、文化上存在明显的多样化和巨大的差异性。遵循"上海精神",坚持不干涉内政、大小国家一律平等原则,秉持不结盟、不对抗、不针对方针,上合组织成功地在一个多元异质地区实现了共存共荣。上合组织的有益经验为破解全球治理难题提供了"上合药方"。上合组织一直高度重视制度建设,成立之日即通过打击"三股势力"公约,在国际上首次从法律上界定了恐怖主义、分裂主义和极端主义概念,并制定出台《上合组织宪章》和《上合组织成员国长期睦邻友好合作条约》这两部集中反映上合组织新理念、新主张的纲领性文件,不仅厘定上合组织大政方针,也为全球治理提供了制度范本。上合组织富含全球治理元素的理论和实践使其参与全球治理具备得天独厚的优势。

四、新时期上海合作组织发展的基本路径

未来5—10年是上合组织成员国国家发展振兴的关键期和机遇期,[①]也是建设上合组织命运共同体的一个关键期和机遇期。新时期上合组织必须立足当下,着眼长远,统筹规划,精心施策,确保实现既定目标和任务。

(一)不忘初心,牢记使命,确保始终保持先进理念。

在坚持"上海精神",坚持不结盟、不对抗、不针对第三方原则的同时,与时俱进,将得到成员国广泛认同的构建新型国际关系和构建人类命运共同体思想融入到新时期上合组织的核心价值体系,并将日益得到成员国支持的新安全观、发展观、合作观、文明观、全球治理观等"五观"理念充实到"上海精神"中,使之永葆活力,始终成为上合组织的指路明灯。

(二)加强沟通,增进互信,确保始终保持凝聚力。在充分尊重成员国多样性、差异性现实和各自选择的发展道路,坚持大小国家一律平等、成员国协商一致原则的同时,加强相互之间的战略沟通和彼此之间的战略对接,不断增信释疑,增进了解和信任,积极求同化异,寻求合作最大公约数。

(三)加大协调,相互支持,确保在全球治理中发挥更大作用。加强和深化与联合国等国际和地区组织联系,加大对全球性问题的关注。把区

---

① 王毅:《青岛峰会开启上海合作组织新征程》,中国社会科学网,http://ex.cssn.cn/dzyx/dzyx_llsj/201807/t20180704_4494991.shtml,登录时间:2019年9月17日。

域治理和全球经济治理作为当前参与全球治理的重点。从全球治理视角切实推进上合组织建设。

（四）综合施策，标本兼治，确保地区安全稳定大局。贯彻新安全观，打造安全利益共同体。内外联动，形成对"三股势力"高压态势，建立隔绝国际伊斯兰极端势力防火墙；支持各国维稳，构筑防止"颜色革命"渗透隔离带；综合施策，提高保障在各自境内的其他成员国人员企业生命财产安全能力。

（五）聚焦发展，加大联通，确保区域合作不断前行。坚持合作共赢，实现区域融合发展。推动合作规则制度从软约束向硬约束升级，建立起以规则为基础的区域合作平台；引导项目合作从政府主导向市场主导转变，带动"一带一路"合作模式转型升级；促进融资方式向多元、多边方向演进，建立务实高效投融资体系；发挥各国比较优势，实现中南亚融合性发展。

（六）互学互鉴，相互包容，确保实现"民心相通"。加大民间交流力度，加速人员往来便利化进程；加强教育合作，推动上合组织大学逐步实体化；密切媒体、青年交流，深化相互了解和信任；开展环保、科技合作，不断打造新的人文合作增长点。

Размышления о развитии ШОС в новое время

Дэн Хао

Аннотация: В 2017 году ШОС успешно завершила свое первое расширение, это ознаменовало начало нового этапа ее развития. После расширения ШОС общий потенциал и влияние в значительной степени возросли, ее задачи и цели стали еще более грандиозными, а возможности и вызовы перед ней оказались беспрецедентными. Выдвинутые Китаем новые концепции и предложения («двое создание» , «пять новых концепций», «Один пояс, один путь» и т.д.) указали на путь развития и определили цели борьбы в новую эпоху, обеспечив ШОС стабильное дальное плавание. Глобальное управление является важным направлением развития ШОС в новую эпоху и может стать новой точкой роста ШОС. В новое время ШОС должна придерживаться передовых концепций, углублять прагматическое сотрудничество, активно участвовать в глобальном управлении и непрерывно продвигать вперед сообщество единой судьбы.

Ключевые слова: новая эпоха, ШОС, идеи ШОС, глобальное управление

Автор: Дэн Хао, Генеральный секретарь Китайского центра исследований ШОС, Главный научный сотрудничк Института Евразии КАМП, Доктор исторических наук, Постоянный Член совета высокого мозгового центра по вопросам стратегического взаимодействия Китая и России

Reflections on the Development of the SCO in the New Era

Deng Hao

Abstract: The successful expansion of the membership in 2017 for the first time marked a new era of development for the SCO. After the expansion, the overall strength and influence of the SCO have increased tremendously. Its tasks and goals have become much grander, while the opportunities and challenges are unprecedented. The new concepts and proposals put forward by China such as "two build", "new five concepts" and the "Belt and Road" Initiative have pointed out the direction and goal of the SCO in the new era, ensuring the long-term stability of the SCO. Global governance is an important direction for the development of the SCO in the new era and it should be a new growth point for the SCO. In the new era, the SCO should adhere to advanced concept, deepen pragmatic cooperation, actively participate in global governance, and push forward the building of a community of shared future.

Key words: the New Era, SCO, China Concept, Global Governance

Author: Deng Hao, Secretary General of China Center for SCO Studies, Senior Research Fellow of China Institute of International Studies, Standing Director of the High-end Think Tank of China-Russia Strategic Cooperation at Chinese Academy of Social Sciences.

上海合作组织发展方向和战略目标

Направления развития и стратегические цели
SCO Development Directions and Strategic Goals

关于上海合作组织以更加积极姿态参与全球治理的思考

王海运[*]

【内容提要】上合组织以更加积极姿态参与新时代的全球治理有着强烈的必要性。这是由时代的特点、霸权势力对中俄的遏制围堵必然作用于上合组织、上合组织所在地区是"一带一路"建设合作的重点地区及欧亚经济联盟成员国的集中地区等因素所决定的。上合组织扩大参与全球治理力度具有很强的可行性,这不仅是因为上合组织具有参与全球治理的巨大潜力,而且是因为成员国对此有着广泛的共识,又有"上海精神"作为指引,并且形成了一系列合作机制,拥有了一定的实践。上合组织扩大参与全球治理的着力方向宜为:统一认识,强化共识;区分缓急,从易到难;调整机制,增强反应能力;加大对周边热点及成员国间矛盾冲突的介入力度;加强与联合国及其他国际和地区组织的合作。

【关键词】上合组织　全球治理　必要性　可行性　可操作性

当今世界处于"百年未有之大变局",我国既面临着前所未有的发展机遇,也面临着空前严峻的战略挑战。为了应对霸权势力的遏制围堵,确保中华崛起的可持续性,我国应纵横捭阖地运筹国际关系。其中,推动上海合作组织(以下简称"上合组织")以更加积极的姿态参与新时代的全球治理具有重大现实意义,既可赢得本组织的可持续发展,又可做出"新型地区合作组织"的贡献。而要推动上合组织积极参与全球治理,需要厘清其必要性、可行性,提出可操作性思路。

---

[*] 王海运,中国上合组织研究中心高级顾问,中俄战略协作高端合作智库常务理事,中国国际问题研究基金会高级研究员。

一、上合组织以更加积极姿态参与全球治理的必要性

应当认识到，上合组织以更加积极的姿态参与新时代的全球治理有着强烈的必要性。

这首先是由时代的特点决定的。世界进入由单极霸权向多极制衡过渡的"准多极时代"。美国深患霸权衰落焦虑症，国际行为越来越趋于非理性、极端性，单边主义、霸凌主义盛行，践踏基本国际准则肆无忌惮，致使国际秩序陷入混乱。与此相关，对于高举"上海精神"旗帜、践行新型国际关系理念的上合组织，美国的干扰牵制越来越多。上合组织只有以更加积极的姿态参与全球治理，才能够制止霸权势力在本地区及比邻地区生乱生战、维护成员国和平发展的国际环境，才能够扩大其影响，践行其主张，树立"新型地区合作组织"的形象，彰显"负责任国际合作组织"的影响力。

其次是因为，中国与俄罗斯均被美国锁定为"主要战略竞争对手"，其对中俄的遏制围堵必然作用于上合组织。中俄都是上合组织主要成员国，又都是坚持独立自主外交方针、倡导更加公正合理的新型国际秩序的新兴大国，因而均为霸权势力所不容，其对中俄的遏制围堵、抹黑打压无所不用其极。中俄同为上合组织各领域合作的"领头雁"，美国对中俄的遏制围堵不可避免地作用于上合组织。在此情况下，中俄唯有带领上合组织成员国积极参与全球治理，才能够更好地应对霸权挑战，既为本国亦为上合组织成员国赢得和平发展的机遇。

其三是因为，上合组织所在地区是"一带一路"建设合作的重点地区和欧亚经济联盟成员国的集中地区。"一带一路"建设合作是引领新时代全球治理的一面旗帜，欧亚经济联盟也是新时代全球治理的重要参与者。上合组织已被确定为"一带一路"建设合作、"一带一路"与欧亚经济联盟对接合作的"主要平台"，欧亚经济联盟又是与美国结构性矛盾十分尖锐的俄罗斯所主导的地区合作组织，美国的敌意必然越来越多地指向上合组织和欧亚经济联盟。特别是"一带一路"，其所倡导的"合作共赢"理念与美国所推行的"美国优先"逻辑构成了严重对立，霸权势力对"一带一路"的排斥必然趋于强烈。为了应对霸权势力对"一带一路"和欧亚经济联盟的干扰破坏，遂行两者对接合作"主要平台"宏大使命，上合组织必须以

更加积极的姿态参与全球治理。

正是基于上述战略需要,上合组织青岛峰会提出了同时打造政治合作、经济合作、安全合作、人文合作、国际合作"五大合作平台"的建设目标。其中,"国际合作"平台建设目标在元首峰会联合声明中被首次提出。

二、上合组织以更加积极姿态参与全球治理的可行性

上合组织已经发展成为全球地域最广、人口最多的地区合作组织,具有参与全球治理的巨大潜力。扩员后的上合组织8个成员国的总面积占到欧亚大陆的40%,总人口占到世界的40%,可以说是世界上体量最大的地区合作组织,蕴含着巨大的国际影响力,完全有条件成为新时代全球治理的重要"玩家"。

上合组织成员国全部都是发展中国家、新兴国家,中俄印又都是新兴大国。基本国情方面的广泛相近性,决定了在重大国际和地区问题上战略认知的广泛相通性,特别是在构建更加公正合理、更能体现广大发展中国家和新兴国家诉求的新型国际秩序问题上更是有着广泛的共识,从而为上合组织积极参与新时代的全球治理奠定了坚实的理念基础。中俄还是联合国安理会常任理事国,肩负着维护世界和平与发展的大国责任,拥有对国际关系的大国影响力,从而为上合组织参与新时代的全球治理奠定了重要的实力基础。

上合组织建立伊始所确立的"上海精神"——"互信、互利、平等、协商,尊重多样文明,谋求共同发展",为上合组织积极参与全球治理提供了方向指引。"上海精神"展示出一种符合时代潮流的新型国际关系理念,包括新型安全观、新型发展观、新型合作观、新型秩序观、新型文明观。相对于霸权国家所宣扬的"西方文明优越论""西方价值观普世论""西方世界中心论","上海精神"所传递出的是对相互平等与相互尊重、共同安全与共同发展的强烈追求。"上海精神"不仅得到了成员国、观察员国和对话伙伴国的一致认同,而且赢得了国际社会的广泛赞誉,因而有望成为引领新时代全球治理的一面旗帜。在"上海精神"指引下,以上合组织为基础,有望集结起一支有别于西方世界的地缘战略力量,其对于改变严重失衡的国际战略格局、构建更好体现新兴国家权益的新型国际秩

序，定能发挥重要作用。

上合组织已形成一系列参与全球治理的合作机制，拥有参与全球治理的一定实践。上合组织与联合国及其所属机构，与欧亚经济联盟、东盟等地区合作组织，均已建立起合作关系，可望成为新时代参与全球治理的重要抓手。上合组织曾就重大国际问题发表过元首峰会联合声明，积累了参与全球治理的一定经验，可望为进一步扩大对全球治理的参与奠定一定的实践基础。上合组织青岛峰会将"国际合作"新列为建设目标，表明成员国对以更加积极姿态参与新时代的全球治理形成了新的共识。

另外还要看到，迄今为止，上合组织对全球治理的参与相对有限，因而拥有进一步扩大参与的广阔空间。

概言之，上合组织以更加积极的姿态参与新时代的全球治理具有很强的可行性。

三、上合组织以更加积极姿态参与全球治理的重点着力方向

上合组织以更加积极姿态参与新时代的全球治理，宜重点从以下方面做起：

统一认识，强化共识。必须推动各成员国真正认识到上合组织以更加积极姿态参与新时代全球治理的必要性、可行性。而在此问题上，成员国尚未形成广泛的共识，存在不同的保留。建议有关智库就此问题组织课题研究、举办专题论坛，形成有说服力的论证、提出具有可操作性的建议。各成员国的上合组织国家研究中心应当肩负起相关组织协调任务。媒体合作、人文交流在强化共识上亦应发挥重要作用。经济界、科技界在运筹上合组织经济、科技合作时，不应就项目谈项目，还应从合作理念、合作规则等方面为构建新型经济、科技秩序树立榜样、发挥引领作用。上合组织比什凯克峰会，有必要将扩大参与全球治理写入元首联合声明。这一共识还应扩展至观察员国、对话伙伴国，争取其在全球治理问题上与成员国采取协调一致的立场和行动，否则将会降低吸收其为观察员国、对话伙伴国的积极意义，不利于打造新时代全球治理的"伙伴关系网络"。

区分缓急，从易到难。上合组织对全球治理的参与，宜从直接关系到成员国重大利益、易于达成广泛共识的问题做起，从与本地区及比邻地区

治理的相关问题做起。特别是直接关系到成员国、观察员国、对话伙伴国安全稳定的地区热点问题，上合组织应当发出更加强有力的声音，采取更具有影响力的行动。有必要就反对霸权主义、单边主义、逆全球化、贸易保护主义，以及维护联合国权威、推动世界贸易组织改革、构建新型国际政治经济安全秩序、制止某些大国在他国制造动乱等重大问题发表联合声明，争取国际社会广泛支持。还可考虑将上合组织已签《公约》《宣言》《联合声明》，例如《上合组织打击恐怖主义、分裂主义、极端主义公约》《上合组织关于关于构建持久和平、共同繁荣地区的宣言》以及《上合组织成员国长期睦邻友好互助条约》等，扩大签署范围至部分观察员国和对话伙伴国。

调整机制，增强反应能力。"协商一致"原则是上合组织各领域决策的基本原则，并且载入了《上合组织宪章》等重要文件。这一原则在保证各成员国权利平等的同时，客观上也影响到上合组织的决策效率。实践表明，不分重大问题与一般问题，笼而统之地实行"协商一致"的决策原则，是导致上合组织在不少问题上议而不决，在应对成员国失稳事态、宣示对重大国际问题立场时效率低下，在全球治理重大问题上时常缺席的重要原因之一。随着成员国的增多，如果继续实行所有问题都要"协商一致"的决策原则，上合组织的确存在"论坛化"的现实危险，更谈不上扩大对全球治理的参与。鉴此，有必要在坚持重大问题"协商一致"原则的同时，在绝大多数问题上改行"简单多数"或者2/3多数通过的原则。为此，需要研究制定一个实行"协商一致"决策原则的问题清单。与此同时，可考虑适当扩大秘书长、国家协调员会议、外长会议的授权，以秘书长、协调员会议、外长会议名义就某些地区和国际问题代表上合组织发表声明，以提高反应的及时性。秘书处宜建立专门班子，跟踪本地区、周边和全球重大热点问题，及时协调各方立场、起草声明文本。

加大对周边热点及成员国间矛盾冲突的介入力度。阿富汗问题、伊朗核问题、朝鲜半岛核问题以及叙利亚和平问题等周边热点问题，直接关系到成员国的安全环境与发展环境，关系到新时代的全球治理，上合组织必须加大介入力度。对于发生在成员国之间的冲突，上合组织更不应回避，而应以适当方式进行必要的干预，或劝谈促和，或批评制裁。在新成员国印度与巴基斯坦军事冲突问题上，上合组织应当发挥调解与制约作用，而不能无所作为。可考虑援引《宪章》有关"不得使用武力解决争端"的相关规定,《长期睦邻友好合作条约》的有关精神,以及"上海五国"解决边界问题的经验,帮助印巴缓解化解冲突。

加强与联合国、其他国际和地区组织的合作。加强与联合国、其他国际和地区组织的合作,是上合组织扩大参与全球治理的重要途径。上合组织有必要就全球治理的重大问题,更加主动地开展对外磋商、采取更多的联合行动。当前尤其应就维护联合国权威,反对逆全球化和贸易保护主义,制止动辄制裁和"长臂管辖"以及世界贸易组织改革等重大现实问题,与上述国际组织加强合作、形成共同立场,既践行上合组织的新型国际理念、扩展上合组织的国际影响,又推动新时代的全球治理走向稳定有序。

综上所述,以上合组织青岛元首峰会为标志,上合组织进入了新的发展阶段。上合组织有必要、有潜力以更加积极的姿态参与新时代的全球治理。上合组织应尽快就此展开研讨和对话,争取达成广泛共识、明确行动方略,找准参与切入点、强化参与协调性。上合组织应当而且有能力成为新时代全球治理的引领者、贡献者、受益者。

Размышления об участии ШОС в глобальном управлении с более позитивной позицией

Ван Хайюнь

Аннотация: ШОС чрезвычайно необходимо принять участие в глобальном управлении с более позитивной позицией в новое время по поводу таких факторов, как особенности времени, сдерживание и блокирование Китая и России гегемонистскими силами и строительство «Пояса и пути». Как известно, что сдерживание и блокада неизбежно сказываются на ШОС, так как пространство ШОС занимают важные для строительства «Пояса и пути» районы, где расположены множество стран-членов Евразийского экономического союза. Расширенное участие ШОС в глобальном управлении вполне реально, потому что ШОС имеет большой потенциал по глобальному управлению и широкий консенсус у государств-членов по этому вопросу, к тому же, на основе «Шанхайского духа» был образован ряд механизмов сотрудничества, которые обладают определенным практическим опытом. Для участия в глобальном управлении ШОС обязанна прилагать усилия к следующим аспектам: добиваться единого понимания и укреплять консенсус; отделяя неотложное от умеренного, последовательно заниматься делом с простого до сложного; урегулировать механизмы для повышения способности отреагирования; усиливать вмешательство в дедо периферийных горячих точек и конфликтов между государствами-членами; расширять сотрудничество с ООН и другими международными и региональными организациями.

Ключевые слова: ШОС, глобальное управление, необходимость, выполнимость, осуществимость

Автор: Ван Хайюнь, Старший советник Китайского центра исследований ШОС, Постоянный Член совета высокого мозгового центра по вопросам стратегического взаимодействия Китая и России, Главный научный сотрудник китайского фонда международных исследований

Reflections on the SCO's Participation in Global Governance in a More Positive Way

Wang Haiyun

Abstract: It is of extreme necessity for the SCO to participate in the global governance more positively in new era, which is determined by plural reasons such as the characteristics of the times, the SCO's response to the hegemonic power's containment on China and Russia, and the reality that the SCO region has become a key area for the "Belt and Road Initiative" and an area concentrated with members of the Eurasian Economic Union. The broad consensus among member states, the guiding role of the "Shanghai Spirit", a series of cooperation mechanisms, and initial practice have explained SCO's potential in participating in global governance. The SCO's efforts to expand participation in global governance should be made in the following: unifying conception, strengthening consensus; distinguishing priorities, from easy to hard; adjusting mechanisms to enhance responsiveness; increasing involvement in peripheral hotspots and conflicts between member states; cooperation with the United Nations and other international and regional organizations.

Keywords: SCO, Global Governance, necessity, feasibility, operability

Author: Wang Haiyun, Senior Consultant of China Center for SCO Studies, Executive Director of the High-end Think Tank of China-Russia Strategic Cooperation at Chinese Academy of Social Sciences, Senior Research Fellow, China Foundation for International Studies

上海合作组织作为区域合作平台的发展趋势

【吉尔吉斯斯坦】库·沙德别科夫*

【内容提要】 本文分析了上合组织的发展趋势，对个别发展阶段作了重点分析。对上合组织所面临的困难及如何加强框架内合作的前瞻性问题进行了研究，并分析了吉尔吉斯共和国对上合组织发展提出的倡议。作者着重论述了地缘政治和地缘经济的发展进程，得出的结论是必须按照国际公认的原则制定新的欧亚地区安全战略。上合组织具有地缘政治实力，通过宣传和平与安全原则以及推动造福于各国人民的合作，就完全能够填补业已形成的真空，成为整个国际社会的典范。同时，本着信任、友好和相互理解的核心原则发展好组织内部关系，则具备了提升上合组织实力和影响力的条件。

【关键词】 上合组织　发展趋势　目标　国际　互动。

近几十年来，国际关系发展的一大特点是：政治、经贸、文化、基础设施等所有领域的现有制度都在转型。

相应地，完善整体安全体系，协调解决现存的和可能发生的社会经济问题，协调立场，应对不断涌现的威胁和挑战，对于各国的重要性不断上升。

在此背景下，上海合作组织（简称"上合组织"）作为最为成熟的地区组织，具有独特的地理范围和人力资源优势。

组织成立以来，经历了以下发展趋势：

第一，组织稳定性形成。

今天，上合组织作为世界公认的国际机构，是确保地区安全与稳定的重要因素。很多国家和各类国际组织对于与上合组织发展伙伴关系、加强

---

* 库·沙德别科夫（К. Шадыбсков），吉尔吉斯共和国国家战略研究所所长。

合作越来越感兴趣。

成立以来，在上合组织框架下，合作的形式和方法已经形成，组织各领域工作的互动机制也已经建立。本组织在一定程度上能够成功实现其章程文件中制定的安全、反恐、反对分裂和极端主义及其他全球挑战和威胁等许多目标和任务。

上合组织已成为安全领域合作的独特讨论平台，应对阿富汗问题等外部威胁的能力得到提升。

其次，机遇和伙伴都在增加。

众所周知，上合组织的成立建立在军事领域加强互信（上海，1996年）及在边境地区裁军的协议（莫斯科，1997年）基础上。在发展的初始阶段，上合组织成员国致力于一个目标——巩固地区安全。

发展的形势和当前的挑战要求我们，必须扩充研究议题，为组织的各参与国打开一扇机会之窗。

当前，讨论的议题和优先领域包括安全领域，也包括政治、经济、社会、人道主义和文化等领域的发展。信任、平等和互利的原则是有关领域的合作基础。

上合组织对发展合作和建立伙伴关系持开放态度，这将为组织带来新机遇。

随着近期印度和巴基斯坦加入，组织的覆盖范围已贯通中亚和南亚地区，进而能够为整个欧亚大陆的区域合作创造新机会。新的合作伙伴加入，上合组织的扩员，为中亚国家获得海上航路提供了更多机会。在中亚，公路和铁路仍是主要的交通方式。

我认为，许多人会赞同的一点是，该地区的国家和人民能够而且应该在睦邻友好的环境中实现共同发展，而这应该通过进行旨在实现国家可持续发展的更密切的文化和经济联系来促进。

文化、传统和宗教的对接和知识的互鉴应该为巩固和平、加深友谊发挥自身历史作用。上合组织前景光明，因其包容了多样文明：游牧、突厥、斯拉夫、伊朗、印度和中国文明。上合组织这种结构上的独特性，使其能够成为文明间对话的有益平台。

上合组织的利益和集体安全条约组织、欧亚经济联盟、"一带一路"倡议等一体化机制的利益相契合，为组织广阔的发展前景创造了必备条件。有利条件的存在表明，上合组织有很大可能成为欧亚空间一体化倡议的吸引力中心。

在新的发展阶段，上合组织将在质和量上为自我革新铺路。在组织的发展中，应优先考虑合作的质——内部的发展速度应该超越外部。

在本组织发展的各个阶段，坚持互信、互利、平等、协商、尊重多样文明、谋求共同发展的"上海精神"都极为重要。这是上合组织应坚持不变的、区别于其他组织的最重要基础。

上合组织活动的多样性，包括政治、经济和人文领域的合作展示出其独特性。

同时，与许多其他组织一样，某些领域值得密切关注。

第一，提高已经达成协议的落实率，特别推动多边倡议落地。

第二，在国家利益、国家间利益和超国家利益间寻求平衡是一项多任务的工作。当然，国家利益是每个国家的优先，并且每个国家的利益都不相同。这是深入分析成员国在上合组织框架下的不同利益并寻求妥协的基础。将利益划分为没有根本分歧的共同利益、在组织内制定的具有整体性的利益和各国利益三个层面也许是有意义的。为彼此成功对接并达成相互都能接受的一致，并为专家层面分析对话提供平台，以上这些都必须加以系统和彻底研究。

第三，另一重要方向是加强上合组织框架下的项目和投资倡议。

第四，在本组织内部作出决策需要高度责任感。根据《上海合作组织宪章》，上合组织机构的决定是在共同利益的基础上，根据协商一致的原则作出的，以寻求统一各方立场。每个参与者都应该在创造性目标设定的基础上保持高度的责任感。上合组织应该将自身定位为一个弥合利益分歧、寻找统一解决方案的平台。

第五，结合共同和双边的合作形式，在上合组织框架下合作具备相当大的潜力，合作的质得以提高。

众所周知，2019年6月，比什凯克举行了上合组织成员国元首峰会。成为上合组织成员国后，吉尔吉斯斯坦提出了若干倡议，其中一些已转化为实实在在的成果，其他举措也能在未来实施（如成立地区反恐怖主义机构、建设数字丝绸之路等）。我们把经贸、安全等领域的合作视为上合组织发展的基石。吉方对运输和物流方面的基础设施项目很感兴趣，因为上合组织成员国具有巨大的交通发展潜力。

在上合组织框架内，"一带一路"倡议与欧亚经济联盟在经贸领域合作对接，为国家之间的货物和服务自由流动创造更为便利的条件，最大限度地发挥该地区现有的潜力非常重要。

应该建设好自由贸易区（FTA）、自由过境走廊、完善客运和货运合作，并在单一的非歧视性制度的基础上过境各国的领土。重要的是要在短距离和互利的原则下确保整个上合组织空间地域联通性。优先考虑的方向不仅包括国际公路和铁路、物流中心和运输终端的扩建，还包括光纤通信线路的建设。

能否成功解决上合组织面临的最复杂问题，在很大程度上取决于成员国之间的人文合作。当前，为合力应对各种挑战和威胁，密切相互联系、加强一体化进程的重要性前所未有。

我们观察到，在国际安全领域，在全世界，特别在是欧亚大陆，地缘政治和地缘经济进程发生了新的趋势性变化：国际恐怖主义和极端主义、各类冲突事件的表现形式空前增加。人口迁移难以管控；国际社会缺乏有效的方案和措施，以应对主要国际机构的危机以及主要大国之间日益加剧的矛盾所带来的挑战和威胁；国家和地区的不平等和两极分化不断加剧；因此，有必要依据国际协商原则为欧亚空间制定新的安全战略。在此背景下，上合组织的地缘政治潜力，可以填补由此产生的真空，通过宣传和平与安全的原则，并从各国人民的利益出发开展合作，为整个国际社会树立榜样。

组织内部关系的成功发展可以为未来提升上合组织的潜力和影响创造条件，其核心因素应该是建立在信任、相互理解和友谊基础上的本组织精神。

（景晓玉 译）

О тенденциях развития ШОС как общерегиональной площадки взаимодействия

[Кыргызстан] Куванычбек Шадыбеков

Аннотация: В настоящей статье анализируются тенденции развития Шанхайской организации сотрудничества, выделяются отдельные стадии развития, рассматриваются проблемные задачи становления ШОС и перспективные вопросы укрепления сотрудничества в рамках данной организации. В статье анализируются инициативы Кыргызской Республики в развитие организации. Акцентируя внимание на геополитических и геоэкономических процессах, автором делается вывод о необходимости создания новой стратегии безопасности евразийского пространства по принципу международного согласия. ШОС с ее геополитическим потенциалом может восполнить образовавшийся вакуум и стать примером для всего мирового сообщества, проповедуя принципы мира и безопасности, взаимодействие в интересах своих народов. При этом успешное развитие внутриорганизационных связей позволяет создать условия для повышения потенциала и влияния ШОС в будущем, основываясь на стержневых принципах доверия, взаимопонимания и дружбе.

Ключевые слова: ШОС, тенденции развития, задачи ШОС, международные тренды, взаимодействие

Автор: Куванычбек Шадыбеков, Директор Национального института стратегических исследований Кыргызской Республики

On the Development Trends of the SCO as A Region-wide Interaction Platform

[Kyrgyzstan] Kuvanychbek Shadybekov

Abstract: The article analyzes the development trends of the Shanghai Cooperation Organization, identifies individual stages of its development, and discusses the problem tasks of the formation of the SCO and long-term issues of strengthening cooperation within the organization. The article analyzes the initiatives of the Kyrgyz Republic on the development of the organization. Focusing on geopolitical and geo-economic processes, the author concludes that it is necessary to develop a new strategy of security for the Eurasian space on the basis of international consent. The SCO, endowed with geopolitical potential, can fill the vacuum and become a praradigm for the entire international community by advocating the principles of peace and security, and launching cooperation for the interest of the people. At the same time, the successful development of intra-organizational relations makes it possible to create conditions for increasing the strength and influence of the SCO in the future, based on the core principles of trust, mutual understanding and friendship.

Keywords: SCO, development trends, objectives of the SCO, international trends, interaction

Author: Kuvanychbek Shadybekov, Director of National Institute for Strategic Studies of the Kyrgyz Republic.

百年变局中的上海合作组织前景广阔

李进峰[*]

【内容提要】 2018年以来，全球不确定性不稳定性因素有增无减，世界进入百年未有之大变局，上合组织面临单边主义、保护主义、恐怖主义等挑战以及扩员带来的内部不确定性挑战。同时，青岛峰会为"上海精神"注入新内涵，比什凯克峰会推动成员国打造"四个典范"，中俄关系提升为"新时代中俄全面战略协作伙伴关系"，"一带一路"合作向高质量发展转变为成员国合作增添新动力。扩员后区域巨大潜力仍在释放，区域凝聚力增强，上合组织影响力、凝聚力和行动力不断提升，成员国积极打造地区命运共同体，上合组织发展前景广阔。

【关键词】 百年变局 上合组织 上海精神 "一带一路" 高质量发展

6月14日，上海合作组织（以下简称"上合组织"）第十九次元首峰会在比什凯克隆重举行，八国元首齐聚比什凯克共商上合组织发展大计，本次峰会发表了《比什凯克宣言》具有重大意义，在百年未有之大变局，在地区和国际形势发生深刻变化的背景下，八国元首一致强调，坚持国际多边主义，反对单边主义；积极引领全球经济治理体系改革，主动参与和推动解决阿富汗问题等。[①] 习近平主席出席上合组织比什凯克峰会并发表重要讲话强调，青岛峰会以来，上海合作组织保持良好发展势头。中方在峰会上提出的发展观、安全观、合作观、文明观、全球治理观，丰富了本组

---

[*] 李进峰，中国社会科学院俄罗斯东欧中亚研究所党委书记，中国社会科学院上合组织研究中心执行主任。

[①] 《上海合作组织成员国元首理事会比什凯克宣言》，新华网，http://news.haiwainet.cn/n/2019/0615/c3544218-31575351.html，登录时间：2019年6月24日。

织合作理念,得到各方积极响应①。成员国以"上海精神"为指引,认真落实领导人共识,促进各领域合作不断走深走实,推动上海合作组织在新起点上实现新发展,充分显示上合组织具有强大生命力和广阔的发展前景。

比什凯克峰会后,成员国将进一步凝聚政治共识,推动构建新型国际关系和人类命运共同体。加强内部团结,继续弘扬"上海精神",推动上合组织机制建设改革完善。聚焦务实合作,加紧商谈贸易便利化协定,推进区域经济一体化进程。深化安全合作,共同应对地区安全形势的新变化和新挑战,合作打击"三股势力",营造良好发展环境。

一、上合组织引领国际关系新方向并发挥重要作用

习近平主席在比什凯克峰会重要讲话中指出,当前,国际形势风云激荡,但和平、发展、合作、共赢的时代潮流不可逆转。在百年未有之大变局背景下,上合组织成员国弘扬"上海精神",提倡多边主义,反对单边主义和贸易保护主义;提倡合作共赢,反对零和对抗;提倡国际公平正义,反对强权霸凌行为。可以说,上合组织18年来一直在积极探索和寻求国际关系理论与实现的新途径,这充分展现上合组织的国际担当,坚定维护国际公平正义,捍卫成员国安全和发展利益,成员国坚持携手构建更加紧密的上合组织命运共同体。

今年是东欧剧变30年、苏联解体28年、上合组织成立18年。在百年未有之大变局中,如果从1996年上合组织初创时期"上海五国"机制建立算起,历史时钟已经走过了四分之一世纪。成立18年来,上合组织始终站在世界发展的潮头,顺应世界和平发展大势,引领地区合作实践,引领当代国际关系理论与实践的新方向,超越了文明冲突理念、传统安全思维与零和博弈对抗,树立起"互信、互利、平等协商、尊重多样文明、谋求共同发展"的"上海精神",这在国际关系发展史上具有划时代的意义。

正是有了上合组织,才有了中国西部安全与中亚安全稳定,才有了中国外交实践的新平台,才有了区域合作新模式,从而不断提升中国在国际舞台中的影响力和话语权,促进中国日益走近世界舞台中央。上合组织的

---

① 《习近平主席在上海合作组织成员国元首理事会第十九次会议上发表题为〈凝心聚力〉,务实笃行,共创上海合作组织美好明天》的重要讲话。新华网,http://www.xinhuanet.com//2019-06/14/c_1124625213.htm,登录时间:2019年6月26日。

重要贡献和作用主要体现在：上合组织已经成为当今世界公认的国际关系和区域合作模式的典范，为维护中国西部安全和中亚区域安全稳定发挥了重要作用；上合组织是推动地区和全球政治经济新秩序向着更加公平、合理方向发展的重要力量；上合组织理论创新与实践探索，为"一带一路"合作向高质量发展转变提供了经验、制度和机制平台，成为深化"一带一路"与沿线国家发展战略对接的重要平台。①

二、新时代上合组织发展的新机遇

世界进入百年未有之大变局，全球经济格局深度调整，上合组织从外部环境和内部环境看，都迎来一些难得的历史性发展机遇。从外部看，美国奉行单边主义和保护主义，在获得有限、不可持续的"单边利益"同时，将不可避免地失去国际社会更多的支持和响应。从内部看，青岛峰会为"上海精神"注入新内涵，具有里程碑意义。比什凯克峰会推动成员国打造"四个典范"。中俄关系提升为"新时代中俄全面战略协作伙伴关系"，"一带一路"向高质量发展转变为成员国合作增添新动力，扩员后区域巨大潜力仍在释放。中亚国家凝聚力增强，"一带一盟"深化战略对接，"一带一路"倡议与"大欧亚"伙伴关系协调发展，促进形成统一的欧亚经济空间和经济新秩序。

第一，青岛峰会为"上海精神"注入新内涵。2018年青岛峰会期间，习近平主席发表重要讲话，指出用新"五观"破解当前全球治理困境，即发展观、安全观、合作观、文明观和全球治理观。②一是践行"共同、综合、合作、可持续"的安全观，强调要摒弃冷战思维和集团对抗的陈旧观念，有利于成员国实现长期安全、普遍安全，也将为国际社会树立国家安全和地区安全的典范，进而维护全球公共安全与稳定，这种新安全观与传统的追求国家绝对安全的安全观形成鲜明对照。二是提倡"创新、协调、绿色、开放、共享"的发展观，强调绿色发展、可持续发展和以人民为中

---

① 李进峰：《上海合作组织15年：发展形势分析与展望》，北京：社科文献出版社2017年版，第2—3页。
② 《习近平主席在上海合作组织成员国元首理事会第十八次会议上发表题为〈弘扬"上海精神"构建命运共同体〉的重要讲话》，新华网，http://www.xinhuanet.com/world/2018-06/10/c_1122964013.htm，登录时间：2019年6月24日。

心的发展。有利于促进成员国经济实现可持续发展，也将促进周边地区和带动全球的共同发展，共享中国发展成果，这种新发展观与西方传统的零和博弈、赢者通吃的发展观形成鲜明对照。三是秉持"开放、融通、互利、共赢"的合作观，强调要拒绝自私自利、短视封闭的狭隘政策，有利于成员国深化各领域的务实合作，促进双边和多边合作，也将促进周边国家和全球各区域的合作，这种合作观与逆全球化的单边主义、保护主义形成鲜明对照。四是树立"平等、互鉴、对话、包容"的文明观，强调要以文明交流超越文明隔阂，以文明互鉴超越文明冲突，以文明共存超越文明优越。促进成员国尊重差异、尊重各自特色，开展不同文明之间的交流与互鉴。这一文明观与文明冲突、宗教冲突、意识形态冲突等形成鲜明对照。五是坚持"共商、共建、共享"的全球治理观，强调发达国家与发展中国家应该共同参与全球治理，任何国家面对全球治理的困境和乱象不可能独善其身。不断改革完善全球治理体系，为建立更加公平、合理的国际政治经济新秩序贡献力量。这种治理观与单边主义、霸权主义的全球化观念形成鲜明对照。这新"五观"是对当前国际关系和全球治理理论与实践的创新，赋予了"上海精神"的新内涵。上合组织沿着这个新方向，促进成员国治理能力建设，并积极参与全球治理，为推动构建地区与全球治理规则民主化贡献"上合力量"。

第二，"一带一路"向高质量发展转变为成员国增添新动力。从2013年提出，到制定远景与行动并得到国际社会的广泛认同，"一带一路"倡议实施6年来，在"五通"和产能合作方面取得了丰硕成果，有力促进中国经济实现可持续发展。一是有力支撑了我国推进的供给侧结构性改革落地，在"去产能、去杠杆、去库存，降成本、补短板"方面成效比较显著；二是促进中国企业在新一轮改革开放格局下更加自信地"走出去"，促进中国经济发展方式转变、产业结构优化调整；三是产能合作等务实经济合作举措为中国制造业产业链、价值链在全球中提升和为沿线国家经济发展和改善民生起到促进作用。[①] 进入新阶段的"一带一路"合作主要特征是向高质量发展转变，习近平主席在第二届"一带一路"国际合作高峰论坛开幕式上的主旨演讲为"一带一路"合作向高质量发展指明了方向，"一带一

---

① 李进峰：《"一带一路"建设5周年发展回顾与展望》，载《西部发展论坛》2018年第11期，第18—19页。

路"合作向高质量发展转变的原则是：坚持共商共建共享原则，倡导多边主义；坚持开放、绿色、廉洁理念；坚持高标准、惠民、可持续的目标。①在此背景下，处于"一带一路"倡议的关键区域的上合组织将迎来发展新机遇："一带一路"倡议与沿线国家发展战略的对接，将为推动成员国高质量经济发展和转型升级提供难得的历史性机遇，一大批互联互通项目落地已经为上合组织区域交通运输等便利化奠定基础；"一带一路"合作的高质量多边规划对接磋商，乃至技术、规则、标准等对接谈判将发挥上合组织的重要平台作用；"一带一路"倡导绿色产能合作将为成员国推动现代化、工业化、城镇化发展和改善民生提供新机遇；"一带一路"倡导绿色、廉洁的金融合作将促进成员国本币结算、促进人民币从区域化走向国际化。

第三，中俄关系提升引领成员国政治互信进一步增强。2019年6月，在习近平主席访问俄罗斯期间，习近平主席与普京总统共同签署中俄联合声明，决定把中俄关系提升为"新时代中俄全面战略协作伙伴"，具有重大历史和现实意义②，这标志着中俄两国对百年未有之大变局有高度一致的判断，对当今世界面临全球治理的种种风险与挑战有高度一致的判断，在中俄战略互信基础上将进一步推动成员国加强政治互信、团结互助，进而推动上合组织在新时代实现新发展，推动上合组织向高质量发展转变。上合组织18年来的成功运作并实现首次扩员是中俄在欧亚地区战略性协调一致，而不是对冲的重要标志。

第四，扩员后区域巨大潜力仍在释放。2017年印巴加入，实现了上合组织首次扩员，使上合组织成为世界上人口最多、陆地面积最大、富源辽阔的地区组织，为本组织未来发展提供了潜力巨大的地理和网络空间。首先，扩员后成员国人口占世界人口总量的比例从25%增加到44%。成员国经济总量占世界GDP的比例从15%提升到25%，成员国国土面积占世界陆地总面积的比例从14%增加到23%，构成了巨大的消费市场和互联互通投资空间。其次，印巴都是发展中国家，印度和巴基斯坦的工业化水平都

---

① 《习近平主席在第二届"一带一路"国际合作高峰论坛开幕式上发表题为〈齐心开创共建"一带一路"美好未来〉的主旨演讲》，新华网，http://www.xinhuanet.com//world/2019-04-26/c_1210119584.htm，登录时间：2019年6月21日。

② 《中华人民共和国和俄罗斯联邦关于发展新时代全面战略协作伙伴关系的联合声明》，新华网，http://news.sina.com.cn/gov/xlxw/2019-06-06/doc-ihvhiqay3881058.shtml，登录时间：2019年6月24日。

处于工业化初期阶段，2018年印度和巴基斯坦的城镇化率分别为33.6%和36.4%，印度和巴基斯坦的城镇化和工业化发展至少需要二三十年时间，这将为区域工业化发展、产能合作乃至促进区域产业链转型升级发展带来新机遇。再次，印巴加入促进了中亚与南亚联通，形成更大的地理区域和网络空间，更大的区域合作市场，互联互通将支撑上合组织区域的基础设施建设扩大投资规模。同时，也有利于促进成员国之间贸易畅通，促进上合组织区域贸易投资便利化。最后，扩员后成员国经济和安全议题明显增多，多边合作空间扩大。

第五，区域凝聚力增强、周边环境总体向好。从本组织内部看，中俄战略互信协作一致，中俄关系已经提升为"新时代中俄全面战略协作伙伴关系"，有效应对美国等西方的单边主义和保护主义。中亚国家内聚力增强。印度加入上合组织以来，积极参与有关活动，中印两国元首2018年4次会晤，推进中印关系好转。印巴在2019年2月份双方爆发新冲突情况下，关系一度紧张，但现在印巴关系也有所缓和。在此背景下，有利于上合组织成员国深化务实合作，拓展合作新领域，尤其是深化经济领域的务实合作，以促进成员国获得实实在在的经济增长和民生改善。

从本组织外部看，以英国脱欧、法国黄马甲抗议活动等事件为标志，显示西方传统的联盟理论与实践遭到重创，欧盟已经失去往日的吸引力和凝聚力。特朗普"美国优先"理念，不断"退群"的行为，导致美欧之间分歧明显，西方发达国家之间出现严重分化趋势,显示出以美国为主导的国际治理体系正在走向瓦解[①]。在看到上合组织存在历史性发展机遇的同时，我们也应该看到上合组织发展还存在一些制约因素和严峻挑战。第一，中国周边出现了一些不稳定因素，中美关系进入质变阶段。美国2017年发布的《国家安全战略》报告将中国定位为"战略竞争对手"，2018年美国国防部发布《国防战略报告》也将中国视作"战略竞争者"[②]，2018年美国国防部发布《核态势评估》报告指出，中国和俄罗斯正在对美国建立

[①] 张宇燕主编：《全球政治与安全报告》，北京：社科文献出版社2019年版，第2-4页。
[②] "Ministry of Defense of the USA, Summary of the 2018 National Defense Strategy", http//dod.defense.gov/Portal/1/Document/pubs/2018-National-Defense-Strategy.pdf?mod=article_inline，登录时间：2019年6月23日。

的国际规范和秩序构成挑战①。2018年初，美国单方面挑起中美贸易摩擦，导致中美关系持续紧张。2018年9月，美国权威智库"新美国安全中心"在其《如何应对中国的"一带一路"战略》报告中，建议全面调动资源应对中国"一带一路"战略②。美国奉行单边主义和保护主义对上合组织区域合作产生负能量。第二，扩员后成员国内部协调难度加大。扩员后成员国国情差异凸显，增加了身份认同和构建共同价值观的难度。第三，印度仍然不支持中国"一带一路"建设。近年来，中国已经成为南亚多数国家的最大投资国和贸易伙伴国，中国大规模进入南亚让印度难以在短期内适应。当前，印度对"一带一路"倡议仍然存在一些误解和误判，例如，有印度学者认为中国的"海上丝绸之路"过于谋求本国利益，没有考虑到印度的现实地位和利益关切③，中国试图挑战美国在印度洋的影响力，并削弱印度在本地区的天然地理优势④。但是，也有支持印度加入"一带一路"倡议的声音，比如，有印度学者认为，对印度来说，"海上丝绸之路"为印度提供了一个完美的平台，可以加强印度与其他国家的双边及地区合作⑤，"海上丝绸之路"可以弥补印度在海上基础设施建设方面的短板⑥，印度可以借助中国的经济实力加快自身的经济发展等观点。第四，今年以来，印巴在冲突中尽管双方能保持克制，但双方互信依然缺失，需要加强双边对话与协商。

---

① "Ministry of Defense of the USA, Nuclear Posture Review", https://dod.defense.gov/News/Special-Reports/0218_npr/，登录时间：2019年6月23日。

② Daniel Kliman and Abigail Grace, "Power Play: Addressing China's Belt and Road Strategy", Center for a New American Security,Washington, DC. September 20, 2018, https://www.cnas.org/publications/reports/power-play，登录时间：2019年6月21日。

③ Amb Kanwal Sibal, "China's Maritime 'Silk Road' Proposal:India Must Treat Cautiously," February 26,2014,http://www.scmp.com/news/china/diplomacydafence/artice，登录时间：2019年6月20日。

④ Brahma Chellaney, "What Are Chinese Submarines Doing in the India Ocean?", May 20, 2015, http://www.huffingtonpost.com/brahma-chellaney/Chinese-sub-in-india-ocean-b-7320500，登录时间：2019年6月24日。

⑤ Geethanjali Nataraj, "Why India Should Join China's MSR," April 1,2018,http://www.indiawrites.org/why-india-should-jion-chinas-msr/，登录时间：2019年6月24日。

⑥ Vijay Sakhuja, "The Maritime Silk Route and Chinese Charm Offensive," February 17,2014,http://www.ipcs.org/com_sclccphp?article No=4310，登录时间：2019年6月26日。

三、百年变局中的上合组织发展前景广阔

当今世界正经历百年未有之大变局,新兴市场国家和发展中国家的崛起速度之快前所未有,新一轮科技革命和产业变革带来的新陈代谢和激烈竞争前所未有,全球治理体系与国际形势变化的不适应、不对称前所未有。在世界进入百年未有之大变局背景下,世界经济动力转换进入关键时期,发达经济体与新兴经济体国际力量对比进入关键时期,全球治理体系深刻变革进入关键时期。上合组织作为新型国际组织,外部吸引力和内部凝聚力不断增强,在地区和全球的影响力不断提升,已经成为当今世界公认的维护地区和全球稳定的重要力量。上合组织成员国努力打造地区命运共同体,为构建人类命运共同体提供"上合方案"。国际社会对上合组织在推动地区和全球安全稳定与发展方面充满期待,对上合组织在推动地区和全球治理变革与完善方面充满期待。

习近平主席在不久前访问俄罗斯时指出,上合组织"顺应和平、发展、合作、共赢的时代潮流,具有强大生命力和广阔发展前景"。在本次比什凯克峰会上,习近平主席发表重要讲话强调要把上合组织打造成地区合作的"四个典范",携手构建更加紧密的上合组织命运共同体[①]。

第一,在政治合作上,要把上合组织打造成团结互信的典范。上合组织成员国始终倡导多边主义。成员国要肩负起上海合作组织各国人民的重托,心往一处想,劲往一处使,不断汇聚实现共同目标的强大力量。成员国要恪守"上海精神"、上合组织章程等宗旨和原则,不断增进成员国政治互信和团结互助,加大相互支持,扩大利益汇合点,为深化成员国双边和多边合作创造更多有利的条件。

第二,在安全合作上,要把上合组织打造成安危共担的典范。面对恐怖主义、极端主义等严峻威胁,成员国需要采取有力措施联手应对。要进一步提升上合组织应对复杂局面的能力。坚持共同、综合、合作、可持续的安全观,不断完善安全合作的法律基础,加强成员国之间信息共享、联合行动、网络执法。要重点防范恐怖极端势力回流,多措并举打击"三股

---

① 《习近平主席出席上海合作组织成员国元首理事会第十九次会议并发表题为〈凝心聚力,务实笃行,共创上海合作组织美好明天〉的重要讲话》,新华网,http://www.ccps.gov.cn/xxsxk/zyls/201906/t20190615_132363.shtml,登录时间:2019年6月24日。

势力"。要有效遏制极端宗教思想蔓延。要以《上海合作组织反极端主义公约》生效为契机，加强成员国去极端化合作。

第三，在经济合作上，要把上合组织打造成互利共赢的典范。上合组织地区拥有资源禀赋丰富、扩员后市场规模巨大、科技创新实力雄厚，发展动力强劲，合作领域增多合作前景广阔。要以高质量发展为方向，推动地区融合发展不断取得新成果。促进区域经济进一步开放、交流、融合。倡导维护多边贸易体制、构建开放型世界经济，推动在贸易和投资自由化、便利化方面作出更多制度性安排。推动共建"一带一路"倡议同各国发展战略及欧亚经济联盟等区域合作倡议深入对接。要认真落实第二届"一带一路"国际合作高峰论坛成果，充分利用好本地区国家独特优势，引领上合组织成员国经济向高质量发展转变。着力构建本地区全方位互联互通格局。发挥上海合作组织成员国政府间国际道路运输便利化协定联委会等机制作用，提升铁路、公路、油气管道等联通水平。要坚持创新驱动发展，在数字经济、电子商务、人工智能、大数据等领域培育合作增长点。

第四，在人文合作上，要把上合组织打造成包容互鉴的典范。上合组织区域孕育了众多古老文明，众多宗教、种族、文明在此交融汇聚，彼此交流互鉴协调发展。成员国要珍惜本地区文明多样性这一宝贵财富，摒弃文明冲突，坚持开放包容、互学互鉴，为各国人民世代友好、共同发展进步注入持久动力。要进一步深化文化、教育、旅游、体育、媒体等领域合作，密切妇女、青年等群体交流，提升民众参与度和获得感。要落实好本次峰会将批准的地方合作文件，广泛调动地方和社会力量，将地方合作打造成人文合作新亮点。

百年变局，也是百年机遇，上合组织成员国共同打造地区合作的"四个典范"，携手构建更加紧密的地区命运共同体，促进成员国合作向高质量发展转变，上合组织未来发展前景广阔。

Широкие перспективы ШОС в переменчивом столетии

Ли Цзиньфэн

Аннотация: С 2018 года неопределенность и нестабильность в мире продолжает расти. Мир переживает грандиозные изменения, которых не было за последнее столетие. На этом фоне ШОС столкнулась с такими вызовами, как односторонность, протекционизм, терроризм, а также и внутренние вызовы по поводу расширения ШОС. Тогда как саммит в Циндао придал новое содержание "Шанхайскому духу", Бишкекский саммит способствовал созданию "четырех образцовых моделей", а отношения между Китаем и Россией перешли на китайско-российские всесторонние отношения стратегического взаимдействия и партнерства в новую эпоху. Качественное развитие "Одного пояса и одного пути" дало новый толчок к сотрудничеству между государствами-членами. После расширения ШОС огромный потенциал региона непревывно открывается, укрепляется региональная центростремительная сила, повышаются уровень влияния и способность функционирования ШОС. Государства-члены прилагают усилия к созданию "сообщества общей судьбы" регионального уровня. Перед ШОС открываются широкие перспективы развития.

Ключевые слова: сто лет перемены, ШОС, Шанхайский дух, качественное развитие «Один пояс, один путь»

Автор: Ли Цзиньфэн, Секретарь парткома Института России, Восточной Европы и Центральной Азии АОН КНР, Исполнительный директор центра исследований ШОС АОН КНР

Broad Prospects of the SCO in the Great Transformation of World Order

Li Jinfeng

Abstract: Since 2018, the global uncertainty and instability factors have continued to increase. The world is undergoing major changes unseen in the past 100 years. The SCO is facing external challenges such as unilateralism, protectionism, terrorism and internal uncertainty brought about by membership expansion. The Qingdao Summit has added new substance to the "Shanghai Spirit". The Bishkek Summit has pushed member states to create "four models", the Sino-Russian relations has been lifted to "New China-Russia Comprehensive Strategic Cooperation Partnership" and the shift of the "Belt and Road" cooperation towards high-quality development has added new impetus to the cooperation of member states. After the membership expansion, the region's huge potential is still being unleased, regional cohesion is being strengthened, and the SCO's influence, cohesiveness and effective execution are being strengthened continuously. Member states are eager to build a regional community of shared future. The SCO has a broad development prospect.

Keywords: a major change unseen in 100 years, SCO, Shanghai spirit, "Belt and Road", high-quality development

Author: Li Jinfeng, Secretary of the Party Committee of the Russian Eastern European Central Asian Institute of the Chinese Academy of Social Sciences, Executive Director of the SCO Research Center of the Chinese Academy of Social Sciences.

上海合作组织：经济与安全领域的合作前景

【哈萨克斯坦】阿·扎雷尔加波娃[*]

【内容提要】新成员加入后，上合组织在经济和安全领域出现了新的机遇和挑战。具有经济前景的领域包括金融、能源、交通和与国际机构的合作等。而且，上合组织国家在创新和绿色技术方面的合作能力有了大幅提升，旅游、农业、制药业的合作范围得以扩展。在安全方面，诸如在反恐、反极端主义、阿富汗问题、核裁军和核不扩散等问题上必须加强合作。上合组织框架内在经济和安全领域的合作前景广阔。

【关键词】上合组织 经济 安全 前景

当今世界正处于转型时期。在去全球化的背景下，各国互不信任加深，贸易和经济摩擦增多。同时，区域合作在国际关系中发挥着越来越独特的作用。

自2001年成立以来，上海合作组织（以下简称"上合组织"）已成为应对地区各种挑战的有效平台。

本文拟详细谈谈上合组织在经济和安全领域合作的前景。

一、经济合作前景

上合组织经济合作的潜力尚未完全发挥，这确实是现实情况。

首先，成员国经济结构存在差异，产品的销售市场不同，以及各种关税壁垒是造成这种现象的主要原因。正因为如此，需要加强经济贸易往来，为上合组织的进一步发展注入新的动力。

---

[*] 阿·扎雷尔加波娃（А. Жарылгапова），哈萨克斯坦首任总统基金会世界经济与政治研究所"中国与亚洲研究"项目高级专家。

2017年上合组织发展史上发生了一件历史性事件——两个有影响力的亚洲国家，即印度和巴基斯坦加入到上合组织中。

今天，上合组织已成为欧亚地区最大的国际组织。"上海八国"的面积超过3400万平方公里，占欧亚大陆面积的60%。上合组织国家的人口达32亿，超过世界总人口的43%（2018）。

上合组织国家名义GDP排名世界第二位，如果按购买力平价计算，则排名第一位。上合组织国家GDP占世界GDP的比重超过18%。

但是，自上合组织成立以来，许多经济合作项目仍处于构想或书面协议阶段，并没有得到真正落实。

上合组织经济领域的合作应在以下几个方面发力。

第一，建立上合组织的金融机构。我们曾不止一次地提到要建立上合组织（开发）银行。上合组织银行的建立有利于实施多边合作项目，在未来还有可能成为亚洲开发银行、欧洲复兴开发银行、国际货币基金组织等现有金融机构的有力竞争者。

金融合作的另一个方向是推动双边贸易本币结算。

第二，加强上合组织国家在能源俱乐部框架下的合作，进一步挖掘"上海八国"的能源合作潜力。

目前，上合组织国家原油储量占世界总储量的20%，石油产量也占世界的20%，天然气储量占世界总储量的50%。

此外，发展可再生能源也将对能源合作起到重要的推动作用。根据国际能源署的预测，未来五年可再生能源在满足全球能源需求方面的份额将增加五分之一，到2023年将占到能源总消耗量的12.4%。

第三，上合组织的交通领域的合作潜力不断显现。

印度和巴基斯坦加入上合组织，为中亚国家联通国际港口、走向海洋带来了新的路径和机遇。而"交通运输一体化管理体系"的建立将对国际贸易产生积极的影响。

正如哈萨克斯坦首任总统努尔苏丹·纳扎尔巴耶夫在青岛峰会上所指出的，大型基础设施项目的实施将产生巨大的倍增效应，使上合组织成员国的科技、金融和人力资源潜力能够充分发挥出来。用他的话说，实施如北京—阿斯塔纳（努尔苏丹）—莫斯科—柏林的欧亚高速铁路（EBCM）这样的项目，辐射效应很大。

第四，加强与其他国际组织的合作。

上合组织另一个有潜力的发展方向是加强与其他国际组织的互动与合作。在此背景下，中国政府提出在该地区共建"一带一路"倡议的意义越发凸显。中亚地区位于欧洲和东方之间，地理位置非常重要。对中国而言，欧洲是最大的商品出口市场。

"一带一路"倡议涉及各个领域的合作：交通物流、基础设施建设、化工和重工业等。

在这个倡议框架下，哈萨克斯坦已与中国共同实施了一些项目，其中包括双西公路（欧洲西部—中国西部），该公路途经中国、哈萨克斯坦和俄罗斯。目前中国段和哈萨克斯坦段已经完工。

还有其他的一些大型合作项目，其中包括两国的产能合作项目。在此框架下，哈萨克斯坦境内将建设55家企业，总投资额超过270亿美元。

总而言之，我们看到，在经济领域，上合组织仍拥有巨大的未开发潜力。

二、安全合作前景

一直以来，安全问题是上合组织优先合作方向之一。

上合组织并不是军事政治联盟。上合组织首要任务是维护地区的安全与稳定。而地区的安全与稳定是各国经济和贸易不断发展的关键，是提升各国人民福祉的重要保障。

2017年在阿斯塔纳（努尔苏丹市）举行了上合组织峰会，其重要成果之一就是签署了《上合组织反对极端主义公约》。该公约将推动本组织反恐行动迈入一个全新的阶段。

根据2018年全球恐怖主义指数，自2014年以来，世界死于恐怖主义活动的人数下降了44%，2017年为18814人。其中，94个国家反恐情况有所改善，但仍有46个国家的反恐形势恶化。这表明，反恐仍是当前全球范围内最紧迫的问题。

阿富汗问题亦非常重要。

根据全球恐怖主义指数，阿富汗超过伊拉克，仍是因恐怖主义活动死亡人数最多的国家。2017年，阿富汗因恐怖活动造成的死亡人数为4653人，受伤5015人。

为了解决这个问题，上合组织和国际社会应发挥政治影响力，推动阿富汗对立各方举行和谈。当然，还应采取一系列保障地区安全稳定的措施，其中包括保卫与邻国的共同边界，建设军事设施和训练基地等。

尽管理论上这些措施应该会有效，但现实中由于摆脱不了地缘政治因素影响，短期内各国达成共识的难度很大。

因此，未来一段时期，就阿富汗问题上合组织和国际社会应致力于加强全方位合作，从建设基础设施和交通物流项目，到加强经济和人文往来。

就我们自己来说，哈萨克斯坦坚定支持与阿富汗开展合作。2018年，哈阿两国间的贸易额达5.5亿美元。

哈萨克斯坦给予了阿富汗资金及人道主义援助，包括拨款380万美元在萨曼干省援建学校，在巴米扬省援建医院，还对一些道路和桥梁进行建设和修缮。

2009年，哈萨克斯坦向伊斯兰合作组织伊斯兰团结专项基金提供了100万美元，用于阿富汗重建。此外，哈政府还向在哈留学的阿富汗学生提供5000万美元的教育补贴。

总之，为打击非传统安全威胁和挑战，必须持续开展一系列综合性工作，包括巩固打击极端主义的法律基础，完善有关恐怖组织的信息交流机制和反恐经验分享机制，采取措施去极端化，预防青年人参与恐怖活动，防止恐怖袭击等。

当前核裁军和核不扩散也是重要的安全议题。

美国和俄罗斯拥有世界上90%以上核武器，自两国退出《中导条约》后，《第三阶段削减战略武器条约》的命运愈加让国际社会担忧。

全球核安全体系正在发生变化。

随着印度和巴基斯坦加入上合组织，该组织同时拥有了四个核大国。而中亚地区则是无核区。

因此，在谈判桌上上合组织中有拥核国家的代表，也有无核国家的代表，这使得核问题非常刺眼。

自独立以来，哈萨克斯坦一直坚持和平政策。我们曾经是世界上第四核大国，但哈萨克斯坦是第一个自愿放弃核武器的国家。

1991年，根据纳扎尔巴耶夫总统的法令，塞米巴拉金斯克核试验场被关闭，此前该试验场已运行40年。

哈萨克斯坦作为无核运动领导国之一，呼吁世界各国就国际安全问题进行开诚布公的对话,并签署和批准《全面禁止核试验条约》。此举有助于减少各国之间的信任赤字,扩大互利伙伴关系的合作空间。

今天,上合组织已成为一个有效的区域对话平台,但我们仍常常能听到对其发展前景的质疑之声。

然而,上合组织在国际舞台上的影响力与日俱增。去年,两个拥有巨大发展潜力的大国加入到本组织。

在创建自由贸易区和加强跨境贸易、简化关税壁垒、建立统一运输网络和改善签证政策等方面,上合组织的潜力正不断得到发挥。

除经贸、交通和安全领域外,上合组织在项目合作中广泛应用创新和绿色技术的潜力显著增强,旅游、农业和医药合作的前景广阔。

上合组织国家是不同文化、族群和民族的联合体,各国的历史不同,经济和社会结构也不一样。上合组织面临的发展机遇越来越大,但同时面临的挑战也越来越多。积极化解挑战,善于利用机遇,这对上合组织的发展是非常重要的。

为此,上合组织不仅要完善内部组织和法律机制,还应将合作重点从安全领域扩展到经济与创新发展上来。

因此,哈萨克斯坦支持上合组织框架下所有基于开放、互信、互利和睦邻原则基础上的项目和倡议。只有开展建设性和富有成效的对话,才能有助于改善所有国家和人民的生活质量。

(韩　璐　译)

ШОС: перспективы экономического сотрудничества и безопасности

[Казахстан] Амина Жарылгапова

Аннотация: После присоединения новых участников перед ШОС возникают новые вызовы и возможности в сферах экономики и безопасности.

Перспективы в экономике включают такие направления, как финансы, энергетика, транспорт и взаимодействие с другими международными структурами. Более того, существенно возрос потенциал сотрудничества стран ШОС в сфере развития инновационных и зеленых технологий, расширяются горизонты партнерства в области туризма, сельского хозяйства, фармакологии. В сфере безопасности необходимо укрепление сотрудничества по таким вопросам, как борьба с терроризмом и экстремизмом, Афганская проблема и ядерное разоружение и нераспространение. Сотрудничество в сфере экономики и безопасности в рамках ШОС имеет широкие перспективы.

Ключевые слова: ШОС, экономика, безопасность, перспективы.

Автор: Амина Жарылгапова-Ведущий эксперт программы «Китайских и азиатских исследований» Института мировой экономики и политики при Фонде Первого Президента Республики Казахстан-Елба

SCO: Prospects for Economic and Security Cooperation

[Kazakhstan] Amina Zharylgapova

Abstract: After the inclusion of new members, the SCO will face new opportunities and risks in the fields of economy and security. Promising areas in economy include finance, energy, transport and interaction with other international structures. Moreover, the SCO's potential has significantly increased in the field of application of innovative and green technologies for the implementation of joint projects. Cooperation is widening in the field of tourism, agriculture and pharmacology. In the field of security, it is necessary to strengthen cooperation on issues such as fight against terrorism and extremism, the Afghanistan issue, nuclear disarmament and non-proliferation. Cooperation in the fields of economy and security within the framework of the SCO has broad prospects.

Keywords: SCO, economy, security, prospects

Author: Amina Zharylgapova, leading expert of the "Chinese and Asian Studies" Program, Institute of World Economy and Politics under the Foundation of the First President of the Republic of Kazakhstan, Elbasy

用"五观"引领上海合作组织发展

赵常庆[*]

【内容提要】中国国家主席习近平在2018年上合组织成员国青岛峰会上提出成员国应该践行"五观":发展观、安全观、合作观、文明观、全球治理观。"五观"源于习近平外交思想,是对"上海精神"的细化。上合组织自成立以来成绩斐然,但也存在一些需要解决的问题。"五观"是为促进上合组织发展提出的中国方案。在当前国际形势复杂多变的情况下,不仅要在上合组织成员国中大力弘扬"五观"主张,更重要是使"五观"付诸实践。

【关键词】上合组织 习近平外交思想 "五观"

2018年6月9—10日,上海合作组织(以下简称"上合组织")成员国第18次峰会在中国青岛举行。中国国家主席习近平在会上发表了主旨演讲,其中提到,上合组织成员国应该提倡"创新、协调、绿色、开放、共享的发展观,践行共同、综合、合作、可持续的安全观,秉持开放、融通、合作、共赢的合作观,树立平等、互鉴、对话、包容的文明观,坚持共商、共建、共享的全球治理观"(以下简称"五观")。这"五观"完全适用于上合组织成员国,对世界其他国家也具有指导意义。"五观"是习近平外交思想的重要组成部分。

---

[*] 赵常庆,国务院发展研究中心欧亚社会发展研究所副所长、研究员,中国上合组织研究中心常务理事。

一、"五观"源于习近平外交思想，是对"上海精神"的细化

"五观"源于习近平外交思想。习近平总书记在中共十九大报告中提出的中国外交的基本任务是："高举和平、发展、合作、共赢的旗帜，恪守维护世界和平、促进共同发展的外交政策宗旨，坚定不移在和平共处五项原则基础上发展同各国的友好合作，推动建设相互尊重、公平正义、合作共赢的新型国际关系"。世界各国人民要"同心协力，缔造人类命运共同体，建设持久和平、普遍安全、共同繁荣、开放包容、清洁美丽的世界"，将"推动人类命运共同体建设，共同创造人类的美好未来"作为中国外交工作的目标和任务。中共十九大确立的习近平外交思想很明确，这就是：促进各国和平、发展、合作、共赢，构建新型大国关系和构建人类命运共同体。"五观"源于中国外交思想，完全符合中共十九大报告精神，同时将处理与上合组织成员国和世界其他国家关系的基本原则和准则系统化和理论化。

"五观"是对"上海精神"的细化。2001年制定的"上海精神"是"互信、互利、平等、协商，尊重多样文明，谋求共同发展"。"上海精神"至今仍是指导上合组织工作和发展的基本原则和准则。可以看出，"五观"中的许多提法尽管与"上海精神"说法不同，但基本要义完全契合，可以看作是对"上海精神"的诠释和细化。

习近平外交思想和"上海精神"都提到发展，而且是"共同发展"。"五观"中首先提到发展观。这是为上合组织成员国如何发展指明方向。对上合组织成员国，甚至对世界很多国家而言，发展都是第一要务，因为国家建设包括外交工作都离不开国家的发展。迄今发展中国家施政方略不管表述如何，都非常重视国家的发展问题。"五观"中将发展观细化为"创新、协调、绿色、开放、共享"的发展，符合时代发展潮流。特别是其中"共享"原则，是与中国一贯主张的"促进共同发展"和"上海精神"中提到的"谋求共同发展"完全一致。

"五观"中的"安全观"也与包括上合组织成员国在内的世界各国息息相关。维护世界和地区和平稳定，为本国发展创造一个安全的环境，是世界各国的普遍愿望。没有安全的环境是什么事情也做不成的，更谈不上

发展。没有安全和发展，人民的福祉也不可能改善。渴望世界和本国和平历来是各国努力的方向，欲实现世界和地区和平就离不开国家间的合作。任何国家都很难靠一己之力为本国打造一个安全网。"上海精神"中的"尊重多样文明"就是考虑各国国情千差万别，为实现合作就必须做到相互尊重，包容互鉴，"亲望亲好，邻望邻好"，而不是"惟我独尊，以邻为壑，老子第一"。"五观"中的合作观、文明观集中体现了习近平外交思想和"上海精神"。

二、上合组织成绩斐然，但也存在需要解决的问题

上合组织成立已经18年了。此间在成员国的共同努力下，取得令人瞩目的成就。在政治层面，实现了扩员，成员国建立了良好的国家关系，结成不同层次的战略伙伴关系。成员国间领导人的频繁互访成为常态。2007年签署的《上合组织成员国长期睦邻友好合作条约》宣示，要巩固成员国的友好关系，使成员国人民的友谊世代相传。在经济层面，可以列举以下成就：一是经贸额在不断提升；二是成员国合作建成了许多大项目，如：中俄、中哈输油管道、中国—中亚天然气管道等；三是在"共商、共建、共享"原则基础上，参与"一带一路"建设；四是已经在第四次工业革命中开展合作。在安全层面，上合组织成员国通过举行联合军演、互通信息等对"三股势力"施以重大威慑，上合组织覆盖地区安全形势基本稳定，使阿富汗战事对中亚地区安全的影响得到有效的控制。在人文领域，良好的国家关系为民众友好往来创造了有利的条件。特别是在"一带一路"倡议提出后，人文交流发展迅猛。在外交层面，上合组织在国际社会的影响力日益扩大，成为国际社会广为关注的力量，联合国将其接纳为观察员就是例证。

不过，上合组织仍存在一些需要解决的问题。例如，经济合作还不够理想，尤其是多边合作大项目不多。成员国存在贸易保护主义，建立自贸区问题至今仍得不到解决。政治互信还有待提升，"中国威胁论"在某些国家仍有市场。扩员后，2017年发生"洞朗事件"，2019年因克什米尔地区发生暴恐事件，印巴两个成员国发生严重军事冲突。对于国际社会普遍欢迎的"一带一路"倡议，也有个别成员国并不接受。凡此种种都反映了上海合作组织成员国的团结和信任还存在问题，有待解决。人们原本以为

印巴两国矛盾会在它们加入上合组织后逐渐得到解决,但与人们的期望相反,有的成员国竟无视上合组织成员国长期睦邻友好合作条约的存在,置"上海精神"于不顾,不理会上合组织成员国的调停,对冲突不想收手,反映了某些成员国的团结和履约意识还很淡泊,不信守加入上合组织时的承诺,令人失望。

三、"五观"是为促进上合组织发展提出的中国方案

上合组织无疑会长期存在,而且需要的不是毫无作为的存在,而是能与时俱进、不断发展和提高在国际社会影响力的存在。

上合组织成员国经济状况参差不齐,很多国家都存在地区发展不平衡问题。有的成员国只关注GDP增长,而忽视环境保护。GDP数据上去了,环境却变糟了,特别是空气和水体污染严重。上合组织成员国不同程度存在的这些问题,都属于必须解决的发展问题。"五观"提倡的"创新、协调、绿色、开放、共享"发展观,就是为成员国应该如何发展指明方向。习近平主席提出的这个思想不是无水之源、无本之木,而是中国在改革开放40年的实践中总结出来的经验。40年来,中国始终把发展作为第一要务,在中国共产党的坚强领导和全国人民的共同努力下,使贫穷落后的中国一跃成为世界第二大经济体。其重要经验之一就是始终不渝地坚持改革开放,将发展作为第一要务。中国在发展过程中也曾经历过地区发展不平衡、环境污染严重、创新能力差的阶段。但这些问题都在逐步解决,例如,经济发展重心由发展较快的东部地区向发展滞后的中西部地区转移。耳熟能详的金句"绿水青山就是金山银山",就是习近平主席为中国实施大规模环境治理指明的方向。中国淘汰落后产能,大力提倡创新,积极投身第四次工业革命,也是在实践中总结出来的政策。习近平主席从中国实践中总结出来的发展观,对上合组织成员国具有重要借鉴意义。"五观"中的发展观中还提到"共享",这不仅是指物质方面的共享,也包括精神和理念方面的共享。"五观"中的发展观可视为千金难买的精神财富。

"五观"中的"践行共同、综合、合作、可持续的安全观。秉持开放、融通、合作、共赢的合作观",同样是指导成员国的行为准则。安全问题对各国都非常重要。但如何保证本国的安全却大有学问。世界上有的国家只关注自身安全,置别国安全、地区安全和世界安全于不顾。事实上这很

难达到自身安全的目的。安全具有普遍性和综合性,很多安全问题需要与其他国家通过平等协商、友好合作、携手解决。反恐、移民、禁毒、网络安全等诸多问题就是如此。在上合组织内这样的事例并不罕见。例如,20多年前中国与俄罗斯、中亚国家就是通过平等协商、合作共赢的方式解决了多年未解决的领土争端,保证了边境地区的和平稳定,为世界解决类似问题树立了榜样。近年来,中亚国家在维护地区安全稳定方面也有为世界瞩目的成功实践,这是指乌兹别克斯坦新政带来的效应。众所周知,几年前乌兹别克斯坦与邻国关系很紧张,它即使有强大的强力部门也很难将邻国发生的不稳定因素对其影响拒之国门之外。恐怖势力"乌兹别克斯坦伊斯兰运动"在中亚肆虐,使它疲于应对。然而,观念一变,政策对头,情况立时好转。米尔济约耶夫总统执政后一改前领导人的政策,开始推行对外开放、与邻国发展友好关系的政策,过去与邻国存在的诸多影响本国和地区安全的问题通过友好协商得到了解决,还与塔吉克斯坦签署了共同应对境外极端势力的协议。这是又一个不动用武力达到与邻国共同安全和自身安全目的事例。这表明,在安全问题上只要践行"五观"中的安全观、合作观和文明观,如孙子兵法所言,完全可以做到"不战而屈人之兵,善之善者也"。在当前,对于处于剑拔弩张的印巴两国来说,"五观"中的安全观和合作观,不仅具有指导意义,更具有迫切的现实意义。

当前国际形势处于百年未遇的大变局中。美国的霸权主义和单边主义给世界多年形成的秩序带来重大冲击和破坏,全球不安全、不确定因素增加,世界经济复苏乏力,使包括上合组织成员国在内的世界各国都面临巨大的挑战。在此情况下需要寻找出路,给世界以妥善治理的方案。中国提出的"一带一路"倡议、构建"人类命运共同体"以及习主席提出的"五观",都是中国为世界治理提出的中国方案。"五观"中的"共商、共建、共享"的全球治理观,是为落实"一带一路"倡议提出的,符合平等协商、共同发展、合作共赢的理念,因此受到普遍欢迎。这个全球治理观不仅适用于"一带一路"建设,也适用于治理其他全球事务。

"五观"具有现实、深远和广泛意义。实践证明,在"五观"指引下,世界各国关系出现了良性互动。以中国与上合组织成员国关系为例。2017年以来,上合组织规模扩大了,由六个成员国变成八个。中国与三个中亚国家实现了国家关系定位的升级,由战略伙伴关系升级为全面战略伙伴关系。经贸额都出现不同程度的提升,2018年中俄贸易额超过1000亿美元。

基础设施联通和优质产能转移实现历史性突破。如今经哈萨克斯坦和俄罗斯通往欧洲的班列已经常态化和制度化，中国直达乌兹别克斯坦和伊朗的专列也正常开行。在哈萨克斯坦和乌兹别克斯坦等国，一些具有世界先进水平的项目竣工，解决了它们经济发展方面的困难或填补了这些国家产业的空白。具有自贸区性质的中哈霍尔果斯边境合作中心每年有数百万人往来，在中国帮助下成立的阿斯塔纳国际金融中心正在发挥为中亚国家融资的作用。中俄能源合作取得重大进展。中巴经济走廊建设规模宏大，为世界瞩目。亚投行、丝路基金、中哈产能合作基金、中俄地区合作基金等金融工具在为"一带一路"建设助力。人文合作出现前所未有的热潮。"一带一路"建设与欧亚经济联盟建设对接，"一带一路"倡议与哈萨克斯坦"光明之路—新经济政策"和中亚国家的发展战略对接，这些都体现了"五观"倡导的"开放、融通、合作、共赢的合作观""共商、共建、共享的全球治理观"。

体现"五观"主张的"一带一路"倡议正在包括上合组织成员国在内的世界很多国家和地区如火如荼地展开。"五观"还有助于推动"人类命运共同体"的构建，因为"五观"与"人类命运共同体"的内涵是一致的，因此为很多国家所接受，并将构建"人类命运共同体"作为发展彼此关系的目标。2018年和2019年上合组织成员国峰会发表的宣言中都将构建"人类命运共同体"写入其中。不仅是上合组织，在联合国大会、联合国安理会、联合国人权理事会的文件中也写入了构建"人类命运共同体"的内容。这些都说明，包括"五观"在内的习近平外交思想得到世界越来越多国家的认同和支持。如果说，"一带一路"是中国提出的促进世界各国共同发展的倡议，构建"人类命运共同体"是为世界发展和解决当前存在问题的中国方案，那么，"五观"则是落实"一带一路"倡议和实现"人类命运共同体"构建的手段和途径。

最后要说明的是，由于"五观"提出的时间不长，对其在引领上合组织发展的重要性还需要深入研究和广为宣传，有必要在上合组织成员国中大力弘扬，当然更重要的是要付诸实践，使习近平主席提出的这个凝聚中国智慧的"五观"，在引领上合组织发展方面发挥更大的作用。

"Пять концепций"—руководство к развитию ШОС

Чжао Чанцин

Аннотация: В 2018 году на саммите ШОС в Циндао Преседатель КНР Си Цзиньпин отметил, что государства-члены должны реализовать "пять концепций", то есть концепция о развитии, концепция о безопасности, концепция о сотрудничестве, концепция о цивилизации и концепция о глобальном управлении. "Пять концепций", относящиеся к дипломатическим идеям Си Цзиньпина, конкретизируют «шанхайский дух». В течение после создания ШОС уже добилась впечатляющих успехов, но все еще существуют актуальные проблемы, которые предстоит решить. "Пять концепций" является китайским решением по способствованию развитию ШОС. Ныне, в сложной и переменчивой международной ситуации необходимо в полной мере развивать "пять концепций" среди государств-членов ШОС, а претворять в жизнь "пять концепций" еще важнее.

Ключевые слова: ШОС, дипломатические идеи Си Цзиньпина, "пять концепций"

Автор: Чжао Чанцин, Постоянный член Китайского центра исследований ШОС, Замдиректора Института социального развития Евразии при исследовательском центре развитя Госсовета КНР

Shaping the Development of the SCO with the "Five Concepts"

Zhao Changqing

Abstract: Chinese President Xi Jinping put forward the "Five Concepts" at the Qingdao Summit, i.e., development concept, security concept, cooperation concept, civilization concept, and global governance concept. Originated from Xi Jinping Thought on Diplomacy, the "Five Concepts" are a refinement of the "Shanghai spirit". The SCO has made great achievements since its establishment, but there are also some problems to be resolved. The "Five Concepts" are a Chinese solution proposed to promote the development of the SCO. Under the current complicated and volatile international situation, it is important to vigorously promote the "Five Concepts" in the SCO member states, but more important, to put the "Five Concepts" into practice.

Key words: SCO, Xi Jinping thoughts on diplomacy, "Five Concepts"

Author: Zhao Changqing, Executive Director of the China Center for SCO Studies, Deputy Director and Senior Research Fellow of the Eurasian Social Development Research Deputy Director Institute of the Development Research Center of the State Council.

全球变局中的上海合作组织：
应对共同风险的地区性多边主义制度安排

许 涛[*]

【内容提要】当今世界正进入百年未有之大变局，国际体系在发生前所未有的激变。国际社会一些主要成员在充满不确定性的挑战和风险面前选择了单边主义、保护主义、孤立主义的态度与策略，使原有的国际关系规则和全球治理机制受到严重冲击。上合组织成员国多为发展中国家和新兴市场国家，时代交替带来的变革既意味着机遇，也隐含危机。弘扬"上海精神"中互信互利、共同发展理念，结成新时期应对战略风险的伙伴关系，协调立场、凝心聚力、优势互补，不仅会为各成员国创造有利的发展空间，也将是上合组织未来一个时期的重要使命。

【关键词】全球变局　共同风险　多边主义

今年是上海合作组织（以下简称"上合组织"）成立18周年，如果从它的前身"上海五国"算起的话，被称作"上海进程"的这段历史已经走过了23年。无论什么算法，这个年轻的地区性国际合作组织应该被看作已经进入成熟期。然而，恰恰这时的世界却正在进入一战以来未曾有过的新旧交替时代，大发展、大变革、大调整成为这一时期的主要特征。作为世界整体板块中最活跃的部分，上合组织成员国所处的欧亚地区似乎面临着更加剧烈的嬗变与新生。近年来，习近平主席在多个重要场合反复强调着

---

[*] 许涛，中国现代国际关系研究院研究员，国务院发展研究中心欧亚社会发展研究所特聘研究员、上合组织研究室主任，中国上合组织研究中心常务理事。

这样的概念：当今世界正处在百年未有之大变局。① 在2018年7月的南非约翰内斯堡金砖国家工商论坛上，习近平主席对当前国际环境的变化性质又作了深入阐述。他认为，未来10年，将是世界经济新旧动能转换的关键10年，将是国际格局和力量对比加速演变的10年，将是全球治理体系深刻重塑的10年。② 这些已经到来和即将到来的变革，不仅意味着世界经济可能还会以超出人们想象的速度和方式发展，同时也意味着全球财富和权力分配的继续失衡，进而必然带来的是全球战略力量对比的失衡和国际体系的重新调整。面对这一场深刻的变化，无论是发达国家还是发展中国家，都已经在不同程度上意识到可能遇到的困难和风险，并相对做出不同的反应。原由发达国家长期主导的国际体系受到全球化不平衡发展的冲击，尤其是一些具有传统影响力的大国出于对全球化现状失去信心，或放弃既定国际责任，或退出现有多边安排。这些反常的行动导致世界经济部分失序和全球治理空转，引起二战以来建立的国际政治格局出现动摇。从而还催化保护主义、单边主义、孤立主义盛行，严重冲击着国际关系基本准则，地区热点问题发酵，人类面临的共同威胁和挑战上升。

这场正在发生的全球经济、政治格局的深刻变革，对于上合组织成员国及所在地区既意味着前所未有的机遇，也隐含着发展风险。上合组织成员国基本由发展中国家和新兴经济体组成，成员国、观察员国、对话伙伴国共18个国家参与着这一世界上最大的地区综合性国际合作组织的不同层面活动。尽管上合组织各成员国根据自身的经济体量、社会模式和发展阶段在全球化进程中选择了不同的定位，因而也对当今世界的急剧变化做出不同的判断，但是面对国际局势充满的不确定性和风险，各成员国不仅有必要，而且有责任通过这一最大的地区性多边合作平台为全球稳定发挥积极作用。根据世界和地区形势的变化及组织自身的发展，上合组织在近年的相关工作应突出以下重点：

---

① 习近平：《放眼世界，我们面对的是百年未有之大变局》，中国新闻网，http://www.chinanews.com/m/gn/2017/12-29/8412268.shtml?f=qbapp，登录时间：2019年9月20日。
② 习近平：《顺应时代潮流，实现共同发展——在金砖国家工商论坛上的讲话》，载《人民日报》2018年7月26日，第2版。

一、协调成员国对国际变局的共同立场

作为冷战后按照新型合作理念建立起来的地区性国际组织，上合组织从诞生之日起就体现出政治体制、经济模式、文化类型等方面的多元性。各成员国在社会价值观、国家意识形态、民族历史传统上均存在较大差异，在冷战后共同应对地区安全和发展重大问题时形成了求同存异基本共识，以概括为"互信、互利、平等、协商、尊重多样文明、谋求共同发展"的"上海精神"为原则，构成了有效务实合作的信任基础，确保了各成员国在世界和地区每每发生重大事件时形成基本一致的立场。然而在全球化迅猛失衡推进的今天，各成员国在世界经济中所处的位置各不相同。当国际局势发生重大变革时难免激活各成员国自身差异性基因，并对时事作出各异的判断和不同的行动。尤其是上合组织在2017年乌法峰会上完成了第一次扩员后，印度和巴基斯坦的加入使这种差异性增大。因此，更使得上合组织内部对全球和地区形势总体看法加强理解和协调成为当务之急。

2019年6月14日在吉尔吉斯斯坦首都比什凯克召开的上合组织成员国国家元首理事会第十九次会议上，各国领导人共同发表的《比什凯克宣言》中对当前世界形势作了扼要概括，"当今世界正持续快速变化，亚洲首先出现新的发展中心，全球力量平衡进程趋于活跃，国与国相互联系和相互依存日益加深。同时，国际政治经济形势仍然紧张，经济全球化进程遭遇单边主义、贸易保护主义抬头以及国际贸易领域中其他挑战"。并在此前提下强调，"应继续完善全球经济治理体系，通过深化合作，不断强化以世界贸易组织规则为基础的多边贸易体系，为开展经贸和投资合作创造透明、可预见和稳定的条件，反对国际贸易碎片化和任何形式的贸易保护主义。成员国认为，单边贸易保护主义措施违反世贸组织规则，损害多边贸易体制，给全球经济和贸易带来挑战"。[①] 提倡多边主义，反对单边主义；提倡合作，反对对抗；提倡国际公平正义，反对强权霸凌行为。在比什凯克峰会上集体发声，上合组织以其一如既往的凝聚力和影响力推动国际社会维护全球战略稳定，将成为本届峰会一大亮点。在上合组织比什凯克峰会

---

① 《上海合作组织成员国元首理事会比什凯克宣言（全文）》，中华人民共和国外交部，https://www.fmprc.gov.cn/web/zyxw/t1672494.shtml，登录时间：2019年9月20日。

《新闻公报》中，成员国元首们共同强调，"上合组织作为高效和建设性多边合作机制，在维护地区和平稳定、促进成员国发展繁荣方面发挥着重要作用，指出上合组织已成为成员国深化相互理解、加强信任对话、建设平等伙伴关系的稳固平台，致力于在国际法基础上，建设新型国际关系和确立构建人类命运共同体的共同理念"。① 应当承认，到目前为止，上合组织成员国之间仍然在一些基本时局判断和重大行动倡议上存在不同看法。但是与前两次峰会（2017年阿斯塔纳峰会和2018年青岛峰会）发表的共同文件相对比，已经可以看到这种重大政治立场的协调工作还是卓有成效的。

二、强化地区安全防范与风险应对能力

在地区安全领域中的合作是上合组织长期以来的优先方向，也是在组织制度和机制建设上最成熟的部分。上合组织成立18年来，在应对地区和全球性安全威胁、确保各成员国稳定与发展的不懈努力和有效合作方面成就卓著。从21世纪初旗帜鲜明地与极端主义、恐怖主义、分裂主义"三股势力"作斗争到"和平使命"系列反恐军事演习，从建立上合组织地区反恐机构安全合作与交流平台到推出共同、综合、合作、可持续的地区"新安全观"，上合组织已经成为地区和平与稳定的强大保障机制。2018年青岛峰会召开前，上合组织地区反恐机构执委会时任主任瑟索耶夫向媒体披露，从2013年到2017年期间，上合组织各成员国安全执法部门共制止600多起具有恐怖主义特征的犯罪活动，捣毁了500多个武装分子培训据点，抓获了2000多名国际恐怖分子，缴获了1000多件爆炸装置和50多吨爆炸物，1万多支枪械和100多万发子弹。2016年至2017年，上合组织成员国有关部门还屏蔽了10万多家涉及恐怖主义和极端主义的网站，删除了这些网站登载的400多万条宣扬恐怖主义和极端主义的信息，有效维护了地区安全环境。②

当世界处在新旧体系交替时期，全球及地区安全风险防范机制尚未健全起来，全球化不平衡发展激活着政治、经济、文化冲突的可能性大大提

---

① 《上海合作组织成员国元首理事会会议新闻公报（全文）》，中华人民共和国外交部，201https://www.fmprc.gov.cn/web/zyxw/t1672491.shtml。登录时间：2019年9月20日。
② 丁晓星：《上合组织五年成绩斐然》，半月谈，http://www.banyuetan.org/gj/detail/20180607/1000200033136201528335181212965000_1.html，登录时间：2019年9月21日。

升。面对这种剧变带来的风险，上合组织安全合作将面临新的挑战。针对上合组织所有成员所在的欧亚地区，影响各国和平与稳定的安全威胁因素也在发生蜕变。首先，全球极端主义思潮和国际恐怖主义活动"后伊斯兰国"效应正持续影响上合组织地区。中东"伊斯兰国"作乱期间，有大批上合组织成员国公民受到极端主义思想蛊惑赴叙利亚、伊拉克、阿富汗等地参加"暴力圣战"，据不完全统计，仅中亚国家进入中东的恐怖分子就多达数千人。"伊斯兰国"解体后，这些中亚"圣战者"的去向分散而不确定，回流伺机组织暴力恐怖活动和宣传极端主义思想的威胁，已引起目前上合组织成员国安全执法部门高度重视。① 其次，美国宣布撤军后的阿富汗形势不断恶化影响地区安全。2018年，美军增加了对阿富汗塔利班的空袭力度，然而适得其反，塔利班控制了更多区域。据统计，阿富汗2018年共发生近2400起袭击事件，造成至少1.6万人死亡、1.1万人受伤，伤亡总数较2017年上升7个百分点。2019年是阿富汗总统大选年，政治不稳定因素增多，原定今年4月举行的总统大选将推迟到7月举行。美国中东研究所高级研究员艾哈迈德·马吉迪尔表示，去年美国的阿富汗政策显然没有产生任何切实的效果。"军事行动的升级既未能削弱塔利班，也未能迫使塔利班与阿政府谈判达成政治解决以结束战争。"② 阿富汗不仅与中国、塔吉克斯坦、乌兹别克斯坦、巴基斯坦四个上合组织成员国接壤，而且其本身也是上合组织观察员国之一。阿富汗安全形势走向在很大程度上影响着上合组织安全合作的重点方向与合作水平。再次，多数成员国进入社会转型关键期后内部矛盾集中发酵。上合组织各成员国不仅均为发展中国家和新兴经济体，而且多为国家主导在社会经济建设和发展转型中扮演关键性作用。东方政治文化传统影响下的威权主义政体，以总统制为特征的权力集中优势渡过了独立后草创建国的艰难时期，同时倚重这种制度优势高效战胜境内外极端主义、恐怖主义、分裂主义的干扰和破坏。在取得独立已近30年时，社会转型期中国家的作用和职能是否应该发生智谋的转变。同时，粗放型的管理和特殊利益集团在社会发展转型时期掌控国家资源的科学性与合法性均存在变数。中亚国家社会重建并未完成，贫困、腐败、资源枯竭等已经出现的社会性问题的发展前景，很可能决定这一重建进程的

---

① 苏畅:《上合组织积极应对地区安全挑战》，载李进峰主编《上海合作组织发展报告（2019）》，社会科学文献出版社2019年版，第147页。
② 《冲突不断，阿富汗和平进程难推进》，载《人民日报》2019年1月16日，第16版。

可持续性及成败与否。①印度与巴基斯坦加入上合组织后，虽然引进了更加丰富的政治体制和社会发展类型，但在世界进入前所未有的经济动能转变和资源重新配置的大调整时期，不同类型的发展风险引入上合组织地区的概率同时增大。

面临挑战，风险共担，是上合组织作为世界上最大的地区性多边合作机制的最佳方式。在比什凯克峰会上的发言中，习近平主席明确指出，"我们要把上合组织打造成安危共担的典范。多年来，上合组织成员国着眼共同安全命运，开展务实高效安全合作，确保了本地区安全稳定大局。当前，面对恐怖主义、极端主义等严峻威胁，各方需要采取有力措施联手应对"。②在这样的合作理念指导下，落实《上合组织至2025年发展战略》关于"维护地区安全，应对成员国面临的安全威胁与挑战，包括预防和消除突发事件"③的既定目标，将是未来一个时期上合组织安全合作的基本任务。

三、建立与其他国际组织的建设性关系

上合组织是当今国际社会的重要成员之一，与世界上主要国际组织建立积极的协作关系将是上合组织应对全球变局、维护地区稳定的又一重要途径。首先，参与联合国框架下的多边协作将是上合组织的主要工作。上合组织是《联合国宪章》的忠实拥护者和坚决捍卫者，2004年12月，在联合国大会第65次全体会议上，通过了《给予上合组织联合国大会观察员的地位》。2009年12月，在第64届联大第65次全体会议上，通过了《联合国与上合组织之间的合作》议题。2010年12月，在联大第64次全体会议框架内，通过决定将《联合国与上合组织之间的合作》列入第67届联大初步议程的分议题中。2012年11月，在第67届联大第40次全体会议上，通过决定将《联合国与上合组织合作》列为即将召开的第69届联大初步议程

---

① 薛福岐：《中亚国家的政治发展与治理绩效》，载孙力主编《中亚国家发展报告（2019）》，社会科学文献出版社2019年版，第59页。
② 《习近平主席在上海合作组织成员国元首理事会第十九次会议上的讲话（全文）》，中华人民共和国外交部，https://www.fmprc.gov.cn/web/zyxw/t1672545.shtml，登录时间：2019年9月20日。
③ 《上海合作组织至2025年发展战略》，新浪网，http://k.sina.com.cn/article_1726918143_66eeadff02000bdfn.html，登录时间：2019年9月20日。

中《联合国与地区及其他组织合作》议题下的分议题。另外，作为上合组织的代表，上合组织秘书长于2010年4月与联合国秘书长在塔什干签署了《关于上合组织秘书处与联合国秘书处相互合作的联合声明》。2011年6月，上合组织秘书长与联合国毒罪办执行主任在阿斯塔纳签署了《上合组织秘书处与联合国毒品和犯罪问题办公室谅解备忘录》。2012年8月，签署了《上合组织秘书处与联合国亚洲及太平洋经济社会委员会秘书处谅解备忘录》。在《上合组织至2025年发展战略》明确指出，上合组织"将根据《联合国宪章》第八章和《上合组织宪章》，为维护地区和平安全稳定继续发挥积极作用"。"上合组织愿在联合国发挥中心协调作用的条件下，为推动建设和完善以集体原则、国际法治、相互尊重、不干涉内政、互信、互利、平等和伙伴关系为基础的民主、公正和合理的国际秩序作出贡献。"① 前任上合组织秘书长拉希德·阿利莫夫认为，《上合组织至2025年发展战略》与《联合国2030年可持续发展议程》完全吻合，旨在实现促进地区和全球稳定的共同目标。② 在2019年上合组织《比什凯克宣言》中，各成员国元首再次郑重发声，"坚定支持联合国作为综合性多边组织在维护国际和平与安全、推动全球发展、促进和保护人权方面所作的努力，支持巩固《联合国宪章》规定的联合国安理会作为维护国际和平与安全主要机构的关键作用"。同时表示，"尽快通过《联合国与上合组织的合作》联合国大会决议十分重要"。③ 在已有的上述文件和机制的基础上，上合组织同联合国密切的配合与协作势必将在世界政治、经济格局发生巨变时对地区乃至全球稳定发挥重要作用。

另外，上合组织还将继续与独联体、东盟、欧洲安全与合作组织、集安条约组织、亚信、欧亚经济联盟等不同组合、不同特点的地区性国际组织或机制性协作机构在相应的领域中开展合作。从2005年以来，上合组织秘书处与上述国际组织执行机构签署了谅解备忘录（如《上合组织秘书处与独联体执行委员会谅解备忘录》《上合组织秘书处与东盟秘书处谅解备

---

① 《上海合作组织至2025年发展战略》，新浪网 http://k.sina.com.cn/article_1726918143_66eeadff02000bdfn.html，登录时间：2019年9月20日。

② Рашид Алимов: «Шанхайская организация сотрудничества: становление, развитие, перспективы», Москва, издательство «ВЕСЬ МИР», 2017 г., с. 31, 32.

③ 《上海合作组织成员国元首理事会比什凯克宣言（全文）》，中华人民共和国外交部，https://www.fmprc.gov.cn/web/zyxw/t1672494.shtml，登录时间：2019年9月20日。

忘录》《上合组织秘书处与集体安全条约组织秘书处谅解备忘录》《上合组织秘书处与亚洲相互协作与信任措施会议秘书处谅解备忘录》等),规定了发展相互关系的基本原则,并确定了优先合作的各重要领域。在这些基础性文件的前提下,上合组织与这些活跃在欧亚地区的国际组织可在应对国际体系新旧交替引发重大变革时拓展更多的合作空间和领域,为应对可能出现的地区性风险编织沟通与协作网络,以上合组织与这些国际组织的良性互动与建设性合作共同维护地区和平与稳定。

2019年3月,上合组织秘书处新任秘书长诺罗夫在与媒体见面时表示,比什凯克峰会将是本年度上合组织最重要的活动之一,它将翻开该组织发展史上新的一页。① 而上合组织在新时期的历史使命是什么,习近平主席在比什凯克峰会上的讲话中作了精辟的诠释:"面对日益增多的全球性挑战,我们要展现应有的国际担当,坚持共商共建共享的全球治理观,密切协调和配合,维护以联合国为核心的国际体系,促进多边主义和自由贸易,推动国际秩序朝着更加公正合理的方向发展。"而要担负起这一历史使命,"上合组织要完善伙伴关系布局,鼓励观察员国、对话伙伴更广泛参加各领域合作,加强同联合国等国际和地区组织交流,在国际和地区事务中发挥更加积极作用,共同致力于促进世界持久和平和共同繁荣"。② 有理由相信,比什凯克峰会上各国元首高屋建瓴国际意识和诚挚密切的立场协调,将引领上合组织在未来的地区和世界政治舞台上发挥更重要的作用、扮演更重要的角色。

---

① 诺罗夫:《比什凯克峰会将翻开上合组织发展史上新的一页》,人民网,http://world.people.com.cn/n1/2019/0321/c1002-30986789.html,登录时间:2019年9月20日。
② 《习近平主席在上海合作组织成员国元首理事会第十九次会议上的讲话(全文)》,中华人民共和国外交部,https://www.fmprc.gov.cn/web/zyxw/t1672545.shtml,登录时间:2019年9月20日。

ШОС в глобальных переменчивых ситуациях: региональная многосторонняя структура для борьбы с общими рисками

Сюй Тао

Аннотация: Сегодняшний мир переживает великие изменения, которых не было в последнем столетии, и в международной системе произошла беспрецедентная огромная перемена. Перед вызовами и рисками от неопределенности отдельные основные члены международного сообщества выбрали односторонние, протекционистские и изоляционистские позиции и стратегии, которые серьезно нарушили первоначальные правила международных отношений и механизмы глобального управления. Большинство государств-членов ШОС являются развивающимися странами и странами с формирующимся рынком. Смена времени принесла им не только возможности, но и кризис. Развивать концепции «Шанхайского духа»: взаимного доверия, взаимной выгоды и совместного развития, налаживать партнерские отношения, способные ответить на риски в новое время, на основе координации позиций, объединения усилий, взаимодополнения преимущества создавать благоприятное пространство роста для государств-членов, —такова важная миссия ШОС на будущий период.

Ключевые слова: глобальные изменяющиеся ситуации , общие вызовы, многосторонность

Автор: Сюй Тао, Главный научный сотрудник Китайской Академии Современных Международных Отношений, Заведующий отделом ШОСИнститута социального развития Евразии при исследовательском центре развития Госсовета КНР, Постоянный член Китайского центра исследований ШОС.

SCO in Global Change: Regional Multilateral Arrangements for Common Risks

Xu Tao

Abstract: The world today is entering a major change unseen in the past 100 years, and the international system has undergone unprecedentedly drastic changes. Some major members of the international community have adopted negative position and strategy such as unilateralism, protectionism, and isolationism in the face of uncertainties and risks, which have seriously affected the international order and eroded global governance mechanism. Most of the SCO member states are developing countries and emerging economies. The changes mean both opportunities and crises. SCO members should carry forward the concept of mutual trust and mutual benefit and common development advocated by the "Shanghai Spirit", and strengthen partnership to cope with strategic risks in the new era. Coordinating positions, cohesion and additional advantages will not only create a favorable space for the development of member states, but will also become an important SCO mission in the coming period.

Key words: global change, common risk, multilateralism

Author: Xu Tao, Senior Research Fellow of China Institute for Contemporary International Relations (CICIR), Distinguished Research Fellow of the Eurasian Social Development Research Institute of the State Council Development Research Center, Director of the SCO Research Office, and executive director of the China Center for SCO Studies.

青岛峰会与上海合作组织的发展前景

石　泽

【内容提要】青岛峰会是中国作为轮值主席国承办的第四次峰会,也是上合组织完成扩容后举办的第一次峰会。青岛峰会不仅进一步巩固了"上海精神",赋予其新的内涵——命运共同体理念,在制度化建设方面亦取得重要突破,在务实合作及规划未来发展方面也取得新的重要进展。青岛峰会对于上合组织未来健康和可持续发展具有承前启后、继往开来的划时代的里程碑意义。

【关键词】上合组织　青岛峰会　新的内涵　承前启后

一、上海合作组织从青岛扬帆启程

2018年6月,上海合作组织(以下简称"上合组织")成员国元首理事会第十八次会议在中国青岛举行。这是中国作为轮值主席国承办的第四次峰会,也是该组织完成扩容后召开的第一次峰会,与历届峰会相比青岛峰会在规模上是最大的一次盛会。各国元首签署"青岛宣言"等20多份重要文件。青岛峰会取得的丰硕成果表明,一个更能维护成员国利益,更具国际影响力,更能促进地区和平、稳定、发展的新型国际组织的形象和架构更为鲜亮和完善。青岛峰会不仅进一步巩固了"上海精神",赋予其新的内涵——命运共同体理念,在制度化建设方面亦取得重要突破,在务实合作及规划未来发展方面也取得新的重要进展。青岛峰会对于上合组织未来健康和可持续发展具有承前启后、继往开来的划时代的里程碑意义。

---

* 石泽,中国国际问题研究院国际能源战略研究中心主任、研究员,中国上合组织研究中心常务理事。

（一）为"上海精神"注入新的时代内涵

"互信、互利、平等、协商、尊重多样文明、谋求共同发展"的"上海精神"，超越了文明冲突、冷战思维、零和博弈等陈旧观念，已成为上合组织的核心价值，将继续为上合组织的发展壮大提供强有力保障。在上合组织蓬勃发展的今天，面对世界和地区形势、组织内部实现扩员等内外环境发生的重大变化，此次峰会通过的"青岛宣言"中确立了人类命运共同体这一共同理念，为上合组织的发展注入不竭动力。命运共同体理念的确立表明参与合作的各方利益攸关，地位和权利平等，各国追求共生共荣的相互关系，这将催生更多的合作机遇。同时也强调包括中国和俄罗斯在内的各成员国对地区事务的义务与责任，不谋求垄断和主导地区事务的发展和合作理念。尤其是习近平主席在峰会的主旨演讲中提出的"提倡创新、协调、绿色、开放、共享的发展观"；"践行共同、综合、合作、可持续的安全观"；"秉持开放、融通、互利、共赢的合作观"；"树立平等、互鉴、对话、包容的文明观"；"坚持共商共建共享的全球治理观"的五点倡议，概括总结了建设新型国际关系的基本理念，不仅是破解当今世界时代难题和化解国际挑战的正确思路，为"上海精神"增添了新的时代内涵，也为上合组织在新的发展时期履行历史使命提供了中国智慧。

（二）为上合组织的未来规划了宏伟的发展蓝图

与英国脱欧及一些国际组织成员"退群"形成鲜明对比，上合组织却开启扩容的进程。伴随着印度和巴基斯坦这些重要新成员的加入，当今的上合组织规模越来越大，成员不断增多，影响力日益提升。青岛峰会作为继往开来的盛会其标志性的成果体现在为今后5年上合组织发展规划了持续发展的路线图。峰会通过了《上合组织成员国长期睦邻友好合作条约》未来5年实施纲要，并提出了一系列重大合作举措。在安全合作方面批准了打击"三股势力"未来3年合作纲要等重要文件。青岛峰会更加注重防范极端思想的传播，并为此制定了应对措施。峰会通过《上合组织成员国元首致青年共同寄语》及其实施纲要，呼吁广大青年树立正确价值观念，自觉抵御极端思想，为地区和平稳定发挥正能量。在经济合作层面，青岛峰会通过多份务实合作文件，涉及贸易便利化、粮食安全、海关协作等众多领域，有助于各国间的合作进一步走深走实。尤其是各方达成共识后发表的关于贸易便利化的联合声明，呼吁维护以世贸组织规则为核心的多边贸易体制，建设开放型世界经济，发出了坚持多边主义、反对保护主义的一致声音。峰会支持为推动贸易和投资便利化创造良好条件，以逐步实现上合组织地区的商品、资本、服务和技术的自由流通。成员国支持进一步制定地区贸易便利化解决方案。在人文合作领域，成员国领导人共同批准了环保合作构想，确立了致力于维护生态平衡、实现绿色和可持续发展的战略目标。此外，各方还商定继续在文化、教育、科技、卫生、旅游、青年、妇女、媒体、体育等领域开展富有成效的合作。在对外交往上开辟了新局面，"朋友圈"不断扩大。本次峰会不仅有联合国等长期合作伙伴负责人与会，还首次迎来欧亚经济联盟、国际货币基金组织、世界银行的高级代表。上合组织秘书处还同联合国教科文组织签署了合作文件。这些都反映出，国际社会高度认同上合组织的合作理念，越来越重视上合组织与日俱增的影响力。

二、上合组织未来发展面临的挑战与机遇

青岛峰会是在上合组织发展的重要时机召开的。青岛峰会后上合组织面临的国际环境出现新的重大变化，形势更为严峻和复杂，但是发展机遇也孕育在其中。在世界面临百年未有之大变局的背景下，不确定性显著增多。从外部条件看，伴随着包括上合组织成员国在内的一大批新兴大国和发展中国家快速崛起，多极化进程加快，世界经济重心逐步多元，国际力量对比更趋均衡的态势愈加明显，导致与长期以来发达国家主导的经济全球化带来的世界不平衡发展的矛盾越来越突出。一些具有传统影响力的大国放弃国际责任，世界政治经济秩序开始出现"失序"势头。单边主义、贸易保护主义、逆全球化思潮沉渣泛起。全球治理主体和议题更加多元，全球治理规则和理念加速演变，长期以来，以发达国家"治人"，发展中国家"治于人"的全球治理格局也出现了新的变化趋向。全球战略稳定和安全面临严重威胁。核不扩散机制与核裁军进程因一些不负责任大国的"退群"和单方面谋求战略优势已处于瘫痪状态。美国有恃无恐地推行霸凌主义，对俄罗斯实行极限制裁，俄美关系处在冰点。美挑起与中国的贸易战，中美关系对峙加剧。全球热点问题频发，一些地区安全问题存在失控的危险，尤其是上合组织所在的欧亚地区，阿富汗冲突趋于白热化，

外溢效应凸显。美退出伊朗核协议后，中东安全问题发酵，处在热战的边缘。与此同时，传统与非传统安全威胁进一步相互交织，信息空间和太空的斗争加剧，环境不断恶化。滋生宗教间和宗教内部矛盾的极端主义思潮跨国跨地区的趋势明显，暴恐事件时有发生，造成综合性和多方面影响，威胁地区和国家安全。

从内部环境看，上合组织成立以来，在"上海精神"的引领下，该组织虽然在维护地区安全和稳定，共同应对新威胁和新挑战，加强经贸、人文合作，挖掘各国合作潜力等方面已取得令人瞩目的成就，在地区事务中正在发挥无法替代的关键作用。但上合组织作为一个新型的多边组织在快速发展和地位日益提升的同时，其日渐凸显的不对称现象也在不同程度上制约着该组织的可持续发展。在新的形势下重视和逐步改变不对称现象已成为上合组织未来可持续发展的重要议程。首先，经济合作与政治安全合作不匹配。上合组织在维护地区稳定，打击恐怖主义，围剿"三股势力"等安全问题上合作成效显著，已成为维护地区安全的支柱。而与之相比，经贸领域的多边合作则明显滞后，成员国虽付出不少努力，但规划的多边经济合作项目始终难以启动，鲜有成果。其次，成员国之间双边经贸合作发展不平衡。中方与各成员国的双边经贸提升快，规模扩大，合作质量和层次渐高。目前已从单一的贸易合作向较大规模的投资合作拓展。相比之下，俄罗斯与成员国间的贸易，尤其是中亚国家之间的经贸合作相形见绌，难以迈上高位。第三，组织内中俄印三个重要国家间的关系不对称。中俄政治关系堪称历史最佳，但两国经济发展不对称且差距拉大。从经济总量看俄GDP只占中国九分之一。尤其是俄发展环境严峻，经济转型滞后，不仅拖累双方高质量的合作，俄对中国的担忧亦难以消弭。中国与新成员国印度的关系比较敏感。双方经贸合作规模扩大，质量提升，发展态势趋好，但囿于历史和现实问题双方心存芥蒂，政治互信存在障碍，致使两国政治关系敏感和脆弱，特别是印对中国的猜疑随着中方国力增强和"一带一路"拓展而增加。中俄关系好于中印关系，俄印关系比中印关系稳定。中俄印三国之间政治和经贸关系存在严重不对称。尤其是随着印巴加入，客观上将增加上合组织内协调与磨合的难度。第四，上合组织外延的扩大与内部的执行力欠缺呈现反差。一方面上合组织成员国的扩大和影响力快速上升，但同时上合组织承载的历史使命与其需要强化的执行力之间却存在不同步的态势。与外延的扩大相比上合组织在内部决策、协调配合、行动能力方面的不足都愈益凸显。印度和巴基斯坦的加入，组织内部运转结构已发生改变，利益和诉求更加多元，成员国之间协调和互动难度增加，上合组织内部相互关系进入磨合期。上合组织内部的整合和重塑成为影响上合组织未来发展必须面对的重要任务。

上合组织存在以上不对称现象既有历史原因，也与地缘政治和经济形势的变化，发展的不平衡密切相关。中亚各国均为内陆国家，长期处在世界经济中心的外围，起点低、底子薄、风险高。加之苏联解体后各国发展水平差异，经济诉求不同。中亚国家虽有不俗的经济潜力，但开展经贸合作难度大于其他地区。这是基础性因素。就合作理念而言，新独立国家与全球化和区域经济一体化的趋势不符，坚持走以我为主的独立和自立的道路，很长时间内实际在走"由合而分"的路径。外部势力的介入和干扰，宗教极端势力唯恐不乱，频繁地挑动民族和宗教矛盾，扰乱国内稳定。上述原因客观上阻碍了地区国家的经济发展和止步于多边的区域经济合作，成为全球经济发展的"凹地"。与此同时，来自内外压力造成的安全挑战则凸显出地区国家对自身安全的关注和强化在安全领域的合作。可以看出，上合组织所在的欧亚地区明显的特征是区域经济合作步履艰难，合作理念、发展思路、合作机制都不能适应国际大势和可持续发展的要求，必然波及上合组织的均衡和健康发展。可见不对称现象已成为掣肘上合组织发展的深层原因。

如果与东盟、欧盟、北美地区组织相比，该组织存在的诸多不对称的状况就更明显和突出。上述组织都未同时存在政治与经济、多边与双边、大国之间关系，外延与内部发展的不均等现象。这可能也是上合组织的特殊性。中国经济发展一枝独秀，与俄罗斯及其他成员国综合国力日渐拉大，使组织内的合作伙伴既喜更忧。中国领导人提出的共同发展、合作共赢等充满善意的合作理念仍难以化解他们的忧虑和防范。从深层次看如何尽快实现共同发展已成为提高上合组织互信水平的关键内涵。另外，从中亚成员国之间的相互关系看，不对称发展亦是哈萨克斯坦与乌兹别克斯坦等中亚国家关系复杂化的主要原因。安全与经济合作是推动上合组织发展的两个基轴，缺一不可。二者的关系既相互依存也相互影响。地区安全形势依然严峻，固然需要提升安全合作的水平和层次，但安全的可靠基础在于经济社会发展，这更是地区长治久安的前提。安全与经济合作的不对称状况对上合组织未来可持续发展的前景而言，更是彰显了加快经济发展的紧迫性。而在现阶段除了改善内在的发展条件外，唯有深化多边区域经济合作才能助力成员国的经济振兴，也将助力上合组织在新的形势下更好地承载其历史使命。因此，推动上合组织发展应重视对其不对称发展的关注和研究，亟待制定相应的战略和政策安排。可以说，上合组织未来的生命力在相当程度上取决于其缩小诸多的不对称现象，缩小发展差距，实现均衡和共同发展。

面对上合组织发展的新问题和新挑战，成员国应保持密切的战略沟通，高度关注机制运作的新情况和新问题，加强与新老成员国的磋商和互动，创新思路，同时要善于更好地利用外部因素，加快与"一带一路"和"欧亚经济联盟"实现有效对接，共同探索新时期上合组织的发展路径。

三、新形势下上合组织合作的优先方向

当前，上合组织虽面临严峻挑战，但推动上合组织发展的利好因素依然是主流。成员国应协力同心抓住扩员带来的正面效应，全面落实青岛峰会的新要求和相关务实合作决议，以安全和经济合作的新成果落实青岛峰会达成的共识，引领上合组织沿着健康和可持续发展的轨道迈上新台阶。

（一）打造上合组织命运共同体，弘扬和赋予"上海精神"新的时代内涵

以互信、互利、平等、协商、尊重多样文明、谋求共同发展为宗旨的"上海精神"是引领上合组织成为当今世界新型国际关系典范的强大基础和优势。在新的发展时期，将上合组织打造成互信共赢，安危与共的命运共同体，不仅将丰富"上海精神"的合作内涵，永续上合组织的生命力，也是该组织与时俱进，应对新挑战的迫切议程。命运共同体建设需要成员国同心协力，凝聚共识，更需要携手并进、共进共荣的合作成果来铺垫。从利益共同体迈向命运共同体不仅是合作理念的升华，更能反映出合作伙伴关系质的提升。上合组织应该以建设命运共同体为抓手，最大限度地缩小分歧及其带来的负面影响，同时最大限度地扩大和巩固共同利益。以政治互信的高水平和共同发展的新成果开拓上合组织新局面。

（二）深化政治互信依然是加强组织建设的关键环节

上合组织的每个成员国都有各自的利益诉求，绝非完全一致。但各国有一个最核心的共同诉求，这就是坚守"协商一致"的原则，平等相待，形成了和谐相处的国家关系氛围，成功搭建了地区国家良性互动的平台，为各国提供了稳定的发展环境。上合组织从诞生到逆势成长得益于各国间战略互信水平的提升，不断增进的政治互信始终是其可持续发展的原动力。难以想象，缺乏和削弱政治互信上合组织能取得如此鲜亮和辉煌的成果。在看到上合组织扩员后取得的合作空间、合作层次、地缘政治这"三大突破效应"的同时，也应清醒意识到组织和区域内国家政体、文化传统、宗教信仰、意识形态的差异性也随之明显增加。特别是经济的多样性和日渐拉大的发展差距都已影响到合作的初衷和深化。与此同时，更应警惕那些持有敌意的国家利用上合组织内部的差异和猜疑离间成员国的团结。因此，上合组织未来依然需要依赖深度的政治互信进一步加强组织的凝聚力。需要持之以恒的弘扬"上海精神"，筑牢命运共同体意识，把握发展大方向。各成员国应继续加强教育、文化、卫生、环保、体育、旅游、青年等领域交流与合作，不断促进民心相通、增进彼此信任，夯实共同发展的民意基础。

（三）专注上合组织的内部建设，不断提高决策和行动能力

上合组织的内部建设必须适应外延不断扩大的新形势，在内部机制化建设上迈出新步，使其均衡健康的发展。针对新形势应加强新老成员国的对话和沟通，保证平稳地渡过扩员的磨合期。扩员也为促进上合组织转型升级提供了良好的机遇，加强机制化建设应以提高执行力为要旨，逐步改变效率不高和应对能力不足等缺陷，同时也应根据组织未来发展的要求在议程设置、战略规划、合作重点、完善机制等方面作出相应调整和改变。

同时，上合组织需要制定和细化长远的发展规划和路线图。上合组织已成为影响力日渐提升的国际组织。上合组织承载的历史使命既要求它关注当下迫切的挑战和对策，更要谋划和设计长远的发展战略。凡事预则立，不预则废。对上合组织而言，科学的判断未来以便确定组织的路线图和规划就显得愈加重要。伴随着国际格局的深刻演变，上合组织的发展前景将取决于诸多因素。建议在上合组织框架内组织研究团队就全球及欧亚

大陆地缘政治的变迁及发展趋势、大国关系嬗变对组织的影响、"一带一路"与"欧亚经济联盟"对接中上合组织的功能和作用、在大欧亚伙伴关系框架内如何提振欧亚地区区域合作的层次和水平、如何将政治关系的优势转化为丰硕的经济成果、阿富汗问题的前景及上合组织的作用等重大课题开展联合研究，为组织的长远和可持续发展提供强有力的智力支持。

（四）强化多边安全合作的根基，维护地区安全与稳定

全球形势的深刻演变和高新技术的运用，恐怖主义的发展环境进一步强化，恐怖活动的范围也由一国向地区和全球，由单一宗教领域向多领域蔓延，国际恐怖主义已转变为地缘政治中的独立主体。传统的安全体系已无法适应趋于扩大和频繁的恐怖袭击的现实。为了适应上合组织所在地区安全形势的变化，迫切需要进一步完善和强化上合组织的反恐合作机制。

一是要重视和制定美从阿富汗撤军背景下上合组织的应对方略。特朗普对外战略出现由打恐向应对大国挑战的调整。当前，美已不堪在阿富汗的沉重拖累，急于甩掉阿富汗这个烫手山芋，美撤军已日渐进入倒计时。美撤出部分武装力量后，阿内战恐难以避免。上合组织国家地处反恐前沿，首当其冲地受到冲击。上合组织应就此问题进行专门研判，制定预案，调整和协调反恐措施，防患于未然。

二是上合组织对猖獗的恐怖活动应更加重视从武力手段打压转向强化和细化预防措施。加强反对极端主义的文化意识形态，加强宣传和宗教部门的作用，尤其是加强对处在成长期的青少年的教育，提高其抵制邪恶和极端思想的能力，切断恐怖主义势力可能扩大的源头。积极支持乌兹别克斯坦提出的防范极端思想侵袭和毒化青年一代的建议并细化落实措施。

三是进一步加强和做实上合组织在网络空间的合作。伴随着现代技术的增长和广泛使用，互联网资源的使用规模和范围都在扩大，也成为恐怖组织利用网络传播恐怖主义信息、招募和策划恐怖活动的重要工具。近年来，从事恐怖活动的网络数量已呈现跨越式的增长。根据专家评估，1998年在互联网上恐怖组织的网站仅有12个，2005年其数量已达到5000个。现在从事极端宗教和恐怖内容的网站已经超过1万个。最近，用中亚国家语言进行宣传激进思想的网站极为活跃。网络联系所具有的灵活性、隐蔽性、低成本、跨国性等特点已加大反恐的难度。上合组织应更加重视网络合作，整合成员国的网络资源，密切协调和细化分工，加强对互联网的布

控和跟踪，完善网络合作机制，采取积极和坚定的措施保护信息安全。

四是上合组织在反恐斗争中应加快研发和运用先进的技术和设备。高学历分子加入恐怖组织以及对高科技和设备的普遍采用，对开展反恐斗争方式和研发高新技术装备提出更高的要求。当前，互联网已成为决定与国际恐怖组织斗争成败的关键阵地。上合组织要特别重视在反恐斗争中运用和研发高新技术和设备，切实跟踪和管控其活动，切断其使用网络资源的能力，加强反恐的针对性和有效性。

（五）加强多边经贸合作，共享发展的合作成果

开展务实的多边经贸合作是上合组织发展的重要目标和驱动力。然而多边经贸合作却迟迟难以起步，成为组织发展的软肋。上合组织应破解这一难题，尽快在多边经贸合作中取得突破。当前在经济全球化遭遇波折、多边贸易体制受到冲击的背景下，各成员国不仅要进一步推动和落实贸易和投资自由化、便利化，更要针对形势变化的需要修订和完善多边经贸合作纲要，制定目标明晰、切实可行的行动路线图。产能合作有利于各国发挥资源禀赋和比较优势，推进国际产能合作，是拉动经济增长、加快经济转型的有效路径。应拓展基础设施、加工制造、能源开发、农业等领域互利合作。完善便捷高效的交通网络，是促进生产要素自由流动、跨境贸易及人员往来的重要前提。成员国要加紧商谈《上合组织公路发展规划》，认真落实《上合组织成员国政府间国际道路运输便利化协定》，加强政策、技术、标准等对接，不断完善互联互通的"软环境"。针对融资瓶颈问题，需要更好地发挥好亚洲基础设施投资银行、丝路基金、中国—欧亚经济合作基金、阿斯塔纳金融中心等金融平台作用，加快上合组织银联体建设，向合作项目提供有力的资金支持。

（六）重视和发挥上合组织在全球治理中不可替代的作用

在经济发展不平衡现象的冲击下，逆全球化思潮泛起，西方国家主导的全球治理秩序正在逐渐失去影响力，在层出不穷的全球性挑战和"无序"现象加剧的形势下，原有的治理规则和模式已难以适应变化了的现实，需要重新审视和探索。公正、合理、可持续的全球经济治理体系必须反映世界经济格局的深刻变化，增加新兴市场国家和发展中国家的代表性和发言权，唯有这样才能使全球经济治理体系更完善，更符合世界生产力发展要

求，更有利于世界各国共同发展。上合组织成员都是发展中国家，中国、俄罗斯、印度又是新兴经济体"金砖国家"的主要代表。当前，在深刻变化的国际格局中，上合组织不仅在维护欧亚地区安全和稳定，促进经济社会发展的进程中已展现出无可替代的中坚作用，而且其先进的发展观、合作观、安全观、文明观、治理观代表了时代的发展潮流和新兴力量国家的诉求，已经成为构建新秩序和全球治理不容忽视的力量。应充分发挥上合组织扩员的地缘政治效应，弘扬上合组织的发展理念和合作模式，既要为全球治理提供有益的经验和范例，又要在建立公正、合理、可持续的治理体系中发挥推动和引领作用。

Саммит ШОС в Цидао и перспективы ШОС

Ши Цзэ

Аннотация: Саммит в Циндао является четвертым саммитом, организованным Китаем в качестве очередной президиум-страны, а также первым саммитом, состоявшимся после расширения ШОС. Продолжая укреплять «Шанхайский дух», саммит в Циндао обогащает его новым содержанием: концепция сообщества единой судьбы. Более того, на саммите был достигнут важный прорыв в институциональном строительстве и был сделан большой прогресс в прагматическом сотрудничестве и планировании развития на будущее. Продолжая прошлое и открывая новое, саммит в Циндао играет эпохальное и веховое значение в устойчивом и здоровом развитии ШОС.

Ключевые слова: ШОС, саммит ШОС в Циндао, новое содержание, продолжение прошлого и открытие нового

Автор: Ши Цзэ, Директор Центра энергетических исследований КАМП, Постоянный член Китайского центра исследований ШОС.

Qingdao Summit and Prospects for the SCO

Shi Ze

Abstract: The Qingdao Summit is the fourth summit hosted by China as the rotating presidency and the first summit held after the SCO completed its expansion. The Qingdao Summit has consolidated the "Shanghai Spirit", and it has also brought new substance to it—the concept of the community with a shared future for mankind. It has made important breakthroughs in institutional building, and made fresh progress in pragmatic cooperation and planning future development. The Qingdao Summit was an epoch-making landmark for the healthy and sustainable development of the SCO in the future.

Keywords: SCO, Qingdao Summit, New Connotation

Author: Shi Ze, Director and Senior Research Fellow of the Center for International Energy Strategy at China Institute of International Studies; Executive Director of China Center for SCO Studies.

上海合作组织安全合作

Сотрудничество в сфере
безопасности в рамках ШОС
The SCO Security Cooperation

上海合作组织与地区安全合作

【哈萨克斯坦】鲁·伊西莫夫[*]

【内容提要】印度和巴基斯坦两个地区大国正式加入上合组织，使该组织大幅增加了国际经济和国际政治体量，而且也证明了扩员对上合组织这一多边机构的重要性和需求。但是，新成员的加入既带来了机遇，也带来了一定的风险。主要是悬而未决的老问题依然紧迫，新的挑战又急需应对。总之，今天的上合组织在重要问题上总是出现分歧。在这种情况下，地区、双边和多边形式合作的重要性就愈加凸显。

【关键词】上合组织　地区安全　机遇与挑战

2018年，在上合组织青岛峰会期间，我们见证了"欧亚八国集团"的正式形成。本组织的八名正式成员国首次相聚在中国，期待已久的扩员终于完成。随着印度和巴基斯坦正式加入上合组织，该组织潜力得到显著提升。但一些老问题仍然未得到解决，不仅如此，还出现了一些新的挑战亟待应对。鉴于此，本文拟详细谈一谈当前上合组织发展中所遇到的一些重大问题和难题。

本人的主要观点如下：

第一，上合组织扩员在很大程度上模糊了该组织的区域定位。长期以来，上合组织聚焦中亚地区，未来将逐渐转向南亚。

第二，复杂的地缘政治形势直接影响到上合组织的发展。一方面，以美国为首的西方继续对俄罗斯实施制裁，从莫斯科的反应来看，这种对抗将是长期性的；另一方面，美国拒绝接受早先达成的协议，宣布对中国进行"贸易战"。我们看到的是，目前世界上两大经济体之间正在进行全面

---

[*] 鲁·伊西莫夫（Р. Изимов），哈萨克斯坦首任总统基金会世界经济与政治研究所"中国与亚洲研究"项目负责人。

的贸易对抗。

毫无疑问，上述情况必将给全球战略稳定和安全带来更大的不确定性。

第三，如何维护好组织运作的基本原则，维护好大国与其他成员国之间的平衡，如何解决组织发展面临的难题，这都是扩员后上合组织面临的艰巨任务。当然，建立上合组织融资机制，也是当前迫切需要解决的问题之一。

第四，还有一个难题就是成员国对一些关键问题，其中包括阿富汗问题，存在看法和利益上的分歧。

从阿富汗形势演变来看，阿富汗问题仍是上合组织安全领域关注的重心。但由于上合组织成员国对阿富汗问题的关切和应对措施各异，因此要达成共识非常困难。

阿富汗境内恐怖活动急剧增加，而且有从该国南部向北部蔓延的趋势。在阿富汗北部，塔利班势力正在积聚，"伊斯兰国"分子也明显活跃。这要求上合组织成员国必须采取更加积极的预防性举措。

据上合组织地区反恐机构的统计数据，截至2018年年中，在阿富汗北部约有3000名"伊斯兰国"武装分子，其中80%是外国人，其中部分来自俄罗斯、中国和中亚国家。上合组织扩员后，该组织成员国几乎将阿富汗围在了中间，但由于各方的关切和立场存在分歧，上合组织有效参与解决阿富汗问题的前景仍不明朗。

对阿富汗问题，目前该组织成员国有以下几个立场：

中国的立场和应对方案。针对阿富汗问题，北京从2016年开始推动中国—巴基斯坦—塔吉克斯坦—阿富汗四方安全保障机制。该机制的三名成员同时是上合组织成员国，阿富汗则是观察员国。中方正有序推进这一机制，使其成为解决阿富汗问题的关键平台。

目前该机制仅涉及与中国公民相关的安全问题，以及与极端组织有往来的团伙。中国有意通过这一机制，参与到阿富汗问题的调解进程。

中国和巴基斯坦还计划将阿富汗纳入到"中巴经济走廊"项目，为推动该经济走廊建设，中方准备投资超过500亿美元。

此外，在四方安保机制框架下，中国与塔吉克斯坦也开展了密切合作，双方在阿富汗—塔吉克斯坦边境地区正共同建设军事设施。

俄罗斯提出另一种应对方案。俄罗斯的阿富汗战略是通过应对阿富汗问题，挖掘集体安全条约组织的潜力，充分发挥其功能，加强阿塔边境的防卫能力。

同时，俄罗斯军方和特种部队不断发出预警，提醒武装分子可能渗透到上合组织所在地区，这些极端分子会在中亚地区搞恐怖活动。

阿富汗因素有利于俄罗斯加强与塔吉克斯坦、吉尔吉斯斯坦之间的军事合作。

但关于阿富汗问题的莫斯科和平进程前景并不乐观，因为它遭到西方国家的强烈抵制，而后者对喀布尔政府具有很大影响力。

上合组织国家中，还有来自乌兹别克斯坦的第三个应对方案。近期，塔什干在解决阿富汗问题上重新活跃起来。2017—2018年，乌兹别克斯坦在塔什干和撒马尔罕举办了一系列重大活动。从乌方的举动来看，乌方打算积极吸引美国和欧盟等域外玩家参与进来，以多边形式解决阿富汗问题。

实际上，上面提到的各种方案均各行其是，彼此并不交叉。

此外，在其他一些问题上，上合组织每个成员国都在力推自己的主张和项目，往往会触及其他国家的利益。其中也包括中国和印度，这两个大国拥有完全不同的利益。目前，印度正试图进一步扩大与中亚国家关系，而这正是中国所不愿看到的。

还需要指出的是，印度仍然拒绝参加中国的"一带一路"建设。

印度专家认为，中国向其他上合组织国家施压，要求他们接受并在上合组织官方文件中尽可能广泛地采用中国对一些国际问题的看法和评价。这里指的是诸如"新型国际关系""人类命运共同体"，以及"三股势力""一带一路"等在中共十九大会议上提到的概念。在印度学者看来，这些上合组织文件的"中国术语"具有不透明、含糊不清的特点。

当然，新德里对中巴经济走廊也非常不满，这条走廊经过颇有争议的克什米尔地区。印度还认为，"一带一路"框架下大部分基础设施项目可以用于军事目的。此外，中国资本积极渗透到孟加拉国、缅甸和斯里兰卡等国家，这也引起了印度的不安。

关于建立上合组织自由贸易区倡议以及其他一些中国提出的经济举措，也都面临不同的阻碍和困难。

上合组织中亚成员国也积极参与到上合组织议程的制定之中。

乌兹别克斯坦对交通物流合作，特别是铁路项目颇为关注。由于乌兹别克斯坦与邻国的经贸合作关系出现大幅改善，因此发展交通物流领域合作对乌兹别克斯坦而言至关重要。

吉尔吉斯斯坦和塔吉克斯坦认为，上合组织开展经济和能源领域大项目的合作潜力巨大。其中，吉尔吉斯斯坦此前曾提议上合组织开发银行的总部设在比什凯克。

塔吉克斯坦正推动在杜尚别建立上合组织禁毒中心。

对哈萨克斯坦来说，其对上合组织的战略始终如一，哈方认为加强安全和经贸领域的合作都很重要。至于阿富汗问题，哈萨克斯坦提出了恢复上合组织—阿富汗联络小组工作的倡议。

但是阿富汗和一些欧洲国家认为，上合组织尚不具备成为解决阿富汗问题平台的能力。

总而言之，今天的上合组织仍是一个对一些关键问题存在分歧的组织。在这种背景下，在地区层面、双边和多边平台上开展合作，都有各自的重要意义。

对中亚国家来说，如果对伙伴国严重关切的问题能够有一致立场，那么中亚国家就代表一个地区的立场，可降低组织内部的矛盾。

我想特别指出，对于哈萨克斯坦来说，技术开发与交流、粮食安全以及扩大人文交流等是最优先的合作方向。

上合组织成员国关于世界多极化的看法比以往任何时候都更为重要。正如上合组织的所有战略文件所提到的，当今的世界秩序应该以国际法准则和相互尊重为基础，我们反对对抗和冲突。

综上所述，当前上合组织正面临新的选择，处于更上一层楼的节点。一方面，随着成员国的扩大，上合组织有望成为欧亚大陆独一无二的一体化组织，在其框架下域内主要玩家可以协调彼此的立场。但另一方面，新成员的加入一定程度上模糊了组织的核心，决策机制弱化，这又给上合组织发展前景带来不确定性。

同时，上海组织还需要进行理念创新和机制创新。如，印度和巴基斯坦的加入，决定了该组织的经济合作平台必须更新换代。

总之，在局势不断变化的情况下，认真审视上合组织的使命尤为重要。它究竟包含哪些内容？哪些问题应该得到立即解决，哪些问题可以放一放？

首先要集中精力落实具体的项目，项目实施可带来新机遇。正如哈萨克斯坦首任总统努尔苏丹·纳扎尔巴耶夫在去年上合组织首脑峰会上所指出的那样，确保投资经贸项目从双边转向多边非常重要，比如，哈萨克斯坦主张在上合组织框架内建立共同的项目融资机制和科技资源整合机制。努尔苏丹·纳扎尔巴耶夫还指出，大型基础设施项目应成为上合组织的优先合作的方向之一，它会产生强大的倍增效应，使上合组织成员国的科技、金融和人力资源的潜能都能得到进一步发挥。

（韩　璐　译）

Шанхайская организация сотрудничества и региональная безопасность

[Казахстан] Руслан Изимов

Аннотация: Официальное присоединение таких региональных держав как Индия и Пакистан значительно повысило международный экономический и политический вес ШОС. Более того, расширение Организации подтвердило значимость и востребованность ШОС как действенной многосторонней структуры. Однако включение новых участников наряду с возможностями так же определенные риски. В частности, старые не решенные проблемы все еще остаются актуальными, а также появились новые вызовы, на которые нужно оперативно реагировать. В итоге ШОС на сегодняшний день - это организация где наблюдается несовпадение взглядов по ключевым вопросам. В этом контексте особо возрастает значимость сотрудничества на региональном, двустороннем и многостороннем форматах.

Ключевые слова: ШОС, региональная безопасность, возможности и риски

Автор: Руслан Изимов Руководитель Программы китайских и азиатских исследований Института мировой экономики и политики при Фонде Первого Президента РК–Елбасы

SCO and Regional Security Cooperation

[Kazakhstan] Ruslan Izimov

Abstract: The official accession of regional powers such as India and Pakistan to the SCO has significantly increased the international economic and political influence of the SCO. Moreover, the membership expansion of the organization confirmed the importance and relevance of the SCO as an effective multilateral structure. However, the inclusion of new members has brought opportunities as well as some challenges. In particular, the new challenges need to be addressed soon while the old problems remain. As a result, there is a discrepancy of views on key issues inside the SCO. In this regard, cooperation on regional, bilateral and multilateral levels is particularly important.

Keywords: SCO, regional security, opportunities and risks

Author: Ruslan Izimov, Head of the "Chinese and Asian Studies" Program, Institute of World Economy and Politics under the Foundation of the First President of the Republic of Kazakhstan, Elbasy

地区安全面临的新挑战和新威胁以及上海合作组织在预防上述威胁方面的作用

【塔吉克斯坦】哈·拉赫那莫*

【内容提要】本文第一部分简要论述了塔吉克斯坦对地区发展进程以及上合组织活动的态度。作为上合组织的创始国之一，塔吉克斯坦非常重视"上海精神"和共同发展原则。第二部分分析地区安全新挑战和新威胁的特点，包括与阿富汗军事政治形势复杂化相关的威胁。作者指出，阿富汗的乱局由南向北蔓延，"伊斯兰国"（ISIS）恐怖组织的分支在阿富汗北部活动猖獗，该地区周边的地缘政治局势突变，阿富汗冲突的外部参与者异常活跃，等等，以上情况说明中亚和中国边境地区面临的危险程度在升级。在最后部分作者强调了上合组织协调各成员国的力量共同应对新挑战和新威胁的必要性。

【关键词】塔吉克斯坦　上合组织　安全　挑战　威胁

塔吉克斯坦共和国是上海合作组织（以下简称"上合组织"）的创始成员国之一。成员国地位对塔而言具有极为重要的意义。

作为上合组织创始成员国，塔吉克斯坦谨遵互信、互利、平等、协商、尊重多样文明、谋求共同发展的"上海精神"，以这一精神为基石，在上合组织空间内各国致力于发展睦邻友好与互利合作，提高人民生活水平，保障人民安居乐业。

在这一问题上，我们主张恪守《上海合作组织成员国长期睦邻友好合作条约》（2007年8月16日，比什凯克），坚定落实在青岛峰会上通过

---

* 哈基姆·拉赫那莫（Х. Рахнамо），塔吉克斯坦总统战略研究中心外交政策分析预测局局长。

的《〈上海合作组织成员国长期睦邻友好合作条约〉实施纲要（2018—2022年）》。

一、地区安全面临的新挑战、新威胁

通过对地区形势的分析可以看出，本地区的地缘政治和军事政治局势出现了重大变化，这给地区安全带来新的威胁，而且这些威胁的性质也在发生改变。

谈到该地区的军事政治局势，包括阿富汗北部情况，有必要强调以下几点：

1. 不稳定区域的范围和恐怖主义的活跃度发生变化。在最近三年，不稳定区域的范围由阿富汗南部扩大至阿北部地区。这意味着不稳定地带和恐怖主义威胁直接抵近中亚国家（塔吉克斯坦、乌兹别克斯坦和土库曼斯坦）以及中国的边境。同时，情况表明，这一变化是一些地区国家和世界大国有计划为之，甚至是蓄意将恐怖主义势力引向北方。

2. 阿富汗北部恐怖组织"伊斯兰国"（ISIS）基层组织趋于活跃，这对整个地区（中亚，俄罗斯和中国）来说，恐怖威胁的性质、战术、特征和规模正发生根本性的改变。其中就包括阿北部各种极端组织、恐怖组织合流，国际恐怖主义阵线在本地区壮大。

3. 上述变化发生在周边地缘政治局势剧变的背景之下，即乌克兰和叙利亚冲突之后，世界主要大国的关系变得更加复杂。在这种情况下，敌对大国出于地缘政治目的，可能对恐怖组织加以利用，这种威胁与恐怖分子的直接威胁相比性质更加严重。

4. 当前，阿富汗的外部玩家，或者称之为来自外部的冲突参与者及战争代理人，都处于新一轮的活跃期。俄罗斯、中国、印度、伊朗、土耳其和一些中亚国家对阿富汗问题的参与度急剧上升。这意味着美国和巴基斯坦正失去自身在解决阿富汗问题中的决定性作用，冲突再度变得更加多元和复杂。

5. 阿富汗内部的一系列消极变化也直接对局势产生影响，包括：

1）过去两年，喀布尔中央政府的危机不断加深，即"阿富汗民族团结政府"不断削弱。

2）阿中央政府正不断失去对该国部分领土的军事、政治和实际控制。

根据各方数据，现在只有约60%~70%的阿富汗领土在喀布尔的实际控制之下。

3）阿富汗政治精英之间，特别是各族群之间的矛盾日益加深。阿有可能再度陷入民族冲突之中，也就是说，民族问题可能再度成为阿富汗的头号难题。

4）随着美国依照2014年协议在阿设立永久性军事基地，美国和北约在阿富汗，也就是在本地区的军事存在正式长期化。这一因素将对地区地缘政治环境和军事政治局势产生持续影响，影响既有正面的，也有负面的。

本地区，尤其是在阿富汗一些地方，局势仍在持续恶化，这对上合组织成员国，尤其是中亚各国的安全造成严重影响。塔吉克斯坦共和国与阿富汗有着长达1344公里的边境线，其中一千多公里是在山区，塔处于打击国际恐怖主义、极端主义、毒品走私和非法移民等现实挑战和威胁的最前沿。

二、塔吉克斯坦共和国在这一问题上的立场及上合组织的作用

对局势的分析表明，当今，受到国际安全威胁的地区不断增多，且威胁变得更加有组织化。基于这一现实，维护地区和平与稳定以及打击"三股势力"仍应是上合组织的主要优先事项。在这方面，塔吉克斯坦特别重视《打击恐怖主义、分裂主义和极端主义上海公约》和《上海合作组织反恐怖主义公约》的实施。

塔吉克斯坦共和国谴责一切形式的恐怖主义，肯定各国及其主管机构在本国领土上打击恐怖主义、分裂主义和极端主义的努力，支持各国及主管机构在上合组织等国际机制框架内开展专业化合作。塔吉克斯坦正全力实施青岛峰会上成员国通过的《上海合作组织成员国打击恐怖主义、分裂主义和极端主义2019至2021年合作纲要》，并支持在《联合国宪章》基础上早日通过联合国《关于国际恐怖主义的全面公约》。

由于塔吉克斯坦地理位置和地缘政治地位非常重要，而国内信息存在漏洞，人口结构年轻化，国家政权世俗性等，塔吉克斯坦共和国处于打击极端主义和恐怖主义的最前线。

鉴此，打击极端主义和恐怖主义过去是，未来仍将是塔吉克斯坦政府的主要和优先方向之一。为有效落实上合组织的反恐任务，塔吉克斯坦认为必须重视提高上合组织地区反恐怖机构（RATS）效率。塔吉克斯坦肯定该机构在打击"三股势力"方面的特殊作用，支持赋予该机构在全球信息空间内监控潜在威胁并实施打击等新功能。

在打击恐怖主义、提升特殊科目专业技术水平方面，上合组织主管机构不断探索合作的新方式和新方向，这是地区反恐怖机构的一大特色。

目前，塔吉克斯坦代表正担任上合组织地区反恐怖机构2019—2021年执行委员会主任一职，塔正尽一切努力在上合组织宪章框架下最大限度地发挥地区反恐怖机构的作用。

我们特别强调，要重视上合组织内年轻一代的教育问题，成员国在防止青年参与恐怖主义、分裂主义和极端主义组织活动方面应形成合力。在这方面，需要加强合作，打击恐怖主义思想在互联网的传播。

塔吉克斯坦赞成尽快恢复阿富汗的和平与稳定，解决其社会经济问题，支持阿富汗政府和人民在保障安全、发展经济、打击恐怖主义、极端主义和毒品犯罪方面所做的努力。

鉴于阿富汗军事政治局势趋于复杂，上合组织的作用正在大大加强。在此背景下，上合组织成员国需要在地区反恐怖机构和上合组织—阿富汗联络小组工作框架内加强合作与互动。在这个问题上，塔吉克斯坦强调，必须加强上合组织与阿富汗的边界管控，以确保上合组织成员国不会受到来自阿富汗的潜在恐怖威胁。

塔吉克斯坦还特别关注到，麻醉品走私和利用非法贩毒所得资助恐怖主义现象有所增加。塔尤为重视与上合组织伙伴在预防非法贩运毒品方面开展合作，并倡导全面落实《2018—2023年上海合作组织成员国禁毒战略》及其实施纲要。

为使社会思想去极端化、打击极端主义和恐怖主义，塔吉克斯坦成功实施的政策如下：

为防止社会思想激进化，打击极端主义和恐怖主义，形成了统一的国家政策。为此，塔通过了数十份基础性文件，包括《2016—2020年塔吉克斯坦共和国打击极端主义和恐怖主义国家战略》（2016年11月12日）等。这份独一无二的文件确定了在该领域塔国家政策的主要方向和原则，并列出2016—2020年间打击极端主义和恐怖主义的一套具体措施：

建立打击伊斯兰激进主义、极端主义和恐怖主义的必要的法律法规基础；

采取行政措施，防止社会激进思想，打击极端主义；

开展意识形态预防性工作，防止社会激进化和极端主义；

同极端主义和恐怖主义作坚决斗争；

在打击极端主义和恐怖主义方面开展国际合作。

对塔吉克斯坦打击激进主义、极端主义和恐怖主义国家政策的实质和主要方向进行分析可以看出，塔赞成国际社会在全球、区域和国家各个层面就这一问题加强合作。2018年5月3日至4日在杜尚别召开了联合国"打击恐怖主义和防止暴力极端主义"高级别国际会议，来自46个国家和40多个国际组织的高级代表参加了会议，再一次证明了塔的作用和立场。

支持塔吉克斯坦在这方面的倡议和努力，对于确保整个地区的稳定和安全是十分重要的，而保障地区安全与稳定又是上合组织的主要任务和目标之一。

在这种情况下，为确保有效打击国际恐怖主义、宗教极端主义、非法贩毒、贩卖人口及其他跨国犯罪，上合组织所有成员国加强合作非常关键，为此，所有国家执法机构和强力部门必须协调行动，针对上述问题制定系统性方案，包括共同采取预防措施，将可能的犯罪行为消灭在萌芽状态。

基于以上，我们建议：

加强上合组织成员国主管机构之间的信息和经验交流；

对塔吉克斯坦提供全面协助，以现代技术手段加强塔阿边境管控能力，以保护上合组织的外部边界；

上合组织成员国相关机构继续就打击恐怖主义、分裂主义和极端主义举行联合演习，召开学术与实践经验研讨会；

在开展联合侦查行动、制止恐怖组织和极端组织活动方面，提升上合组织成员国相关机构间互动与协调的级别。

（赵　臻　译）

Новые вызовы и угрозы региональной безопасности и роль ШОС в их предотвращении

[Таджикистан] Хаким Рахнамо

Аннотация: В первой части настоящей статьи дается краткий анализ позиции Республики Таджикистан по отношению региональных процессов, в том числе деятельности ШОС. Как один из государств-учредителей ШОС, Таджикистан придает приоритетное значение «шанхайскому духу» и принципу совместного развития. Во второй части дается анализ характера новых вызовов и угроз региональной безопасности, в том числе угроз, связанных с усложнением военно-политической ситуации в Афганистане. Автор указывает, что такие факторы как распространение нестабильности из южных районов Афганистана на северные районы этой страны, активизация ячеек террористической группы «Исламское Государство» (ИГИЛ) на севере Афганистана, резкое изменение геополитической ситуации вокруг региона, активизация внешних участников конфликта в Афганистане и т.д. говорят о значительном повышении уровня опасности границам Центральной Азии и КНР. В заключительной части автор акцентирует на необходимость координации усилий государств-членов ШОС по противостоянию новым вызовам и угрозам.

Ключевые слова: Республика Таджикистан, ШОС, безопасность, вызовы и угрозы

Автор: Хаким Рахнамо, Начальник Управления анализа и прогнозирования внешней политики Центра стратегических исследований при Президенте Республики Таджикистан.

New Challenges and Threats to Regional Security and the Role of the SCO

[Tajikistan] Hakim Rahnamo

Abstract: The article provides a brief analysis of the position of the Republic of Tajikistan in relation to regional processes, including the activities of the SCO. As one of the SCO founding States, Tajikistan attaches great importance to the "Shanghai Spirit" and the principle of common development. After analyzing the nature of new challenges and threats to the regional security, including threats resulting from the complication of the military and political situation in Afghanistan, the author points out that factors such as the spread of instability from southern Afghanistan to the northern areas, activation of cells of the terrorist group "Islamic State" (ISIL) in the north of Afghanistan, a sharp change in the geopolitical situation around the region, and activation of external participants to the conflict in Afghanistan, have proven that the insecurity level on the borders of Central Asia and China have remarkably increased. In the final part, the author emphasizes the need to coordinate the efforts of the SCO member States to deal with new challenges and threats.

Keywords: Republic of Tajikistan, SCO, security, challenges and threats

Author: Hakim Rahnamo, Head of Department of Analysis of Foreign Policy, Center for Strategic Studies under the President of the Republic of Tajikistan.

上海合作组织与阿富汗的关系

【俄罗斯】米·科纳罗夫斯基[*]

【内容提要】上合组织成立以来的主要关切在很大程度上都集中在阿富汗。21世纪伊始,阿富汗又经历了激烈的内部对抗时期,战争对毗邻的中亚和中国西北地区的稳定造成严重冲击。"伊斯兰国"武装分子在阿富汗境内的出现引起俄罗斯、中国和中亚国家的严重关切。2001年以来,在阿富汗持续扩大毒品的非法生产,成为上合组织成员国的关注重点。上合组织各国密切关注阿富汗局势,他们的强烈愿望是出现一个和平的、安全的、繁荣的和清除了恐怖主义和极端主义的阿富汗。所以,上合组织一贯主张在阿富汗人自己主导下通过各派包容性谈判,以政治途径和平解决阿富汗冲突。

【关键词】上合组织　阿富汗　地区安全　恐怖主义

20世纪90年代末,苏联欧亚地区的共和国,即俄罗斯、哈萨克斯坦、吉尔吉斯斯坦、塔吉克斯坦共和国与中国就共同边界互信措施达成一系列协议,表明了团结更多力量来维护本地区安全的决心。在这一背景下,上述国家元首2000年7月在杜尚别举行的会议上宣布,拟在此基础上成立一个涵盖不同领域的多边合作的地区组织。[①] 2001年,这五个国家加上乌兹别克斯坦,一个新的地区组织——上海合作组织(以下简称"上合组织")应运而生。

---

[*] 米·科纳罗夫斯基(М. Конаровский),俄罗斯外交部莫斯科国际关系学院(大学)东亚与上合组织研究中心高级研究员,前上合组织副秘书长(2010—2012),俄罗斯前驻斯里兰卡和马尔代夫大使、前驻阿富汗大使、前驻克罗地亚大使,俄罗斯国际事务委员会成员,历史学博士。

[①] Душанбинская декларация Глав государств Республики Казахстан, Китайской Народной Республики, Кыргызской Республики, Российской Федерации и Республики Таджикистан. 5 июля 2000 г. docs.cntd.ru/document/901770882.

从根本上讲，上合组织的出现是由于创始成员国对20世纪与21世纪之交国际关系体系总体失衡越来越感到担忧。具体来看，主要是恐怖主义、分裂主义和极端主义等新一代的安全威胁加剧，使地区稳定面临挑战。这些议题在本组织所有的基本政治文件中都有具体表述，并随着时间的推移而不断充实内容。2015年通过的《上合组织至2025年发展战略》也将打击恐怖主义和极端主义作为确保地区安全与稳定的最重要因素。

在组织成立后，"上海六国"的主要关注点首先聚焦在阿富汗问题上，因为世纪之交的阿富汗内部对抗激烈，局势急剧动荡，可能对中亚和中国西北的邻近地区造成破坏性影响。①不仅邻国的不安和忧虑加深，而且国际社会也不得不正视阿富汗的现实，即1996年占领喀布尔的阿富汗塔利班，开始帮助以拉登为首的基地组织在阿富汗境内建立恐怖分子训练基地。正是这个时候这两个极端主义运动初步成型并开始建立紧密的军事政治联系。②

"上海五国"演变为"上海六国"的过程，实际上与阿富汗及其周边地区新局势的形成时间相符。2001年秋天，以美国为首的北约若干成员国和阿富汗圣战者的"北方联盟"开展联合反恐行动③，塔利班政权被推翻，在波恩国际会议上成立了新的过渡政权。这一开端使地区和国际社会产生了在阿富汗实现最终稳定并消除国际及地区恐怖主义的希望。

从这些立场出发，上合组织成员国支持反恐行动，并确认今后要走这样的路线。④ 2002年1月举行了以阿富汗局势为主题的外交部长不定期会议，强调阿富汗人民在选择政府结构和性质上拥有不可剥夺的权利，而将阿富汗拖入其他势力范围的任何尝试都可能导致新的危机和地区局势进一

---

① Чэнь Юйжун. Усиление сотрудничества в сфере безопасности – насущная задача ШОС. В: X заседание Форума ШОС. Ханты-Мансийск, 10-12 марта 2015 г. Сборник докладов, Ежегодник Института международных исследований МГИМО(У) МИД России. Выпуск 2 (12), 2015 г. с.с. 28-29.

② З.Набиев и М. Арунова. Талибанский Афганистан или опора международного терроризма. В: Исламизм и экстремизм на Ближнем Востоке. М. Наука. 2001 г. сс. 158-163.

③ 自2001年末至2014年在联合国安理会第1386号决议的基础上成立了驻阿富汗安全援助部队。

④ Астанинская декларация глав государств – членов ШОС от 5 июля 2005 г. (п.3). www.sectsco.org/documents.

步复杂化。①在那个时候，这已是向美国发出相当明确的警告，也是警告北约不要向这个有着不同历史和传统的国家灌输西方发展模式。之后，当美国和其他西方国家将其意识形态和其他做法强加于喀布尔新政权的势头愈加明显时，上合组织成员国在自己的文件中特别强调，在解决阿富汗国家建设问题时，必须考虑其历史和民族宗教传统的重要性。

在2002年圣彼得堡宣言中强调了中亚安全与阿富汗和平进程前景之间不可分割的联系，并表示将致力于扩大合作，以促进战后阿富汗的政治和经济重建。与此同时，各方支持建立一个全新的、稳定的阿富汗，一个没有恐怖、战争、毒品和贫穷的阿富汗。各方表示，愿意为了全体阿富汗人民的利益，协助建立一个具有广泛代表性的政府。

阿富汗问题一直是上合组织内多边合作的最优先领域之一。鉴于阿富汗局势在近期和中长期前景内的具体发展特点，它仍会是上合组织多边合作的一个优先方向。

因此，上合组织的第一份联合文件就是2001年的《打击恐怖主义、分裂主义和极端主义上海公约》，这绝非偶然。在此基础上，2005年成员国就阿富汗问题开展具体协作的有关构想得到批准。随后，合作详情在新的文件中得到反映。②2002年6月上合组织建立常设机构——地区反恐怖机构（PATC），这一举动正是本组织将安全和反恐类问题的活动作为其战略意图重心的体现。③自2017年年中以来，上合组织的新成员印度和巴基斯坦

---

① 在同年11月22日上合组织外长理事会会议上，部长们确认了对阿富汗和平发展的共同关切，并表示支持阿富汗过渡政府以2001年12月5日签订的《波恩协定》、2002年6月紧急支尔格大会决议以及联合国安理会决议为基础开展工作，以稳定国家局势并进行经济重建。部长们积极评价为根除阿富汗境内的恐怖主义所开展的国际协作。同时担心，日益凸显的毒品生产增加趋势会成为阿国内武装冲突和国际恐怖主义的主要资金来源，并给本组织成员国带来毒品灾难。鉴于此，认为在阿富汗边界沿线建立禁毒"安全带"的建议是有益的。部长们商定，本组织六个成员国将通过包括常驻联合国代表在内的各种渠道就阿富汗问题加强沟通，包括讨论如何协助阿富汗解决其社会和经济问题，以及向阿富汗人民提供人道主义援助。www.sectsco.org/documents.

② 包括三年期的合作纲要（最近的纲要是2019年至2021年期间的，在2018年上海合作组织峰会上通过），2009年6月16日签署的《上海合作组织反恐怖主义公约》和2017年6月9日签署的反极端主义公约，以及2017年阿斯塔纳峰会《上海合作组织成员国元首关于共同打击国际恐怖主义的声明》。

③ 成立该机构的目的是促进成员国各方主管机关在打击公约确定的恐怖主义、分裂主义和极端主义行为中进行协调与相互协作。2009年成员国签署了《上海合作组织反恐怖主义公约》，2015年签署了《上海合作组织成员国打击恐怖主义、分裂主义和极端主义2016年至2018年合作纲要》。

积极参与了地区反恐机构框架内的合作。最近,上合组织对话伙伴和观察员国也对与该机构合作兴趣渐浓。同时,机构也与阿富汗签署了文件。而在现阶段,喀布尔当局与地区反恐机构的具体合作受到阿政府政策制定的"美国因素"制约,因为现在阿政府的所有外交政策都与华盛顿的路线有着相应的关联。

自21世纪初以来,阿富汗毒品生产和非法贩运的持续增长成为上合组织国家一直关注的问题。遗留的不稳定因素以及塔利班武装对新政府和外国军事存在对抗加剧竭力促成了这一局面。如今阿富汗已成为全球主要的鸦片生产中心。与此同时,高达85%的鸦片生产于受塔利班直接控制或影响的领土。非法销售毒品的收益几乎占其年收入的一半[1],而阿富汗毒品贩运的主要路线是通过中亚和俄罗斯的北方路线。[2]

根据2004年7月17日签署的基础文件《上合组织成员国关于合作打击非法贩运麻醉药品、精神药物及其衍生物前体的协议》,该组织愿积极参与在阿富汗周边构筑"反毒带"的国际努力,参与制定并实施专门计划,帮助阿富汗稳定社会经济形势。上合组织成员也积极参与了2003年签署的国际禁毒合作《巴黎公约》。

在支持国际社会为帮助稳定阿富汗局势所作的努力,以及对阿富汗和本地区的政治发展进行总体评估的基础上,过去15年上合组织国家稳步增大了对喀布尔的经济援助。在双边层面和一定程度的多边基础上向阿富汗提供了国防、执法、发展交通物流网络、能源领域以及国家人才培训等方面的援助。自2004年以来,阿富汗总统开始作为嘉宾参加上合组织年度峰会。2012年,阿富汗跳过对话伙伴的身份直接成为上合组织观察员国。这也是一个承认阿富汗在地区安全体系中重要地位的标志,表明了上合组织对解决该国稳定问题的关切,特别是在美国开始重新调整军事存在的前夕这个节点。2015年,阿富汗提交成为上合组织正式成员的申请。

2005年上合组织阿富汗联络组成立,也证明了上合组织成员国对阿富汗问题的关注。那时阿富汗已有新的宪法基础和总统制的政体形式。同

---

[1] Всемирный доклад о наркотиках, 2017. Вып. № 5. Проблема наркотиков и организованной преступности, незаконные финансовые потоки, коррупция и терроризм. сс. 43-44. www.unodc.org/.

[2] 南线穿过巴基斯坦,西线穿过伊朗。与此同时,近年来在俄罗斯贩毒问题被视为对国家安全的威胁之一。见俄罗斯2015年12月31日第683号总统令《关于俄罗斯联邦国家安全战略》https://rg.ru/2015/12/31/.

时，喀布尔当局与复出的塔利班武装对抗不断加剧。尽管如此，稳定和巩固阿富汗国家机构新的政治和经济基础仍有一定希望。联络组的主要任务是制定"关于在……共同关心的问题上开展合作的提案和建议"[①]，但是没能在联络组框架内达成任何具体协议，更谈不上履行了。

产生这种结果与喀布尔和上合组织对联络组活动的具体方向定位不同有关。对于上合组织成员国而言，联络组是就阿富汗问题的军事政治部分交换意见的一个补充平台。喀布尔则将其驻联络组代表的级别提升为外交部经济事务司司长，寻求利用这个平台来吸引上合组织方面提供更多的经济援助，而上合成员更愿意首先在双边基础上提供这些援助。上合组织国家对与喀布尔关系的观点也不尽相同，部分成员宣称力求将其完全限制在双边层面，不欢迎任何多边形式。这也对上合组织与阿富汗关系产生了负面影响。

上合组织就在何种实际基础上构建本组织的阿富汗问题政策未取得完全共识，这影响了2009年阿富汗问题特别国际会议的成果（乌兹别克斯坦没有参会），降低了在该会议上通过的上合组织成员国与喀布尔重要协议的效力。[②] 以上种种因素导致在四次会议之后，联络组实际上暂停了活动。

由于塔利班对喀布尔政府加大施压（以及美国决定在2014年底之前从阿富汗部分撤军和特朗普政府要重新考虑美国的战略），阿富汗局势进一步恶化，促使上合组织对阿富汗问题给予更多关注。2017年秋，在新成员国印度和巴基斯坦的参与下，上合组织尝试以新的形式为"上合组织—阿富汗"联络组的工作注入新动力。联络组成员的增加为小组的所有活动提供了新框架和价值。

受中东"伊斯兰国"武装分子积极向阿富汗渗透这一新现象的影响，联络组为促使各方就阿富汗问题"对表"而恢复联络。"伊斯兰国"武装分子中的许多人来自中亚以及俄罗斯和中国的某些地区。同时他们中的部分人逐渐成为阿富汗冲突（包括北部地区）的参与者，这是非常危险的。2018年上合峰会青岛宣言中直接指出，外国武装分子在上合组织地区渗透

---

① Протокол Шанхайской организации сотрудничества и Исламской Республики Афганистан о создании Контактной группы ШОС-Афганистан. 4 ноября 2005. www.infoshos.ru.

② План действий государств – членов ШОС и ИРА по проблемам борьбы с терроризмом, незаконным оборотом наркотиков и организованной преступностью. 27.03.2009 г. www.infoshos.ru/ru/?id=47.

的威胁在上升①。

"上合组织—阿富汗"联络组首次新形式扩大会议于2017年10月在莫斯科召开，第二次会议于2018年5月在中国青岛举办上合组织峰会前夕在北京召开。除了将联络组会议提高至副外长水平外，其章程也更明确。在磋商过程中，各方重申以联络组的形式来开展协作以深化上合组织国家与喀布尔的合作，其中也要考虑到阿富汗形势发展的新因素。其中一个重要因素是促使阿富汗政府与上合组织地区反恐机构进行更积极的切实接触，并且讨论与阿富汗在扩大交通基础设施方面的合作②。之后，各方开始制定联络组整体活动的路线图。

从阿富汗日益复杂的现实出发，青岛峰会特别强调，政治对话和"阿人主导、阿人所有"的包容性和解进程是解决阿富汗问题的唯一出路，呼吁在联合国发挥中心协调作用下加强合作，实现该国稳定与发展。③ 尽管表达了加强上合组织在阿富汗问题上活动的浓厚兴趣，但尚未在联络组中找到真正的实质性表述，因为2018年青岛峰会宣言仅笼统地对2017年秋季在莫斯科，和2018年5月在北京召开的两次会议结果表示肯定。④ 在表达的愿望和将其实施之间存在某些困难，主要原因与其说是缺乏具体倡议，不如说缺少在上合组织框架内制定联合行动的政治意愿。

印度和巴基斯坦在阿富汗问题上的暗中对抗也会产生负面影响。如果巴基斯坦希望未来加强其在阿富汗的地位，那么印度将尽其所能努力遏制这一趋势。一些观察员也不排除印巴之间整体关系的定期尖锐化，可能导致邻国阿富汗的形势恶化。⑤

2017年上合组织扩员，印度和巴基斯坦的加入整体上大大加强了该组织的区域和国际潜力，也加强了采取联合措施来阻止不稳定因素和恐怖主义在地区扩散的能力。在这一背景下，其他国家在上合组织框架内活动的整体积极性提高了，既包括参与本组织的活动，也包括表示有兴趣在将来以这样或者那样的身份加入上合组织。阿富汗也在朝这个方向努力，包括

---

① Циндаоская Декларация глав государств – членов ШОС. www.sectsco.org/documents/.
② 包括在2014年签订的上合组织国家为国际道路运输便利化的政府间协议执行的框架内。
③ Циндаоская Декларация глав государств – членов ШОС. www.sectsco.org/documents/.
④ См. И. Субботин. Афганистан рискует стать жертва конфликта Индии и Пакистана. www.afghanistan.ru/7/03.2019.
⑤

最高级别在内的阿富汗各级代表正在积极游说申请，要求将其国家的地位从上合组织的观察员提升为正式成员。①

虽然"上海八国"总体上支持这一观点，但近期未必能实现。②考虑到该国未来的不确定性，在中央政府与塔利班之间武装对抗（加上"伊斯兰国"因素）的背景下仍有深刻的内部矛盾，以及美国要对其在阿富汗的存在进行军事政治改造，这一步（总体支持阿富汗成为上合组织成员）可能被解释为上合组织准备对具体解决阿富汗问题全面负责。

这种举措很可能会让塔利班警觉，并可能将其视为"上海八国"集团单方面支持当前喀布尔政府的体现。目前，当上合组织成员正努力把自己营造成为一个鼓励阿富汗冲突参与者直接谈判的形象时，这种反应从"上海八国"在阿富汗政治领域的立场来说是不愿意看到的。阿富汗作为北约政治军事伙伴（不是北约成员）的身份也会造成一些问题。③最后，也要考虑到伊朗的因素，伊朗2008年春天递交成为上合组织成员的申请，比喀布尔早得多。④

最近上合组织采取完善与对话伙伴合作的方针，包括将对话伙伴拉入一些不仅对成员国开放的法律条约文件中。⑤在这一框架内，进一步鼓励现任上合组织观察员国的阿富汗加入这些文件也是可取的。此外，无论是当下还是长期，为了国家经济发展，阿富汗政府无论如何都会对把阿富汗变成一个重要的经济中心充满兴趣。在这一背景下，喀布尔对实施以阿富汗为重点（并得到美国、西方以及中国、巴基斯坦和印度的积极支持的）经济和贸易运输项目表现出浓厚的兴趣，如伊斯坦布尔进程、阿富汗经济合作地区会议和其他会议。最近，阿富汗对参与中国"一带一路"大型倡议实施的兴趣也快速增长。阿富汗积极响应该倡议，与中国签署了关于合作实施"一带一路"的特别协议。

---

① 阿富汗总统加尼在2017年6月9日阿斯塔纳上海合作组织峰会间隙与上海合作组织秘书长的对话，以及政府首席执行官A.阿卜杜拉在2017年12月1日索契上海合作组织成员国政府首脑（总理）年度会议期间的访问中表现了这一点。

② 阿富汗2012年起成为上海合作组织的观察员国，并且是作为意向成员国跳过了对话伙伴的身份。

③ 2010年北约创建了与阿富汗的合作形式（类似于同巴基斯坦，伊拉克和其他一些国家）即持久伙伴关系。2016年，这一关系得到了深化和扩展。

④ 然而由于伊朗目前的一些情况和未能取得共识，伊朗未必有希望成为组织正式成员。

⑤ 首先包括2014年签订的国际道路运输便利化协议。

考虑到2015年达成的关于"一带一路"与当时创建的欧亚经济联盟对接共识，在未来，一个和平稳定的阿富汗可以依靠参与这些项目获得丰厚经济和政治红利。在一些上合组织成员国（特别是印度和乌兹别克斯坦）的协助下建设通往波斯湾的铁路，这将大大扩大阿富汗的此类机会。

自2014年以来，美国的所有尝试，以及喀布尔对塔利班的种种和平倡议均以失败告终。塔利班把美国总统奥巴马执政后期和现任总统特朗普任期内在阿富汗境内外国直接军事存在的削减，理解为自身对喀布尔和华盛顿最重要的道义和政治胜利。因此在随后的全部时期内，塔利班对阿富汗政府保持强硬态度。

美国和阿富汗政府最近的行动表明，除了对塔利班运动的政治承认之外，双方越来越意识到达成区域共识作为阿富汗问题解决的一部分的重要性。相应地，考虑到这不仅涉及阿富汗，而且还包括该区域其他国家的利益，谈判透明化有着特别的必要性和重要性。①

区域内国家客观上极有兴趣尽己所能，为喀布尔和塔利班提供切实的协助以便开启双方相向而行的进程，坐在谈判桌前直接解决自己的问题。与此同时，应该只讨论制定新的联合政权结构，而绝非将权力移交给塔利班，但实际上塔利班仍在指望这样的结果。

在这一背景下，就国际社会未来想看到一个怎样的阿富汗这个问题达成清晰的国际和区域共识，是十分迫切的。俄罗斯认为，阿富汗地位中立可能是最能被接受的。该地位的一个重要政治优势是能得到外国不干涉该国内政的进一步的外部保障。近年来几次上合组织峰会会议成果文件中也表述了这样的意愿。而2017年和2018年峰会宣言中没有作这样的明确表述，因为当时恰逢上合组织扩员，即印度和巴基斯坦的加入。与此同时，很明显的一点是，阿富汗的中立地位只能是在对立双方达成相应协议后，阿富汗推出新政权组织的结果。

区域平台也对阿富汗和解的共同进程起到某种促进作用，在上合组织

---

① 在这方面一个标志性事件是，2018年秋，前美国驻喀布尔大使哈利勒扎德被任命为国务院特别代表，来制定双方可接受的阿富汗政权分配办法，同时对美国和其他外国军队在该国的存在问题做最终决定。2019年4月在华盛顿举行的北约周年峰会确认了类似的立场。

文件中一再强调了区域平台的重要性。① 与此同时，一些上合组织成员国（主要是俄罗斯、乌兹别克斯坦和吉尔吉斯斯坦）都曾在这方面提出自己的倡议。联想到另外一些非上合组织成员国的倡议，给人以外部参与者之间为提供自家领土作阿富汗谈判进程主场这一权利而竞争的印象。而大量平台的存在并不总是合理的，因为无法在这些框架内完全集中力量加快启动阿富汗和平政治进程。在目前正磋商从阿富汗撤出美国军队的方案和敦促塔利班与喀布尔谈判之际，在阿富汗和解问题高度敏感的当下，更要注意这一点。

因此，通过在上合组织框架内加强集体的政治动作，可以为协调阿富汗邻国间的互动发挥重要作。这一点也得到一些西方主要政治学家的认可。② 上合组织对解决阿富汗问题的进一步关注（整体上，近年来本组织一直努力全方位地活跃于世界舞台）也将有助于大力提升本组织的国际威望。在这一背景下，上合组织国家建立一套有关方向性协调和向阿富汗提供经济援助的机制也并非多此一举。

如果在可预见的未来没能就阿富汗接下来的国家制度达成具体协议，那么存在阿富汗内部对抗加剧的危险。不仅会出现喀布尔与塔利班以及"伊斯兰国"之间对抗加剧的情况，而且还会出现"所有人反对所有人的斗争"。这可能导致阿富汗陷入完全混乱，阿富汗邻国也会卷入其中，无法独善其身。也不能排除它们当中部分关系的复杂化可能在该地区引发新的危机。因此，现在"上海八国"集团所有成员国的行动需要特别一致性，并在最大程度上相互理解。

地区内大多数直接邻国和阿富汗政治领域的参与方（除伊朗和土库曼斯坦外）都加入了上合组织，这令人有理由认为，在某种情况下，上海八国集团能够为阿富汗内部对话的早日启动提供平台。

上合组织联合行动的政治基础是成员国对阿富汗早日恢复和平与稳定之必要性的共同理解，这是维护和加强本地区安全的重要因素。上合组织各国支持阿富汗政府为确保国家安全，经济发展，打击恐怖主义、极端主义和与毒品犯罪所作的努力，强调阿富汗人自己主导和联合国发挥协调作

---

① 成员国元首肯定2017年10月11日在莫斯科和2018年5月28日在北京举行的"上合组织—阿富汗联络组"会议成果，支持"莫斯科模式"等阿富汗调解对话与合作机制进一步积极开展工作。

② B.Rubin. Everyone Wants a peace of Afghanistan. Foreign Policy. 11.03. 2019.

用下的政治对话和包容性和解进程是解决阿富汗问题的唯一选择。

与此同时,对上述方案来说,实际可行的机会仍非常有限,上合组织成员国多半会在阿富汗问题上继续以单个国家的形式开展工作。

(李　琰　译)

ШОС И Афганистан

[Россия] Михаил Конаровский

Аннотация: Основные озабоченности с момента формирования ШОС и до настоящего времени в значительной степени концентрируются на Афганистане. С начала нынешнего столетия эта страна переживает очередной турбулентный этап внутреннего противостояния, способного оказывать серьезное дестабилизирующее влияние на сопредельные территории Центральной Азии и северо-западного Китая. Появление на территории Афганистана боевиков так называемого Исламского государства вызывает дополнительную серьезную обеспокоенность у России, Китая и стран Центральной Азии. Предметом значительной озабоченности государств – членов ШОС является и постоянный, начиная с 2001 года, рост незаконного производства в этой соседней стране наркотиков. Внимательно следя за обстановкой в Афганистане, государства ШОС подчеркивают заинтересованность в мирном, безопасном и процветающем Афганистане, свободном от терроризма и экстремизма. В этой связи Шанхайская организация неизменно выступает за мирное политическое решение афганского конфликта на основе инклюзивного переговорного процесса силами и под руководством самих афганцев.

Ключевые слова: Шанхайская организация сотрудничества, Афганистан, региональная безопасность, терроризм.

Автор: Михаил Конаровский, ведущий научный сотрудник Центра исследований Восточной Азии и ШОС Института международных исследований Московского государственного института международных отношений (Университет) МИД России, Бывший Заместитель Генерального секретаря ШОС (С 2010 по 2012 год), Бывший Посол России в Шри Ланке и на Мальдивах, в Афганистане, в Хорватии, Член Российского совета по международным делам, Доктор исторических наук.

SCO's Relationship with Afghanistan

[Russia] Mikhail Konarovsky

Abstract: To a large extent, Afghanistan has remained the major concern of the SCO. Since the beginning of this century, Afghanistan has experienced another round of turbulence of internal confrontation, imposing serious destabilizing effect on the adjacent territories of Central Asia and northwest China. The appearance of the "Islamic State" militants on the territory of Afghanistan has raised additional serious concerns of Russia, China and the Central Asian countries. Another significant concern of the SCO member states is the continued growth of illicit drug production in this neighboring country since 2001. Closely monitoring the situation in Afghanistan, the SCO countries have emphasized their interest in a peaceful, safe and prosperous Afghanistan, free from terrorism and extremism. In this regard, the SCO has consistently advocated a peaceful political solution to the Afghan conflict on the basis of a negotiation process inclusive of different forces and led by the Afghan people.

Keywords: Shanghai Cooperation Organization, Afghanistan, regional security, terrorism

Author: Mikhail Konarovsky, Senior Research Fellow of Center for East Asian and SCO Studies, Institute of international studies, MGIMO University, MFA of Russia, former Deputy Secretary-General of the SCO, former Russian Ambassador to Sri Lanka and the Maldives, Afghanistan and Croatia, member of Russian International Affairs Council, Doctor of Historical Sciences.

阿富汗和谈进程与乌兹别克斯坦为支持和谈所作的努力

【乌兹别克斯坦】桑·瓦利耶夫[*]

【内容提要】在华盛顿与塔利班的谈判即将达成最终协议的背景下，阿富汗问题又使上合组织紧张了起来。当前重要的是预测美国从阿富汗撤军对周边国家的影响。上合组织必须整合力量参与阿富汗的社会经济重建。作为上合组织的创始国之一，乌兹别克斯坦通过实施许多基础设施项目和提供跨阿富汗谈判平台，为阿富汗的发展做出了重要贡献。

【关键词】阿富汗问题　上合组织联络组　塔利班　谈判进程　社会经济重建

上海合作组织（以下简称"上合组织"）一直重视阿富汗问题的调解，视之为维护本地区安全的关键问题。上合组织各成员国也在不同程度上参与了国际社会相应的努力，并且为阿富汗社会经济发展做出了自己的贡献。上合组织恢复了阿富汗联络组的活动并升级为副外长级对话，这很及时。

最近几个月在阿富汗探讨了在喀布尔政府和塔利班代表之间签订相关和解协议的可能性。谈判的关键条件在于，外国军队撤离阿富汗，反对派停火。最重要的条件是塔利班遵守对其他国家的承诺，即阿富汗不再是恐怖主义的滋生地和泛滥地。

2018年7月以来，美国与塔利班进行了六轮谈判。2019年3月在多哈举行了最近一轮谈判。美国阿富汗和解事务特别代表扎·哈利勒扎德表示，与塔利班代表的谈判取得了"重大进展"。路透社也报道说，在多哈

---

[*] 桑·瓦利耶夫（С. Валиев），乌兹别克斯坦总统战略与地区间研究所副所长。

磋商期间双方代表就从阿富汗撤出外国军队的条约草案达成了一致意见。据该报报道，该协议草案要求：第一，外国军队在18个月内撤出阿富汗；第二，塔利班确保在美撤军后，他们不会允许基地组织和"伊斯兰国"恐怖组织进入阿富汗；第三，塔利班将休战。

当前可以说，包括大多外国势力在内的阿富汗冲突各方已经基本达成原则性共识。谈判已达高潮，现在正讨论一系列技术性的问题，来敦促各方遵守已经签署的协议。

为协调阿富汗政府和反对势力尽早开展直接对话，各方正在商定会晤的时间和地点。

众所周知，乌兹别克斯坦作为阿富汗的近邻，与阿富汗有着密切的历史渊源。阿富汗在我国的地区政策中占有重要地位。

乌兹别克斯坦一直作为阿富汗问题谈判进程的中间人为之努力斡旋，2018年3月在塔什干市举办的以"和平进程、安全合作和区域互动"为主题的阿富汗问题高级别国际会议就充分证实了这一点。联合国安理会所有常任理事国和上合组织国家的代表参与了此次会议。结果是发表了塔什干宣言，其内容包含关于阿富汗和解进程的以下几个基本原则：1. 尊重阿富汗的主权、独立、领土完整和国家统一。2. 支持阿富汗政府提出的无条件与塔利班开展直接会谈的建议。3. 共同推动阿富汗和平进程和社会经济发展。4. 承认国际和区域倡议对维护阿富汗和平与稳定的重要性。

正是在这些共识的基础上才有今天阿富汗谈判的进展。乌方时刻准备为阿富汗政府与塔利班在本国领土上开展直接对话提供所需的一切必要条件。

我们一直坚持，要成功解决该问题必须考虑以下几点：

第一，多年来国际社会采取的努力及其结果足以表明，通过军事手段解决阿富汗问题之路行不通。唯有中央政府和国内主要政治力量，特别是与塔利班之间进行不设前提的直接对话，方能实现阿富汗和平。而且这一对话不应附加任何条件，未来谈判的形式、时间和地点应由阿富汗人民自己决定。

第二，目前阿富汗冲突已经完全国际化，其内容和结构发生了实质性变化。鉴于此，除了实现阿富汗内部协调一致外，必须确保在区域层面和区域外参与者间也达成共识。与此同时，应协调相关各方为促进阿富汗和谈的努力，使其互相补充，而不是相互取代。

第三，在政治解决的同时，稳定阿富汗局势的另一个关键条件是使阿富汗参与到世界经济关系网络中，包括与中亚各国的经济联系。国际社会须持续在国家治理、经济发展和国家安全部队等相关的问题上协助阿富汗。

联合国及其相关机构联合国阿富汗援助团（UNAMA）欢迎并支持乌兹别克斯坦对阿的一贯政策，包括促进阿富汗和谈进程、社会经济重建和基础设施项目的实施，以及协助其参与区域合作的一系列努力。

乌兹别克斯坦计划于2019年下半年举办第八届阿富汗地区经济合作会议（RECCA），旨在发展中亚南亚国家在阿富汗社会经济重建问题上的合作，并且将特别关注跨境交通和能源重大基础设施项目的实施。这一论坛的主要成果或将是制定阿富汗邻国为了共同的和平与繁荣目的进一步发展伙伴关系的战略。

我们应该遵循"上海精神"，以上合组织联络组为平台寻找阿富汗问题的解决办法，为取得更广泛的国际共识作出全方位努力。阿富汗的和平与稳定是地区安全、全球安全的重要因素，将为在这片广阔欧亚大陆生活的所有国家和人民的生存和发展开辟新的机会。

（李琰　译）

Переговорный процесс в Афганистане и усилия Узбекистана по его поддержке

[Узбекистан] Санжар Валиев

Аннотация: На фоне выхода переговоров между Вашингтоном и Движением Талибан к итоговому соглашению афганский вопрос вновь актуализируется для ШОС. На данном этапе важен прогноз последствий вывода вооружённых сил США из Афганистана для окружающих государств. Необходима консолидация усилий ШОС по социально-экономическому восстановлению Афганистана. Узбекистан будучи одним из основателей Шанхайской организации уже вносит весомый вклад в развитие Афганистана посредством реализации ряда инфраструктурных проектов и предлагая платформу для межафганских переговоров.

Ключевые слова: Афганская проблема, Контактная группа ШОС, Движение Талибан, переговорный процесс, социально-экономическое восстановление

Автор: Санжар Валиев, Заместитель директора Института стратегических и межрегиональных исследований при Президенте Республики Узбекистан.

The Afghan Peace Talks and Uzbekistan's Support for the Talks

[Uzbekistan] Sanjar Valiev

Abstract: Against the background of the negotiations between Washington and the Taliban moving towards a final agreement, the Afghan problem is again becoming pressing for the SCO. At this stage, it is important to forecast the impact of the withdrawal of the US troops from Afghanistan to the surrounding countries. It is necessary to consolidate the efforts of the SCO on the social-economic reconstruction of Afghanistan. Uzbekistan, being one of the founding members of the SCO, is already making a significant contribution to the development of Afghanistan by implementing a number of infrastructure projects and offering a platform for negotiations with Afghanstan.

Keywords: Afghan problem, contact group of the SCO, Taliban Movement, negotiation process, social-economic recovery

Author: Sanjar Valiev, Deputy Director of Institute for Strategic and Regional Studies under the President of the Republic of Uzbekistan.

阿富汗和平进程：最新进展及其挑战

【阿富汗】穆罕默德·萨菲·辛那[*]

【内容提要】美国陷入了最漫长战争的泥潭，今天的僵局促使特朗普政府直接与塔利班谈判，以期结束阿富汗战争。据称美国官员与塔利班代表在卡塔尔多哈举行了五次会谈。本轮会谈已经取得进展，期待双方在下一轮谈判中能够达成协议。虽然多哈和平谈判迈出了实现阿富汗和平与稳定前所未有的一步，但阿富汗国内对和平进程仍缺乏共识，仍存在地区大国和世界大国之间的角力，卷入战争的各方相互怀疑，这些问题成为阿富汗实现和平与稳定的切实障碍。

【关键词】阿富汗　和平会谈　塔利班　挑战　内战

2002年1月4日，第一名美军士兵死于阿富汗东部地区的嵌入性炸弹爆炸。塔利班宣称对这次袭击负责，在当时令人震惊。塔利班在2001年遭受重创后，几乎没人预见到它会在未来的阿富汗政治中卷土重来。这一乐观想法之所以占优，是因为受到北约和美军的瘫痪性打击后，塔利班丧失了后勤、军事和行动能力。他们也失去了所有国家层面的外援，如巴基斯坦、沙特阿拉伯和阿联酋——世界上仅有这三国承认塔利班政府。这三国向北约和美军提供帮助，把塔利班旗帜从喀布尔总统府上拉下来，甚至将许多塔利班高层指挥官移交给美军。然而，在本文无法详述的诸多因素作用下，实际的形势发展与上述预见完全相反。

塔利班在各地重新积蓄支持力量，迅速对喀布尔和许多省会城市发起猛烈袭击。美国政府统计数据显示，美国在阿富汗已花费近一万亿美元，自2001年以来阿富汗共有3458名联军阵亡。尽管代价如此巨大，但阿富汗却比历史上任何时期都更不安全。自18年前垮台以来，塔利班控制的领

---

[*] 穆罕默德·萨菲·辛那（Muhammad Safi Sina），阿富汗外交部战略研究中心研究员。

土与日俱增。与此同时，平民伤亡人数达到前所未有的水平。许多分析家认为，美国历史上最长的战争的僵局，促使美国决策者承认军事行动难以击败塔利班。因此，在2018年初，美国政府决定与塔利班就和平问题进行直接对话。

本文的目的是阐明美国与塔利班会谈的最新进展，并讨论阿富汗和平进程面临的挑战。

一、多哈回合谈判："通向阿富汗和平的前所未有的一步"

然而，直到毛拉·穆罕默德·奥马尔（塔利班创始人）被宣告死亡，塔利班没有表示出加入任何形式和谈的倾向。在毛拉·阿赫塔尔·穆罕默德·曼苏尔担任领导人之初——他在2016年5月死于美军无人机袭击——塔利班第一次表露出和谈意愿。与此同时，塔利班在卡塔尔正式开设了政治办公室，阿富汗时任总统哈米德·卡尔扎伊和美国政要立即确认了其真实性。然而，卡塔尔会谈没有产生直接的积极成果。会谈无果而终的重要原因，是塔利班拒绝重新考虑他们要求美国立即撤军的主张，也不愿把阿富汗政府作为谈判对手。同时，美国也拒绝与塔利班进行任何直接会谈，强调和平进程应先从阿富汗内部各派谈判开始，这是阻碍美国与塔利班谈判的另一个原因。

2018年7月，特朗普政府命令其高级外交官寻求与塔利班的直接对话，希望全力加快重启谈判，以结束18年的战争。这是美国阿富汗政策的重大转变。① 此后，由美国政府首席副助理国务卿艾丽斯·威尔斯（Alice Wells）和新任命的阿富汗和解特别代表扎尔迈·哈利勒扎德（Zalmay Khalilzad）领导的美国官员与塔利班代表在卡塔尔多哈举行了五次会议。哈利勒扎德被称为新阿富汗的设计师之一，他被任命为美国国务院阿富汗和平进程特使，为和平进程增加了势能。到目前为止，许多分析人士认为，哈利勒扎德的地区访问和他与塔利班使节的五次连续会谈是非常有效的。前两次会谈分别于2018年10月和11月在多哈举行；在2018年12月

---

① "White House Orders Direct Taliban Talks to Jump—Start Afghan Negotiations", *The New York Times*, 15/July/2018, https://www.nytimes.com/2018/07/15/world/asia/afghanistan-taliban-direct-negotiations.

17日,双方在阿布扎比举行会谈;2019年1月19日,双方返回多哈举行第四次会谈。第五次会谈于2019年2月25日至3月12日在多哈举行,被认为是双方迄今为止最为重要的会谈。多哈会谈是自去年特朗普政府加强和平努力以结束18年战争以来,美国与塔利班之间举行的最高级别谈判。① 塔利班的二号人物,毛拉·阿卜杜勒·加尼·巴拉达最近从一所巴基斯坦监狱获释,并被任命为塔利班多哈政治办公室主任,与美国阿富汗和平特使扎尔迈·哈利勒扎德进行了第五轮会谈。塔利班代表团中还包括了阿米尔·汗·穆塔奇(Amir Khan Mutaqi,塔利班领导人的办公室主任),阿布杜拉曼·奥马尔(Abdulmanan Omari,毛拉·奥马尔的兄弟)和阿卜杜拉·拉蒂夫·曼苏尔(Abdul Latif Mansour,塔利班政府前农业部长)等有影响力的人物。塔利班高级官员出席会议显示出,与之前的会谈相比,他们对最近的会谈的态度非常认真,因此任命了最有资格的人物参加会议。美国谈判小组也包括了一些最有资格的部门中的成员,如白宫、国家安全委员会、国务院、国防部和中央情报局等。而斯科特·米勒将军(北约"坚决支持"行动指挥官,驻阿富汗美军总司令)留在多哈参加会谈,则显示出更多的谈判诚意。另一个增加了会谈分量的重要事件,是美国国务卿迈克·蓬佩奥宣布愿意加入本国谈判团队,正如他所说:"我希望他(哈利勒扎德)取得足够的进展,我可以在几周内前往那里,亲自推动谈判前进一小步。"②

起初,塔利班宣布毛拉·加尼·巴拉达尔(Mullah Ghani Biradar;译者注:塔利班第二号领导人)只会见他的同级对手,即国务卿蓬佩奥,但就在谈判开始前一天,尽管被禁止出国,他还是乘坐卡塔尔航空公司提供的专机到达,与塔利班谈判团队一起参加第五轮会谈。卡塔尔外交大臣反恐、斡旋与争端调解特使穆特拉克·本·马吉德·卡赫塔尼博士(Mutlaq Bin Majid Al-Qahtani)为这一轮谈判揭幕。卡赫塔尼在会议期间会见了毛拉·巴拉达尔,这是卡塔尔官员和塔利班领导人之间首次正式会晤。很明显,考虑到卡塔尔政府与塔利班之间的紧密联系,卡塔尔政府在这一进程中发挥的重要和积极作用,是回应特朗普政府的要求。印证谈判重要性的

---

① "US-Taliban talks: Two sides take a break amid bid for peace", *Al Jazeera*, 8 March 2019, https://www.aljazeera.com/news/2019/03/taliban-talks-sides-break-bid-peace-190308070831143.html.

② "Pompeo May Visit Doha For Afghan Peace Talks", *Tolo News*, 30/March/2019, https://www.tolonews.com/afghanistan/pompeo-may-visit-doha-afghan-peace-talks.

另一案例，是俄罗斯外交部长谢尔盖·拉夫罗夫对卡塔尔进行工作访问，并会晤了卡塔尔埃米尔谢赫·塔米姆和卡塔尔外交部长。虽然会晤中必然涉及了美国与塔利班和谈，但由于一些未披露的原因，卡塔尔媒体没有报道这部分内容，仅把拉夫罗夫来访的目的概述为"讨论某些双边问题"。此外，乌兹别克斯坦外交部长阿卜杜勒·阿齐兹·卡梅洛夫（Abdul Aziz Kamelov）和乌兹别克斯坦总统阿富汗问题特使埃斯马图拉·埃尔加舍夫（Esmatullah Ergashov）也在多哈会见了塔利班运动代表毛拉·巴拉达尔。乌兹别克斯坦官员宣布了他们对确保阿富汗和平的承诺，并邀请塔利班与阿富汗政府在塔什干举行谈判。

很明显，卡塔尔政府为赢得双方的信任做了很多工作，他们证明卡塔尔是最适合谈判的地方。第三轮会谈在阿布扎比举行，但一些与会者表示，它未取得任何积极结果。第四轮会谈原定于沙特首都吉达举行，但塔利班更喜欢卡塔尔首都。这表明卡塔尔与其邻国之间的长期争斗也已影响到阿富汗的和平谈判。现已确定，鉴于卡塔尔朋友提供的保证，塔利班认为多哈是最适合与美国会谈的地点。和平谈判的成功将增加卡塔尔政府的全球声望。也正因如此，许多其他阿拉伯国家对于合作推动该进程不感兴趣。但尽管存在区域性竞争，未来的会谈可能仍会在卡塔尔举行。

根据媒体后来披露的一些官方报告，美塔双方讨论了以下四个重大问题：

1. 美军完全从阿富汗撤军；
2. 塔利班承诺保证阿富汗领土不被用作国际恐怖主义组织或个人的平台；
3. 完成全面停火；
4. 尽快举行阿富汗国内各派对话。

在会谈中，美国建议分批撤军，但塔利班代表希望美国在2019年底之前撤军。[①]

据哈利勒扎德称，今年1月，美国与塔利班代表团就"两个关键问题"草案"达成一致"。"我们现在就前两条草案达成一致（反恐保证和撤军）"，

[①] "US-Taliban talks: Two sides take a break amid bid for peace", *Al Jazeera*, 8/March/2019, https://www.aljazeera.com/news/2019/03/taliban-talks-sides-break-bid-peace-190308070831143.html).

哈利勒扎德说。①

最后，值得一提的是，尽管阿富汗人民对本国各政治派别间的会晤仍存在僵硬的悲观看法，但对美塔会谈抱有希望。他们希望塔利班谈判代表能够灵活地与阿富汗政府进行对话。

二、挑战

一系列有效因素，如特朗普政府选择哈利勒扎德领导美国谈判小组、塔利班对与美国达成协议的务实态度、地区国家采取多项激励措施，以及俄罗斯积极参与这一进程的强烈愿望，都增加了对和平协议的期望和前景，并可能结束阿富汗持续近40年的冲突。鉴于冲突背后有复杂的国内外驱动因素，阿富汗和平政治解决的挑战不容低估。② 必须明确意识到，阿富汗和平进程不是一个简单的过程，不会通过美国与塔利班代表的协议而轻易解决。地区和国内共识对实现阿富汗和平，结束战争也很重要。与此同时，即使和平进程取得进展，如何整合塔利班与政府力量，也是一个至关重要的问题。

挑战之一：破坏性的地区政策。

许多阿富汗人坚持认为，本国反政府派别背后有外部势力推动；而对于地区性的参与者而言，由于武器与毒品走私和极端意识形态传播③，阿富汗仍是地区不稳定的潜在根源。事实上，某些国家及其情报机构的干预性和破坏性政策在动员阿富汗政府武装反对派方面发挥了重要作用。阿富汗目前的事件证明，阿富汗的和平进程和安全取决于那些在阿富汗有巨大利益的国家，它们需要用不安全来为自己在该地区的存在和干涉提供借口。邻国的战略方法，如把恐怖主义组织作为工具，将阿富汗视为战略纵深和战场，都是上述破坏性政策的实例。与塔利班领导人举行秘密会议，为塔

---

① "Peace talks; US, Taliban Made some Agreements", Didpress Agency, 13/March/2019, https://www.didpress.com/en/2019/03/13/peace-talks-us-taliban-made-some-agreements/.

② "The Afghanistan Peace Process Requires a New Regional Consensus", *The National Interest*, 22/October/2018, https://nationalinterest.org/feature/afghanistan-peace-process-requires-new-regional-consensus-34107.

③ "Afghanistan and Its Neighbors: An Ever Dangerous Neighborhood", United States institute of peace, 1/June/2006, https://www.usip.org/publications/2006/06/afghanistan-and-its-neighbors-ever-dangerous-neighborhood.

利班提供安全庇护所、医药和武器的行为表明，阿富汗境内恐怖主义团体的存续背后有着诸多幕后黑手。薄弱的治理、各政党分歧加剧和国内腐败，也加剧了外来干涉。阿富汗和平进程如果无法摆脱这种局面，在安全和整体稳定上将难获成果。

挑战之二：关于和平进程缺乏全国共识。

对于和平进程和谈判方式，阿富汗政治家和精英的态度各异甚至是相互冲突。阿富汗政治家对和平谈判的条款、权力分享以及实现和平后的若干其他问题明显缺乏全国性共识和一致意见。此外，大多数阿富汗公民，特别是妇女和公民社会成员，都感到自己在这一进程中被边缘化。今年的大选深受和平进程的影响，也引起了一些关切。即将举行的大选很可能是灾难性的。自2004年以来，每次选举选出的政府，都比前政府更弱。也许是因为阿富汗人民的战争疲惫日益加剧，这次大选可能也会激起对和平的全国性共识。①

阿富汗总统阿什拉夫·加尼计划于2019年7月举行关于和平协商的支尔格大会（Loya Jirga），这使人们乐观地认为，支尔格大会可以在阿富汗人之间就和平谈判达成共识。会议旨在为喀布尔政府提出一个与激进组织进行和平谈判的框架。不仅阿富汗精英阶层内对和平缺乏全国共识，其他一些集团也在阻挠地区和平进程。阿富汗国内战争的持续对他们有不同程度的利好。这些大规模非法组织主要包括大型毒品走私集团、情报部门附属机构、土地黑手党和人口贩子。实现阿富汗的和平与稳定，需要严厉打击上述集团。

挑战之三：塔利班是一个支离破碎的群体，结构错综复杂。

目前，很多来自中亚、欧洲、巴基斯坦、中东和非洲的人同塔利班建立联系，与阿富汗政府军和北约部队交战。他们隶属于不同的组织，如基地组织、巴基斯坦塔利班运动、乌兹别克斯坦伊斯兰党和"东突厥斯坦"伊斯兰运动等。这些恐怖主义团体秉承"圣战"意识形态，并充分意识到阿富汗的地缘政治重要性，希望利用阿富汗脆弱的安全局势，把阿富汗领土当成反对母国政权的根据地。阿富汗的外国极端主义作战人员的存在是如此之广，甚至连塔利班都不否认。一位同时也是该组织领导委员会成员

---

① "The Afghan Peace Process Has Started. But Tough Choices Are Still to Come", *Carnegie Endowment International Peace*, January 31, 2019, https://carnegieendowment.org/2019/01/31/afghan-peace-process-has-started.-but-tough-choices-are-still-to-come-pub-78266.

的阿富汗塔利班高级指挥官告诉NBC新闻,他们中约有2000至3000名非阿富汗作战人员,其中大部分来自塔吉克斯坦、乌兹别克斯坦、车臣、突尼斯、也门、沙特阿拉伯和伊拉克。[1]

塔利班与上述恐怖组织有广泛联系,同时难以切断这些联系,这一点非常重要。阿富汗人民和政府希望确认塔利班已彻底准备好并能够与这些组织分道扬镳。仍令人担忧的是,没人能保证塔利班会真正号召其全体成员支持和平,并解除所有国内外战斗人员的武装。

挑战之四:谈判双方的相互怀疑。

1. 对塔利班独立性的怀疑。

过去几年的经验表明,塔利班从来不是一个孤立的运动。阿富汗和西方官员声称,塔利班完全由巴基斯坦控制,并得到俄罗斯和伊朗的支持。我们也必须承认,巴基斯坦政府的要求往往违背阿富汗人民的意愿。因此,即使在美国和塔利班达成协议的情况下,我们也必须考虑上述国家的利益。

2. 对美国意图的怀疑。

虽然美国政府承诺从阿富汗撤军,鼓励塔利班与阿富汗政府进行谈判。但没多少人真的相信美军会很快撤出。提前退出阿富汗的决策,可能是现任美国总统最艰难的任务。尽管如此,特朗普总统似乎已经接受了一点观点,即撤军的风险,比常年把军队投入一场没有尽头的冲突的成本还要大。[2] 因此,任何以美国完全撤军为执行前提的和平方案,都难免引起怀疑。

3. 阿富汗政府对美塔双方的怀疑。

塔利班和美国最近的会谈,使阿富汗政府的前途和即将举行的选举变得暧昧不明,阿富汗政府显然不会保持沉默。阿富汗官员最近的立场和表达关切证明,就连被认为是与塔利班和解的主要支持者之一的加尼总统,也认为最近的美塔谈判是将了他的政府一军。

挑战之五:地区和国际竞争。

---

[1] "9/11 hangs over Taliban talks and assurances militant group has changed", NBC News, 17/Dec/2018, https://www.nbcnews.com/news/world/9-11-hangs-over-taliban-talks-assurances-militant-group-has-n946011.

[2] "Why Won't the US Leave Afghanistan?" *Small War Journal*, 24/October/2018, https://smallwarsjournal.com/jrnl/art/why-wont-us-leave-afghanistan.

虽然各区域和国际参与者在其公开宣称的战略中，都支持寻求阿富汗战争的和解方案，但其真实和实际的战略可能恰恰相反。在第五次会谈期间，可以发现，沙特和阿联酋政治家一方面嫉妒卡塔尔政府在阿富汗和平进程中占尽先机，并欢迎阿富汗政府关于沙特举行会谈的要求，另一方面是土耳其政府也在考虑为塔利班在土耳其设立政治办公室。美国和俄罗斯之间在阿富汗问题上的持续竞争也值得注意。观察人士认为，如果美国决定在塔利班与美国支持的喀布尔政府达成协议之前撤军，俄罗斯可能会试图填补这一空白。[1]

同时，巴基斯坦还认为，阿富汗和平进程中的每一种可能路径，在到达和平终点前都应该先途经伊斯兰堡，因为他们担心在后和平时代与塔利班的关系。对此，有必要审视巴基斯坦和印度之间在阿富汗问题上的长期竞争。专家们相信，即使巴基斯坦在未来的阿富汗国内和解后停止支持塔利班，该国的军事机构也不会很快放弃其以克什米尔为重点的代理人。这可能为印度利用其与阿富汗人的友好姿态，在阿富汗战线上贬低巴基斯坦提供了一个便利的借口。简言之，人们可以得出结论，即使塔利班和平加入政府，印巴仍将在阿富汗继续较量。

综上所述，上述的地区和国际竞争以及有关各方之间的相互猜疑，似乎在阿富汗人对和平与稳定的永恒愿望前制造了一些真正的障碍。

三、结论

美国和塔利班之间的最后一轮和平谈判，引发了不同的态度和反应。一些国家和政党对双方所做的努力表示赞赏和肯定，认为这是双方迄今为止采取的最切实步骤。谈判者也表现出这种乐观态度和满足感。然而，包括阿富汗政府在内的其他一些国家或政党，则对于这场在多哈东方餐厅的会谈态度消极或反应冷淡。阿富汗国内许多高层人物和有影响力的人士批评会谈的结果，指责哈利勒扎德正在图谋破坏和平进程。尽管如此，根据谈判过程中正式宣布的内容，双方已经讨论了结束美国在阿驻军问题。显然双方已同意撤军进程的 3 至 5 年期限，但事实是谈判结果的细节尚未正

---

[1] "As U.S. Mulls Withdrawal From Afghanistan, Russia Wants Back in", *Foreign Policy*, 31/January/2019, https://foreignpolicy.com/2019/01/31/us-mulls-withdrawal-from-afghanistan-russia-wants-back-in-taliban-peace-talks/.

式出现，因此我们无法确定是否达成协议。哈利勒扎德面临的真正麻烦在于，塔利班继续坚持拒绝开启阿富汗国内谈判。塔利班的断然否决，使哈利勒扎德很难获得阿富汗政府的积极意见。实际上，为了实现和平谈判的真正进展，塔利班必须加入所谓的阿富汗国内谈判，另一方面，美国政府也应该接受迅速退出阿富汗领土，因为这是和平谈判陷入僵局的主要原因。当然，国际社会和该地区各国也应该注意和牢记，与塔利班的和平不是阿富汗战争的结束，正如前文所述，阿富汗仍有大批来自不同国家的恐怖主义组织和个人。即使谈判达到了预期的结果，这些武装分子将继续在该地区发起破坏性活动，并通过获取塔利班原有的设施而大举增强实力。塔利班永远无法解除所有这些恐怖主义组织的武装，因此，即使在与塔利班达成政治解决方案之后，上述团体也更有可能成为塔利班的继承者。为了清楚地了解阿富汗和平进程的前景，首先，我们必须接受阿富汗的安全取决于该区域各国对实现阿富汗和平与稳定的坚强意志，因为整个地区安全取决于阿富汗的安全。因此，为了实现该地区的和平与稳定，所有国家都需要团结一致，共同应对严峻挑战。

（康　杰　译）

Афганский мирный процесс: последние достижения и его проблемы

[Афганистан] Мухаммед Сафи Сина

Аннотация: Нынешний тупик в самой продолжительной войне Америки побудил администрацию Трампа к прямым переговорам с талибами, чтобы положить конец афганской войне. С тех пор по сообщению было пять встреч между официальными лицами США и представителями талибов. Эта серия встреч серьезно продвигается вперед, и ожидается, что обе стороны достигнут соглашения на будущих встречах. Хотя мирные переговоры в Дохе являются беспрецедентным шагом на пути к установлению мира и стабильности в Афганистане, все еще существуют некоторые серьезные проблемы, такие как отсутствие национального консенсуса по вопросу о мире между афганцами, региональное и международное соперничество и сильный скептицизм среди вовлеченных сторон. Эти проблемы создают реальные препятствия на пути к миру и стабильности в Афганистане.

Ключевые слова: Афганистан, мирные переговоры, талибы, вызовы, гражданская война

Автор: Мухаммед Сафи Сина, научный сотрудник Центра стратегических исследований Министерства иностранных дел Афганистана

Afghanistan Peace Process: Latest Developments and Challenges

[Afghanistan] Muhammad Safi Sina

Abstract: The stalemate in Afghanistan urged the Trump administration to seek direct talks with the Taliban militants in order to end the Afghan war. Since then, there have been five reported meetings between U.S. officials and Taliban representatives. This series of meetings are seriously moving forward and the two sides are expected to reach an agreement in future meetings. The paper affirms that although the Doha peace talks is an unprecedented move toward bringing peace and stability to Afghanistan, there are some major challenges such as the lack of a national consensus on peace within Afghanistan, the rivalries between powers and the strong skepticism among the involved parties that seem to set real obstacles to Afghan people's perpetual desire of achieving peace and stability.

Keywords: Afghanistan, Peace Talks, Taliban, Challenges, Civil War

Author: Muhammad Safi Sina, Researcher at Center for Strategic Studies of Ministry of Foreign Affairs of Afghanistan

上海合作组织与阿富汗

【印度】库·瓦里库[*]

【内容提要】 激进化、恐怖主义和分裂主义的威胁日益突出，这对上合组织成员国的主权和领土完整造成严重挑战。上合组织在促进阿富汗和平、和解和重建中发挥了积极作用。印度也通过自己的努力积极促进阿富汗经济和社会重回正轨。阿富汗未来取决于阿富汗不同族群或地区政治团体、指挥官之间是否能够达成和解，取决于能否组建一个代表不同族群、地区和少数派利益的、平衡且基础广泛的稳定政府，取决于能否建立可有效运作的执法部门，取决于阿富汗国防与国家安全部队的加强，取决于能否尽快实现社会、经济和教育基础设施的重建以及消除贩毒和武器走私。

【关键词】 上合组织 印度 阿富汗 和平进程

从覆盖的地域范围和人口数量来看，上海合作组织（以下简称"上合组织"）无疑是最大的区域性组织。激进化、恐怖主义和分裂主义的威胁日益突出，这对上合组织成员国的主权和领土完整造成严重挑战。"伊斯兰国"的崛起及其在该地区扎根的不断尝试加剧了上述安全挑战。在历次首脑峰会上，上合组织始终强调打击宗教极端主义、分裂主义和恐怖主义的必要性。

尽管阿富汗反恐战争已经持续了近18年，但由于安全局势不断恶化以及极端分子和激进组织频繁发起致命袭击，阿国内局势仍不稳定。几乎每天都有绑架、伏击、杀戮、火箭袭击和炸弹爆炸的报道。2018年，阿富汗平民死亡人数与2017年相比上升了11%。尽管美国和塔利班仍在继续谈判，但由于致命袭击不断并导致数百名平民和安全人员死亡，冲突实际上已经升级了。根据联合国阿富汗援助团（UNAMA）2019年2月的最新报

---

[*] 库尔布胡山·瓦里库（Kulbhushan Warikoo），新德里尼赫鲁纪念博物馆图书馆研究员。

告，2018年，共有10993名由自杀式袭击、简易爆炸装置造成的平民伤亡被记录在案（其中死亡3804人，含927名儿童，另有7189人受伤）。联合国阿富汗援助团另一份名为《故意和无差别使用改进爆炸装置对阿富汗平民的伤害持续上升》的报告称，2018年由于自杀式炸弹袭击和简易爆炸装置死亡和致残的阿富汗平民人数大幅上升。该报告称，"炸弹被设计和放置在平民聚集点引爆，目的是杀害和重伤阿富汗男性、妇女和儿童，摧毁生计，扰乱生活，并在幸存者中制造恐怖"。该报告指出，受害者多为学生、板球和摔跤比赛的运动员和观众、清真寺里的信徒、人道主义救援人员、记者、医务人员、教育工作者，和政府非军事人员、平民、选举工作人员、男性和妇女。局势恶化的另一表现是，根据联合国毒品和犯罪问题办公室（UNODC）最近公布的《2018年阿富汗鸦片调查》，2018年阿富汗的罂粟种植总面积为263000公顷，比2014年的数据高出17%，也就是增加了39000公顷。

因此，保障阿富汗的持续安全与和平是国际社会面临的巨大挑战。国际社会不能再犹豫不决，应制定协调一致的战略，切断恐怖分子和极端分子的资金、武器、后勤来源，消除其训练和意识形态的动机，以遏制阿富汗境内和周边的恐怖主义和极端主义。印度的政策一贯是帮助阿富汗重建有形的基础设施，并为其提供人力资源与技能开发的培训和奖学金。印度每年资助逾1000名阿富汗学生到印度机构学习或培训。印度为阿提供了数百辆运载工具、数架飞机和直升机，修建了新的议会大楼、萨尔玛（Salma）大坝（该大坝灌溉农田面积7.5万公顷，发电能力达42兆瓦）、德拉兰—扎兰季（Delaram-Zaranj）公路、铁尔梅兹（Termez）至喀布尔输电线、200多所公立和私立学校及供电和供水网。数百个中小型开发项目也已启动。

2017年9月，印度和阿富汗出台了"新发展伙伴关系"，其重点是阿富汗人民和政府的开发优先方向。在该伙伴关系框架下已确定实施若干重要项目，包括沙赫图特（Shahtoot）大坝和喀布尔市的饮用水项目，楠格哈尔省返乡难民的低成本住宅，阿富汗各地的高影响力社区开发项目，在巴米扬省修筑了连通班达米尔湖（Band-e-Amir）的公路，帕尔旺省恰里卡尔市（Charikar）的供水网，为提高产业附加值而建的喀布尔石膏板厂，在马扎里沙里夫（Mazar-e-Sharif）修建一所综合医院等。自2001年以来，印度已为阿提供了超过30亿美元的援助，是对阿的地区最大捐助国和全球第五大捐助国。重建已经崩溃的社会和经济基础设施并成为地区贸易和交通中转枢纽，将有助于阿富汗社会和经济重回正轨，尽管这是一个既艰巨又旷日持久的进程。

一个能够确保和平、安全和人民福祉的阿富汗未来，取决于阿富汗不同族群或地区政治团体、指挥官之间是否能够达成和解，取决于能否组建一个代表不同族群、地区和少数派利益的、平衡且基础广泛的稳定政府，取决于能否建立可有效运作的执法部门，取决于阿富汗国防与国家安全部队的加强，取决于能否尽快实现社会、经济和教育基础设施的重建以及消除贩毒和武器走私。印度支持阿富汗人民和政府建立一个统一、主权、民主、和平、稳定、繁荣和包容国家的努力。印度支持包容性的、阿人主导、阿人所有、阿人控制的阿富汗和平与和解的一切努力。阿富汗内部各群体或利益攸关方之间的和平与共识是持久和平与稳定的必要条件。

在上合组织的初创之年，2001年6月15日，成员国元首齐聚上海，签署了《打击恐怖主义、分裂主义和极端主义上海公约》。随后，成员国于2002年签署了《关于地区反恐怖机构的协定》。地区反恐怖机构建立之初，是作为一个收集、整理和交换恐怖活动情报、起草反恐政策和法律，与成员国相关机构在打击极端主义、恐怖主义和分裂主义问题上保持联系的中心。地区反恐怖机构可成为成员国在打击"三股势力"、贩毒、有组织犯罪、网络犯罪等方面加强合作的有效机制。以上每项内容都与阿富汗息息相关。

在哈米德·卡尔扎伊领导的阿富汗过渡政府成立后不久，2002年6月在圣彼得堡，上合组织正式欢迎"建立一个没有恐怖、战争、毒品和贫穷的、新的、稳定的阿富汗"，并表示愿意协助建立一个具有广泛代表性、符合阿全体人民利益的政府。2003年的莫斯科峰会关注了来自阿富汗的毒品威胁。成员国同意"在联合国的领导下，制定综合应对阿富汗毒品威胁的国际战略"。在2004年6月17日召开的峰会上，成员国发表声明，强调必须在打击恐怖主义、极端主义和贩毒问题上协调行动，为实现阿富汗的安全、和平与秩序，为阿和平重建创造必要条件。在2005年的阿斯塔纳峰会上，上合组织成员国重申打击来自阿富汗的毒品走私的决心。2005年，随着旨在打击恐怖主义、极端主义和贩毒的上合组织—阿富汗联络组的建立，阿富汗与上合组织之间的合作正式开始。在2007年8月16日上合组织峰会后发表的《比什凯克宣言》中，成员国表达了对"来自阿富汗境内的毒品威胁及其对中亚地区危害的担忧",呼吁"在阿富汗周边着重加强'反毒安全带'"。2008年8月,上合组织杜尚别峰会上再次讨论了阿富汗问题。成员国注意到"阿富汗当前的动向,毒品走私和有组织跨国犯罪愈发猖獗,因此必须建立对上述挑战和威胁进行共同评估、预防和反应的机制"。

2009年3月,上合组织在莫斯科召开阿富汗问题特别会议。除组织成员国和观察员国代表外,联合国秘书长、美国国务院南亚与中亚事务副助理国务卿以及来自欧盟、北约、欧安组织、集体安全条约组织、伊斯兰会议组织等机构的代表也参加了会议。如此高级别的国际参与有效地证明了上合组织在阿富汗问题上发挥的作用。会上列出阿富汗和本地区所面临的种种挑战,强调为实现一个稳定、和平、繁荣和民主的阿富汗而进行持续国际努力的重要性。会议还强调,需要国际社会的持续支持来加强阿富汗的安全机构,以有效打击恐怖主义和制毒贩毒的危害。在另一份联合声明中,上合组织成员国与阿富汗呼吁"通过《关于国际恐怖主义的全面公约》,并制定地区反恐国际法律文件"。

在历次峰会上,上合组织成员国都重申"对阿富汗境内与非法贩毒、恐怖主义和跨国有组织犯罪相关的复杂局势表示严重关切"。上合组织成员国支持"推动由联合国发挥主导作用、阿富汗人民参与的谈判进程"。上合组织强调"阿富汗各族群的悠久历史、民族起源和传统宗教价值观都应得到充分尊重。"2011年6月10—11日召开的上合组织阿斯塔纳峰会后发表的声明重申,支持"阿富汗作为一个独立、中立、和平与繁荣国家的发展"。

在2012年6月6—7日召开的北京峰会上,阿富汗作为大多数上合组织国家的邻国,被接收为观察员国。上合组织成员国关于阿富汗的普遍观点是:军事手段无法解决阿富汗问题,上合组织国家必须在阿人民的参与下帮助阿在经济和政治上发展。2017年10月11日在莫斯科,上合组织—阿富汗联络组举行副外长级会晤,并由此重焕活力。参会代表强调支持阿富汗政府和人民通过政治协商和对话解决冲突所做努力的重要性。2018年5月28日,上合组织—阿富汗联络组再次在北京举行成员国与阿富汗之间的副外长级会晤。"上合组织成员国领导人一致坚定承诺支持阿富汗的主权、独立、领土完整和民族团结,始终如一地支持阿富汗政府和人民为恢复国家和巩固民主体制所做的努力。"

正如俄罗斯大使维塔利·沃罗比约夫所言①,"不应忘记,上合组织是为了应对20世纪90年代末阿富汗冲突带来的恐怖主义和贩毒的直接威胁而创立的。正是要建立一个打击上述威胁的地区联盟这一共同需要催生了上合组织理念"。上合组织前任秘书长穆拉别克·伊玛纳利耶夫在2010年于比什凯克的一次采访中也表达了类似的观点:"阿富汗是上合组织成员国开展合作的主要原因,它是所有成员国的问题,也是其共同关心的唯一问题。"俄罗斯联邦安全会议秘书尼古拉·帕特鲁舍夫称,"首先,阿富汗仍是恐怖分子的主要基地,包括那些与旨在破坏中亚安全局势、推翻现政权并在此建立穆斯林哈里发国的恐怖和极端组织相互勾连的恐怖分子。其次,阿富汗仍是鸦片的主要生产基地,也是经由中亚国家向全球市场提供海洛因和其他毒品的主要供应国。联军撤退后,在阿富汗的一些省份,激进分子信心大增并在阿北部建立桥头堡,极端主义分子可据此渗入临近的中亚国家。毒品走私的威胁有所增加"。

鉴于阿富汗局势依然动荡,有必要回顾某些关键的基本面问题。任何和平与和解的尝试都不应仓促进行,应维护宪法进程以及在过去18年间所取得的其他成果,确保阿富汗的独立、主权和领土完整。这一进程还应建立在以下原则基础之上:避免暴力;切断与国际恐怖网络联系;接受阿富汗宪法;尊重阿社会弱势群体、少数民族和宗教少数派以及妇女儿童的权利。当前,尽管美国和塔利班正在进行对话,后者还是发动了新的攻势。在这一背景下,上合组织的重要性凸显,我们需要思考如何为阿人主导、阿人所有的和平与和解进程提供支持。

上合组织成员国还有伊朗仍旧担心阿富汗境内的极端分子、武装分子、难民、毒品、武器和有组织犯罪越境进入其领土。一些与阿接壤的国家如塔吉克斯坦、乌兹别克斯坦、土库曼斯坦,担忧阿境内的冲突、恐怖主义和极端主义外溢。因此,有必要让喀布尔和平与安全进程促成阿富汗境内各利益攸关方,在没有任何外部压力或诱因的情况下进行谈判与对话。虽然和平进程的目标应是接触并纳入阿富汗所有群体,但该进程应孤立那些热衷于在阿重建哈里发国或酋长国的极端主义和恐怖主义者,鉴于中亚各国动荡和冲突的过往经历,这对上合组织地区而言将是一场灾难。

---

① Vitaliy Vorobiev, "The SCO as a Rising Master of the Heartland", http://eng.globalaffairs.ru/number/The-SCO-as-a-Rising -Master-of-the-Heartland-15503.

因此，上合组织和地区反恐怖机构可发挥其独特作用，制定成员国及与阿富汗之间的明确协议或安排：谈判双边引渡协议；定期盘点在该地区活动的激进极端分子和恐怖分子名单，并交换相关情报；找出恐怖活动的资金来源，并采取必要措施切断这些渠道；与伊斯兰神职人员或乌里玛进行接触并寻求合作，以阻止恐怖分子和极端分子以"圣战"之名宣扬仇恨的意识形态。

（赵　臻　译）

Шанхайская организация сотрудничества и Афганистан

[Индия] Кулбхушан Варикоо

Аннотация: Пока идут переговоры между США и талибами, ростет число смертоносных нападений в Афганистане. Международному сообществу необходимо принять согласованную стратегию по обузданию терроризма, экстремизма и сепаратизма в Афганистане и вокруг него для обеспечения устойчивого мира и безопасности в регионе. Важно, что ШОС играет активную роль в обеспечении примирения и мира в Афганистане.

Ключевые слова: ШОС, РАТС, экстремизм, сепаратизм, терроризм, Афганистан, Шанхайская конвенция, Халифат, Центральная Азия

Author: Кулбхушан Варикоо, старший научный сотрудник Мемориального музея и библиотеки им. Неру, Нью-Дели.

SCO and Afghanistan

[India] Kulbhushan Warikoo

Abstract: While the negotiations between US and Taliban continue, the deadly attacks in Afghanistan are on the rise. This paper stresses the need to develop a concerted strategy by the international community to curb terrorism, extremism and separatism in and around Afghanistan to ensure sustainable peace and security in the region. The paper underlines the importance of pro-active role of the SCO in securing reconciliation and peace in Afghanistan.

Keywords: SCO, RATS, Extremism, Separatism, Terrorism, Afghanistan, Shanghai Convention, Caliphate, Central Asia

Author: Kulbhushan Warikoo, Senior Fellow, Nehru Memorial Museum Library, New Delhi, India.

上海合作组织经济合作

Эономоическое сотрудничество в рамках ШОС

The SCO Economic Cooperation

地区经济一体化背景下的
上海合作组织与"一带一路"

李自国*

【内容提要】当前经济全球化出现困难,但地区经济一体化蓬勃发展。与上合组织产生关联的区域经济一体化机制很多,其中包括"一带一路"。"一带一路"与上合组织在精神理念和合作原则方面是一致的,二者优势互补、相辅相成。上合组织有强大的安全功能,这恰恰是"一带一路"的短板;"一带一路"在经济金融合作方面更加高效,把一些上合组织想干而没干成的事落到实处。随着地区经济合作平台越来越多,上合组织需要采取切实行动,释放经济合作潜力,直面"竞争者"。

【关键词】一体化　上合组织　"一带一路"　欧亚经济联盟

上海合作组织(以下简称"上合组织")覆盖地区有重合的一体化机制很多,包括欧亚经济联盟、区域全面经济伙伴关系(RCEP)、"一带一路"、独联体自贸区、中国—东盟自贸区、中国—巴基斯坦自贸区、欧亚经济联盟—越南自贸区、欧亚经济联盟—伊朗临时自贸区等,上述机制都覆盖了部分成员国。而区域外围,还有欧盟、东盟、全面先进的跨太平洋伙伴关系协定(CPTTP)等。这些区域合作机制都会对上合组织的发展,特别是经济合作产生明显影响。本文准备从这一背景下,探讨上合组织与"一带一路"的关系。

---

* 李自国,中国国际问题研究院欧亚所代理所长,"一带一路"研究中心副主任。

一、区域经济一体化合作机制蓬勃发展

上合组织在不断发展，随着印度和巴基斯坦的加入，上合组织在领土面积、人口等一些指标上已成为最大的地区性组织。但上合组织经济合作的潜力并未得到充分发挥，这也是共识。上合组织地区存在两大趋势：一是本地区的其他经济合作机制不断发展，一体化水平越来越高，这对上合组织经济合作带来压力。二是成员国都不同程度面临经济发展问题，大家都认识到，没有稳定就难言发展，而没有发展也难言稳定，这是一对辩证的关系。因此，对上合组织的诉求，除了安全外，愈加期待上合组织能为成员国发展带来切实帮助。

当前，全球化受到一些国家的质疑，出现逆全球化的潮流。世界贸易组织改革面临困难，二十国集团争吵不断。在全球化出现障碍的背景下，各国更多地转向区域合作，对区域一体化建设更加重视。

尽管在上合组织的各种学术会议上，谈到最多的是"一带一路"，但实际上，"一带一路"仅仅是众多经济合作机制的一个。在本地区，一体化水平最高的是欧亚经济联盟。欧亚经济联盟的前身是关税同盟，由俄罗斯、哈萨克斯坦、白俄罗斯组成，2010年1月正式启动，除部分商品有过渡期外，对外实行统一进口关税。2012年，在关税同盟基础上，三国又升级为统一经济空间。2015年1月，《欧亚经济联盟条约》正式生效，随后亚美尼亚、吉尔吉斯斯坦先后加入。尽管遇到一些困难，但欧亚经济联盟前进的步伐没有停止，一体化水平越来越高，2025年前有望实现商品、服务、资本和劳动力的自由流动。欧亚经济联盟中，俄、哈、吉是上合组织的成员国，白俄罗斯是观察员，亚美尼亚是对话伙伴。

欧亚地区另一个经济一体化机制是独联体自贸区。2011年10月，俄罗斯、白俄罗斯、乌克兰、亚美尼亚、摩尔多瓦、哈萨克斯坦、吉尔吉斯斯坦和塔吉克斯坦签署了《独联体自由贸易区协议》。协定规定，成员国间相互降低直至取消进口关税，如果成员国与第三方达成降低商品关税税率的协议，则自动适用于成员国等。2013年底，乌兹别克斯坦加入独联体自贸区。在其九个成员国中，有五个是上合组织成员国（塔吉克斯坦尚未批准协议）。

区域全面经济伙伴关系（RCEP）比上述两个机制的规模要大得多。

由东盟十国,加上中国、日本、韩国、印度、澳大利亚和新西兰。上述16国的人口总数约35亿,经济总量占全球的近三分之一,贸易额占全球的约30%。2012年11月,16国发表《启动〈区域全面经济伙伴关系协定〉谈判的联合声明》,开始了构建区域经济伙伴关系的进程。尽管谈判过程一波三折,但随着贸易保护主义蔓延、单边主义抬头,RCEP的谈判已明显加速。2018年年底,各国领导人达成共识,表示要在2019年结束谈判。届时,RCEP将成为全球最大区域贸易机制。在该机制中,中国和印度是上合组织的成员国,也是上合组织国家中经济规模和对外贸易额最大的两个国家,两国的GDP占上合组织成员国的88.1%。

此外,上合组织中经济和贸易规模独一档的中国还参与了其他经济一体化机制,包括中国—东盟自贸区、中国—巴基斯坦自贸区、中国—韩国自贸区等十余个自贸安排,涉及20多个国家和地区,正在谈判的有中日韩、中国—海合会、中国—斯里兰卡自贸协定等。

与上合组织关联最直接的是中国与欧亚经济联盟的对接合作。2015年5月,中俄两国签署《关于丝绸之路经济带建设和欧亚经济联盟建设对接合作的联合声明》,"一带一路"倡议开始与欧亚经济联盟进行对接。2016年10月,中国商务部与欧亚经济委员开始对接谈判。2018年5月,中国与欧亚经济委员会以及各成员国签署《中国与欧亚经济联盟经贸合作协定》,内容涉及海关合作和贸易便利化、知识产权、检验检疫、技术标准、贸易救济、政府采购、电子商务等13个领域。该机制涉及中俄这两个上合组织的支柱国家。

上述所列仅仅是地区一体化机制的一部分,外部还有东盟、CPTTP、欧盟等。而地区国家的身份往往是重叠的,可能既是上合组织成员国,也是其他一体化平台的一员,如果上合组织不能提供足够的合作机会,他们必然会加大在其他平台上的合作。对上合组织来说,现在就是逆水行舟,如果经济合作成果寥寥,则其经济功能就会在激烈的竞争中萎缩。

二、上合组织与"一带一路"的共同内涵

众所周知,上合组织中,印度是唯一官方不参与"一带一路"的国家,给人的印象似乎是上合组织与"一带一路"存在明显不同。但从本质看,"一带一路"与上合组织的精神理念和合作原则一致,双方的共同点非常

多，甚至是一脉相承的。

从精神内涵看，引领上合组织的是"上海精神"，即"互信、互利、平等、协商，尊重多样文明，谋求共同发展"，核心要义是致力于持久和平与共同发展。"一带一路"的核心价值观是"丝路精神"，即和平合作、开放包容、互学互鉴、互利共赢。2013年9月，习近平在纳扎尔巴耶夫大学的演讲中提到，"只要坚持团结互信、平等互利、包容互鉴、合作共赢，不同种族、不同信仰、不同文化背景的国家完全可以共享和平，共同发展。这是古丝绸之路留给我们的宝贵启示"。① 而正是在这次的讲演中，中方正式提出了"丝绸之路经济带"的倡议。从"丝路精神"和"上海精神"的内容看，二者的目标都是谋和平、求发展。

从合作的方式方法上看，上合组织最基本的决策方式是协商一致原则，但对具体项目，如果有成员国不感兴趣，可以不参加，如上合组织大学。上合组织另一个原则是对外开放、不针对第三方。概况说，就是协商、自愿、开放。"一带一路"则提出了"共商共建共享"三原则，实质也是协商、自愿、开放。协商可以是双边，也可以是多边，如，中国与哈萨克斯坦签署的《"丝绸之路经济带"建设与"光明大道"新经济政策对接合作规划》，是双边协商的结果；中俄哈等七国签署的《关于深化中欧班列合作协议》则是多边协商的结果。《推动共建丝绸之路经济带和21世纪海上丝绸之路的愿景与行动》明确提出，"'一带一路'建设是开放的、包容的，欢迎世界各国和国际、地区组织积极参与"。"一带一路"是一个泛区域合作平台，不设门槛，没有强制性义务，这也是其广受欢迎的原因之一。

从经济合作的内容看，"一带一路"的合作内容围绕"五通"展开，即"政策沟通、设施联通、贸易畅通、资金融通、民心相通"。而上合组织所做的工作也是以上内容。具体看：

上合组织所有文件都是政策沟通的结果，从《上合组织成员国多边经贸合作纲要》到《上合组织至2025年发展战略》，无一不是如此，甚至经过激烈的辩论和妥协。"一带一路"的所有项目都经过了双多边沟通，尽管有人鼓吹"债务威胁论"来抹黑中国，但没有人能举出"强制"的例子。

---

① 习近平：《弘扬人民友谊，共创美好未来》，新华网，http://www.xinhuanet.com/politics/2013-09/08/c_117273079_2.htm，登录时间：2019年9月2日。

中国已与125个国家和29个国际组织签署了173份"一带一路"合作文件，就是政策沟通的成果体现。

最能看得见、摸得着的是设施联通。2014年，经过多年磋商，中、俄、哈、塔、乌、吉六国代表签署了《上合组织成员国政府间国际道路运输便利化协定》，致力于加强地区互联互通，逐步形成国际道路运输网络。而"一带一路"建设中，干得最多、成效最显著的就是区域互联互通。从硬件到软件都做了大量工作，出现了不少知名的项目，如中国—乌兹别克斯坦合作建设的"卡姆奇克"隧道项目、中国—哈萨克斯坦（连云港）物流合作基地、中国—巴基斯坦的瓜达尔港等。在"一带一路"框架下，中国还与15个国家签署十余份双多边国际运输便利化协定。

至于贸易畅通，"一带一路"努力方向是投资贸易便利化，消除各种壁垒，加强海关合作，促进通关便利，降低制度性成本。为此，中国发起了《推进"一带一路"贸易畅通合作倡议》，有83个国家和国际组织参与。中国的市场准入水平大幅提高，平均关税水平从加入世界贸易组织时的15.3%降至目前的7.5%。上合组织框架下也曾谈及过自贸区建设问题，由于各方态度不一，降低关税尚不具备条件。但对便利化各方立场一致，2018年6月，发表了《上合组织成员国元首关于贸易便利化的联合声明》，提出"简化海关程序，减少与货物进口、出口和过境相关的手续，提高透明度和加强包括海关在内的边境机构合作，加快货物的流动、放行和结关"。从中可以看出，二者在该领域的努力方向完全一致。

资金融通方面，上合组织与"一带一路"都在做，只是上合组织开始的早，而"一带一路"做得更好。上合组织早就提出要建立上合组织开发银行和专门账户，但由于各方意见不一，一直没有结果，也成为一些学者批评上合组织低效的一个理由。为解决融资的问题，2005年10月，成立了上合组织银行联合体（银联体）。"一带一路"倡议在提出之初就考虑到融资问题，中方自行成立了丝路基金，并发起成立了亚洲基础设施投资银行。近年，中方与各国主权和投资基金密切合作，成立了更多联合融资机制，如，中欧共同投资基金、中国—阿拉伯国家银行联合体、中非金融合作银行联合体、中国—中东欧银联体等。此外，熊猫债的发行规模也达到2000亿人民币。

民心相通是"一带一路"的"专有"提法，实际上就是上合组织推进的人文交流。应该说，上合组织在这方面做了大量的工作，也取得了良好的效果。如，组建了上合组织大学，初步形成区域性教育网络；举办国际马拉松赛，打出"更亲、更近、更和谐"的口号；举办"上合组织—我们共同的家园"，召开首届上合组织媒体合作高峰会等。此外，形成了文化部长、教育部长等定期会晤机制。通过一系列活动，上合组织国家的共同体意识有所增强，特别是对中国与前苏联空间的民众来说，相互认知和认同水平有了大幅提高。"一带一路"则以丝绸之路为抓手，推出了丝绸之路电影节、音乐节、文物展、图书展，成立了丝绸之路国际剧院、博物馆、艺术节、图书馆、美术馆联盟，以及丝绸之路旅游市场推广联盟、"万里茶道"国际旅游联盟等。中国政府设立了"丝绸之路"中国政府奖学金项目，与24个沿线国家签署高等教育学历学位互认协议。但"一带一路"民心相通的效果还有待时间检验。

综上所述，上合组织与"一带一路"的理念相近，内容相同，目标一致。赞同上合组织而否定"一带一路"显然不符合逻辑，反之亦然。

三、上合组织与"一带一路"的各自优势及互补关系

"一带一路"与上合组织有共性，但重心不同，性质不同。上合组织是世界最大的地区组织，是实体，有完备的组织构架。而"一带一路"是泛区域合作倡议，是虚体。二者各有优势，相互补充。

上合组织有强大的安全功能，这恰恰是"一带一路"的短板。上合组织能够提供全方位的安全保障，如打击"三股势力"，营造和平和谐地区发展环境，甚至维护全球的战略稳定。"一带一路"是一个纯粹的经济合作平台，没有安全职能，经济合作项目的安保问题基本靠企业与当地政府。上合组织在维护地区安全与稳定方面则有一套体系：有完备的法律基础，各方签署了《打击恐怖主义、分裂主义和极端主义上海公约》《上合组织成员国边防合作协定》《上合组织反恐怖主义公约》《上合组织反极端主义公约》等文件；定期举行包括"和平使命"在内的反恐演习，开展联合巡边护边活动，根据多边合作纲要打击"三股势力"、贩毒和跨境犯罪；通过了《上合组织成员国长期睦邻友好合作条约》，巩固内部团结，以法律形式确定了睦邻友好的大方向，并制订了具体的行动方案——《〈上合组织成员国长期睦邻友好合作条约〉实施纲要》。应该说，没有上合组织构建的和平边界和地区稳定，在欧亚地区"一带一路"建设就很难顺利推进。

上合组织有完备的组织架构,"一带一路"的机制建设与上合组织有明显差距。"一带一路"并不是地区性组织,只是合作倡议,其主要机制是中方主导的两年一次的国际合作高峰论坛。而上合组织已经形成了相当完备会晤机制,并设有上合组织秘书处、上合组织反恐怖机构、上合组织国家协调员等实体机制,另外还有上合组织实业家委员会和银联体。这是"一带一路"所不具备的。当然,随着"一带一路"建设的推进,小多边的机制越来越多,如签署了《中国与欧亚经济联盟经贸合作协定》《"一带一路"融资指导原则》《建设中蒙俄经济走廊规划纲要》《关于电子商务的联合声明》等。但总体来说,这些机制都不具有约束性。

"一带一路"比上合组织更有效率。上合组织作为多边合作机制,有协商一致原则,即"一票否决权"。随着上合组织的扩大,协调各方利益的难度也越来越大。而"一带一路"框架下的合作以双边为主,更容易找到利益契合点,受第三方的掣肘少。得益于高效率,"一带一路"把一些上合组织想干而没干成的事落到实处。如,《〈上合组织成员国多边经贸合作纲要〉措施计划》提出,"组织开通经上合组织成员国境内线路的示范性集装箱班列","所有成员国有效利用上合组织成员国的海运港口能力","比较上合组织成员国国家标准和高精度测量手段方面开展合作"。这些不错的想法在上合组织内一直无实质进展,但"一带一路"将其很快变成现实。以班列为例,"一带一路"倡议提出后,在中方全力推动下,原来散乱低效的班列进入井喷期,2014年发行308列,到2018年达到6363列。在制度建设上,中俄等七国签署了《关于深化中欧班列合作协议》。当然,"一带一路"有更多元的资金来源,上文已经提到。

任何一个组织要想保持活力和影响力,都必须适应时代发展的需要。随着地区经济合作平台越来越多,上合组织需要直面"竞争者",切实解决经济合作中面临的问题。上合组织既要有自信,"一带一路"、欧亚经济联盟等都无法替代上合组织的经济功能;但同时也要有危机意识,若经济合作止步不前,则迟早会被其他机制超越,而经济功能弱化又会影响到组织的向心力。

ШОС И "Один пояс, один путь" на фоне региональной экономической интеграции

Ли Цзыго

Аннотация: Нынешняя экономическая глобализация столкнулась с трудностями, но региональная экономическая интеграция бурно развивается. «Один пояс, один путь» и ШОС вполне совпадают в отношениях духа, концепции и принципов сотрудничества. Они взаимодействуют и дополняют преимущества друг друга. ШОС интенсивно функционируется в сфере безопасности, чего недостаточно как раз для «Пояса и пути»; «Один пояс, один путь» более эффективен в экономическом и финансовом сотрудничестве и способен реализовать те проекты, которые ШОС хотела, но не смогла их сделать. С ростом числа региональных платформ экономического сотрудничества ШОС должна смело идти навстречу "конкурентам", принимать практические действия для того, чтобы высвободить потенциал экономического сотрудничества.

Ключевые слова: интеграция, ШОС, «Один пояс, один путь», ЕАЭС

Автор: Ли Цзыго, Исполняющий директора Института Евразии КАМП, Замдиректор центра исследований «Один пояс, один путь» КАМП

SCO and the "Belt and Road" Iniative in the Context of Regional Economic Integration

Li Ziguo

Abstract: While the economic globalization is encountering difficulties, regional economic integration is flourishing. The "Belt and Road" and the SCO are consistent in spirit, concepts and principles of cooperation, and they have complementary advantages. The SCO has a strong security function, while there are some cases of neglecting security cooperation in "Belt and Road" programs. The "Belt and Road" is more effective in economic and financial cooperation, and has accomplished what the SCO desires to do. With the growing number of regional platforms for economic cooperation, the SCO should face up to competitors by taking practical measures to unleash the potentials of economic cooperation.

Key words: integration, SCO, the "Belt and Road" initiative, Eurasian Economic Union

Author: Li Ziguo, Acting Director of the Department for European and Central Asian Studies and the Deputy Director of the "Belt and Road" Research Center at the China Institute of International Studies.

上海合作组织框架内经济合作的前景

【乌兹别克斯坦】尤·库特比特季诺夫*

【内容提要】 目前，加强上合组织经济部分的发展具有必要性和迫切性。必须充分利用成员国经济合作的巨大潜力和各方优势，抓紧制定新版成员国经贸合作纲要，切实加强上合组织经贸委员会和上合组织开发银行等机构的作用。本文还探讨了设立上合组织投资基金问题，它将为上合组织的经贸合作注入强大动力。乌兹别克斯坦希望扩大与成员国的经贸合作，愿意积极参与"一带一路"项目，这些项目将促进更加有效地开发乌兹别克斯坦在过境运输方面的潜力。

【关键词】 上合组织　经济合作　潜力　现状　前景

一、上海合作组织活动的优先事项

上海合作组织（以下简称"上合组织"）这一名称本身并未界定具体的合作领域，成员国可在共同感兴趣的诸多领域开展合作。

需要指出的是，根据上合组织成立之初签署的文件，该组织既不是军事集团、经济或关税同盟、自由贸易区，也不是其他国家想参加便可参加的公开论坛或定期会议机制。

上合组织是一个区域性的国际组织，下设国家元首理事会（最高机构）、政府首脑理事会、外长理事会、国家协调员理事会等，定期召开部长和（或）部门负责人会议，地区反恐怖机构和秘书处（行政机构）为常设机构。上述理事会每年都召开会议，与会者齐聚一堂，提出倡议和建议，并就合作中的一些迫切问题发表共同声明。

---

* 尤·库特比特季诺夫（Ю. Кутбиддинов），乌兹别克斯坦经济研究中心首席技术顾问。

上合组织成员国签署的最为重要的文件包括：《上合组织成立宣言》（2001年）、《打击恐怖主义、分裂主义和极端主义上海公约》（2001年）、《上合组织宪章》（2002年）、《上合组织地区反恐怖机构协定》（2002年）、《上合组织成员国长期睦邻友好合作条约》（2007年）、《上合组织至2025年发展战略》（2015年）等。

上述文件包含一些相似内容，从中可总结出以下目标、方向和原则，这些目标、方向和原则决定了上合组织的主要合作领域：

地区安全合作是上合组织优先方向，包括共同打击各种形式的恐怖主义、分裂主义和极端主义，打击非法贩运毒品、武器等跨国犯罪活动，以及打击非法移民；

经济合作包括：支持和促进各种形式的区域经济合作；促进贸易和投资便利化，逐步实现货物、资本、服务和技术的自由流动；有效利用现有的交通和通讯基础设施，提高成员国的过境潜力，建设能源体系等。

在上合组织的活动中，协商一致的决策原则非常重要。在前期协商过程中如果没有国家提出异议，决议才能获得通过，这使得所有参与国都拥有平等的地位。同样地，如果一个或几个成员国对其他一些国家有意实施的某些项目不感兴趣的话，他们不参与并不妨碍其他感兴趣的成员国实施此类合作项目。这一点在落实经济合作项目中最为重要。

在成员国签署的基础性文件中，上合组织的地理范围被限定在本地区，"地区反恐怖机构"这一名称则直接强调了组织构成的地区性原则，但组织对于地区其他国家的加入持开放态度。考虑到上合组织通过的文件中并未界定"地区"这一概念及其范围，这使得上合组织在扩员时有了更灵活的地理空间，同时，赋予上合组织可以涉及更广的问题，从地区性到全球性的议题。

成立之初，保障地区安全与稳定是上合组织各成员国（前身"上海五国"）的共同利益，这是组织创建的基础。当时，经贸合作问题居于次要地位且主要在双边层面上解决。因此，在当前的形势下，加大对上合组织经济合作的关注显得尤为迫切。

二、上合组织的经济合作潜力

目前，上合组织是最大的地区组织之一。印度和巴基斯坦加入后，上合组织约占全球陆地面积的25%，总人口约32亿人，占世界总人口的43%（2018），上合组织国家总面积约占欧亚大陆的60%。成员国中有四个国家拥有核武器，其中两个国家还是联合国安理会常任理事国。

2018年，上合组织成员国的GDP总和近18万亿美元，其中，中国的GDP为13.28万亿美元（世界第二，仅次于美国），印度——2.6万亿美元（世界第六），俄罗斯——1.58万亿美元（世界第十一）。上合组织所有成员国中，2018年GDP增长速度最快的是印度、塔吉克斯坦和中国（6%~7%）。

表1：2018年上合组织成员国宏观经济指标

	国家	GDP（十亿，美元）	GDP增长率（%）	出口（十亿，美元）	进口（十亿，美元）	余额（十亿，美元）	人口（百万）	人均GDP（美元）
1	中国	13280.0	6.6	2487.7	2135.6	+352.1	1409.5	8827
2	印度	2597.0	7.2	292.0	417.0	-125.0	1339.2	1940
3	俄罗斯	1576.5	2.3	443.1	248.6	+194.4	146.8	10743
4	巴基斯坦	305.0	5.2	24.8	55.6	-30.9	204.5	1548
5	哈萨克斯坦	170.5	4.1	54.7	29.7	+15.0	18.4	8837
6	乌兹别克斯坦	48.6	5.1	14.3	19.6	-5.3	33.3	1504
7	吉尔吉斯斯坦	8.0	3.5	1.5	4.4	-2.9	6.4	1220
8	塔吉克斯坦	7.3	7.3	—	3.2	-2.1	9.1	801
	总计	17992.9		3319.2	2913.7	+395.3	3167.2	

来源：各国统计部门和其他公开的数据

由上表可以看出，中国占上合组织成员国经济总量（GDP）的73.8%、印度占14.4%、俄罗斯占8.7%、巴基斯坦占1.7%、哈萨克斯坦占0.95%、乌兹别克斯坦占0.27%、吉尔吉斯斯坦占0.044%、塔吉克斯坦占0.04%。

因此，同时也是金砖国家成员的中国、俄罗斯和印度是上合组织经济领域的主要参与者和竞争者，他们在很大程度上决定了组织未来的发展方向。

三、上合组织成员国经济合作现状

上合组织成员国经贸合作是依照2003年通过的《上合组织成员国多边

经贸合作纲要》开展的。在2018年的上合组织成员国政府首脑会议上，决定制定新版的《上合组织成员国多边经贸合作纲要》。新纲要将包含以下内容：形成合作的新方式与新模式；在贸易、通关和其他经贸活动中引进数字技术；并将新成员——印度、巴基斯坦纳入该领域的相关纲要和计划。

制定新版纲要的必要性或许可以证明，现行纲要未能明显激活上合组织国家间的经济合作。值得注意的是，2005年，成员国签署了《上合组织框架下银联体合作协定》，目的是将融资机制、银行服务与政府支持的投资项目有机结合起来。2006年，上合组织实业家委员会成立。这是一个汇集了上合组织成员国（主要由工商会负责协调）商界最权威代表的非政府机构，目的是扩大组织框架内经济合作，秘书处设在莫斯科。上合组织实业家委员会的任务还包括：交换各方的商业合作信息、寻找合作机遇、介绍在各国开展商业活动的法律规章制度。这将有助于吸引私人资本和大型公司的直接投资，加速上合组织成员国间的经济一体化进程。

2014年，上合组织成员国签署了《上合组织成员国政府间国际道路运输便利化协定》，这是在交通运输领域合作取得的积极成果之一。根据这一协定，上合组织成员国承运人能够以优惠的条件通过彼此领土进行国际公路运输。

但应当指出，上合组织框架内设立的经济机构（实业家委员会、银联体、经济论坛，包括地方论坛）尚未在成员国间的经济进程中发挥主导作用。

为提升上合组织成员国间相互贸易的规模，中国于2015年、哈萨克斯坦于2017年都曾提议分阶段建立上合组织自由贸易区。然而，考虑到中国商品的竞争优势，建立上合组织自贸区或将加剧外贸失衡情况，尤其是对于乌兹别克斯坦来说。还应指出，上合组织成员国中有五个国家（俄罗斯、哈萨克斯坦、吉尔吉斯斯坦、塔吉克斯坦和乌兹别克斯坦）是2011年《独联体自由贸易区协定》的签约国（乌兹别克斯坦于2013年加入协定，附加条件是乌无须遵守协定规定的一些义务，直到乌加入世贸组织或2020年底之前，具体时间节点取决于哪个日期在前），这五国间已存在自贸区。同时，上述五国中的三国（俄罗斯、哈萨克斯坦、吉尔吉斯斯坦）还在欧亚经济联盟框架内打造了统一的关税空间。此外，除乌兹别克斯坦外，其他上合组织成员国均为世贸组织成员。

2015年通过的《上合组织至2025年发展战略》中"经贸合作"一节指

出,为保障项目活动的资金支持,成员国将继续就建立上合组织开发银行和上合组织发展基金(专门账户)开展工作。但迄今为止,开发银行和专门账户均未能建立。

如果上合组织框架下能够成立投资基金,专门为大型的联合项目提供融资的话,大型企业必然会对上合组织感兴趣,就像企业对大客户有兴趣一样,这些大企业会乐于参与建设基础设施项目,如交通走廊、能源、水资源开发等。

表2:2018年上合组织成员国间相互贸易指标(十亿,美元)

	国家	对外贸易总额	其中			与上合组织国家贸易额在外贸总额中占比(%)
			与上合组织国家贸易额	与中国贸易额	与俄罗斯贸易额	
1	中国	4623.0	255.0	-	108.3	5.7
2	俄罗斯	691.7	144.9	108.3	-	21.0
3	印度	709.0	96.1	81.7	11.0	13.5
4	巴基斯坦	80.4	22.1	19.0	0.7	27.5
5	哈萨克斯坦	84.4	35.2	11.7	17.6	41.7
6	乌兹别克斯坦	33.9	16.4	6.4	5.7	48.4
7	吉尔吉斯斯坦	6.0	5.3	2.0	1.9	88.1
8	塔吉克斯坦	4.3	2.9	1.5	0.9	67.4
	总计	6323.7	577.9	230.6	146.1	9.1

来源:互联网上公布的资料数据(与其他来源或有不符之处)

从表2中可以看出,与上合组织成员国的贸易额仅占中国外贸总额的5.7%,这表明中国对上合组织国家贸易的依赖程度较低。上合组织成员国间相互贸易额在其外贸总额中的占比也只有9.1%。与此同时,外贸额较小的上合组织成员国对与其他成员国贸易的依赖度较高。例如,吉尔吉斯斯坦与上合组织成员国的贸易额占其外贸总额的88%,塔吉克斯坦为67%,乌兹别克斯坦为48%。因此,与中国(40%)和与俄罗斯(25%)的贸易占上合组织成员国间相互贸易的大头。例如,吉尔吉斯斯坦外贸总额中的65%是与中、俄发生的,塔吉克斯坦为56%、乌兹别克斯坦为40%。

由于上合组织国家之间经济体量大小不一,产品竞争优势存在差异,市场开放程度有所不同,成员国间的外贸失衡自然对大型经济体有利,首先便是中俄。

四、乌兹别克斯坦与上合组织国家的贸易情况

除印度和巴基斯坦外,上合组织国家均为乌兹别克斯坦的主要贸易伙伴。乌前三大贸易伙伴分别是中国(19%)、俄罗斯(16.9%)和哈萨克斯坦(8.9%),原因与其说是由于乌与这三个国同为上合组织成员国,不如说是因为双边经贸互利合作发展的结果。截至2019年第一季度末,上述排名没有变化,与中国贸易在乌外贸中的份额略有增加,为21.2%,而与俄罗斯(16.8%)和哈萨克斯坦(8.9%)的贸易则维持了之前的水平。

表3中数据显示,乌兹别克斯坦与所有上合组织成员国(除了吉尔吉斯斯坦和塔吉克斯坦)的贸易均为逆差,2017年的逆差总额达10.64亿美元,而在2018年,逆差几乎翻了一倍,达21.146亿美元。

表3:乌兹别克斯坦与上合组织成员国贸易额(百万美元)

乌贸易对象国	2017年				2018年			
	出口	进口	差额	在外贸总额中占比(%)	出口	进口	差额	在外贸总额中占比(%)
中国	2239,3	2728,4	-489,1	18,5	2869,0	3558,9	-689,9	19,0
俄罗斯	2103,0	2708,3	-605,3	17,9	2193,1	3537,6	-1344,5	16,9
哈萨克斯坦	1065,0	997,0	+68,0	7,7	1457,8	1564,7	-106,9	8,9
吉尔吉斯斯坦	178,6	75,2	+103,4	0,9	348,2	132,8	+215,4	1,4
塔吉克斯坦	185,2	51,8	+133,4	0,9	236,1	153,2	+82,9	1,2
印度	32,6	291,0	-258,4	1,2	23,3	261,3	-238,0	0,8
巴基斯坦	9,9	26,3	-16,4	0,1	32.4	66.0	-33.6	0,3
总额			-1064,4				-2114,6	

来源:各国统计部门和其他公开的数据。

上述外贸失衡对乌非常不利,因此乌迫切需要提高参与上合组织的效率,扩大与伙伴国的经贸合作,使乌产品能够更好地进入上合组织成员国的市场。

五、上合组织主要国家——中国、俄罗斯和印度的主要贸易伙伴和优先方向

中国与上合组织国家开展经济合作主要在以下几个方向：保障可靠的对华能源资源供给；建设通向欧洲国家和上合组织成员国的运输走廊，以便向上述市场出口中国商品。

中国海关统计数据显示，2018年，中国外贸总额为4.62万亿美元（增长12.6%），其中出口2.49万亿美元（增长9.9%），进口2.13万亿美元（增长15%），贸易顺差为3517亿美元。

中国的主要贸易伙伴有：欧盟国家，双方贸易额为6820亿美元（占中国外贸总额的14.8%）；美国，双边贸易额为6330亿美元（13.7%）；日本，双边贸易额为3270亿美元（7.1%）；韩国，双边贸易额为3130亿美元（6.8%）；俄罗斯，双边贸易额为1080亿美元（2.3%）。

2018年，对美出口占中国总出口的大头，为4780亿美元（占比19.2%）。中国对欧盟国家出口4080亿美元（16.4%），对香港地区出口3020亿美元（12.1%），对日本出口1470亿美元（5.9%），对韩国出口1080亿美元（4.4%）。

2018年，中国的主要进口来源地是：欧盟国家——2730亿美元（占进口总额的12.8%），韩国——2040亿美元（9.6%），日本——1800亿美元（8.5%），台湾地区——1770亿美元（8.3%），美国——1550亿美元（7.3%）。

综上，中国的优先市场是欧盟国家、美国、日本和韩国，对中国而言，稳住上述市场就意味着维持现有的经济增长率，就业也能保持在较高水平。

日本和韩国市场紧邻中国内地。为确保可靠、安全和不间断地将中国货物运往欧洲市场，中国正在实施"一带一路"倡议，中亚国家在其中主要扮演着过境国的角色，这对中亚经济的发展非常重要。

由于美国发起"贸易战"，中国商品向美国市场出口的情况变得复杂。美国一再指责，中国非法获取美国技术和知识产权，并以此取得贸易优势，这导致美方出现巨大的贸易逆差。然而，考虑到美国市场对于中国的重要性，尽管相互提高进口商品的关税，相信最终中国会与美国在此问题

上达成妥协。

俄罗斯主要关注与欧亚经济联盟国家推进经济合作，将其与上合组织和中国的"一带一路"倡议对接。

2018年，俄罗斯的对外贸易额为6926亿美元，其中出口4521亿美元，进口2405亿美元，顺差2116亿美元。俄罗斯主要出口产品历来是能源产品和原材料，在出口商品结构中占比为63.7%。

俄罗斯的主要贸易伙伴是：欧盟国家，2018年俄欧贸易额为2942亿美元（占俄外贸额的42.7%）；中国1083亿美元（占15.6%）；随后是土耳其256亿美元，美国250亿美元和韩国248亿美元。

印度需要为其快速增长的经济提供可靠的原材料和能源资源，在此问题上，印度希望与地区国家在上合组织等框架内开展合作。此外，中国和俄罗斯也是印度在另一机制——金砖国家中的合作伙伴。

2018年，印度外贸总额为7090亿美元，其中与中国的贸易额最大，为897亿美元（占比12.6%），但印度从中国进口760亿美元，结果是印度对华贸易逆差高达630多亿美元。印度与俄罗斯贸易额为106亿美元，其中进口86亿美元，包括从俄进口毛坯钻石（34亿美元）和矿产品（21亿美元）。印度与哈萨克斯坦贸易额约为10亿美元，其中，印度从哈进口的石油和石油产品的金额为907万美元。

印度商品的海外市场主要分布在美国、阿联酋、沙特阿拉伯和中国香港地区。2018年，印度对美国出口470亿美元，贸易顺差为210亿美元。

中亚国家中，印度最重要的伙伴或为土库曼斯坦。土虽不是上合组织成员国，但印度正尝试与土库曼斯坦一道建设从土库曼斯坦经过阿富汗到巴基斯坦和印度的天然气管道（TAPI项目）。

但是，印度不参加"一带一路"论坛，也不参与任何"一带一路"的项目，印度认为中方的倡议具有单边性质，而且有悖于印度的主权和领土完整原则，即中国—巴基斯坦经济走廊经过了有领土争议的克什米尔地区。

由上可见，与中国的贸易分别占俄罗斯和印度外贸总额的15.6%和12.6%，而与俄罗斯和印度贸易在中国对外贸易总额中的比重仅略高于4%，这表明中国在俄罗斯和印度对外贸易中的重要性，要高于这些国家在中国对外贸易中的重要性。

六、上合组织框架内经济合作的前景

在2018年的上合组织青岛峰会上，成员国元首通过了《关于贸易便利化的联合声明》，表示希望简化海关程序，减少货物进口、出口和过境相关的手续，提高透明度和加强包括海关在内的边境机构合作，加快货物的流动、放行和结关，以促进上合组织各成员国间相互贸易便利化和贸易额增长。

峰会后通过的《上合组织成员国元首理事会青岛宣言》也着重关注开展经贸合作的问题，成员国赞成：

推动贸易和投资便利化，以逐步实现商品、资本、服务和技术的自由流通；

在上合组织框架内发展服务业和服务贸易，支持中小微企业，推动电子商务发展对于发展经济、提高就业、增进人民福祉意义重大；

深化区域经济合作，以促进成员国经济社会持续发展；

加强在本地区现有多边银行和金融机构框架下的合作，为上合组织合作项目的实施提供融资保障；

继续研究建立上合组织开发银行和发展基金（专门账户）问题的共同立场；

推进交通领域的多边合作，扩大过境运输潜力和区域交通运输潜能，引进先进创新技术，简化和协调货物通关时边境、海关和检疫程序，提升自动化建设水平，落实基础设施合作项目；

支持中方的"一带一路"倡议，肯定各方为共同实施该倡议所做的工作；

致力于进一步发挥上合组织实业家委员会和银联体的潜力，推动落实金融、高科技、交通基础设施、能源、投资等领域的合作项目。

应当指出的是，上合组织国家间真正的经济合作仍然是在双边层面，以及在成员国有所重叠的欧亚经济联盟或金砖国家框架内进行，而在多边层面，上合组织框架内实际上未实施任何的大型经济合作项目。

2015年通过的《上合组织至2025年发展战略》指出，建立上合组织开发银行和发展基金（特别账户）很有必要，2018年发表的《青岛宣言》也重申了这一点。以上文件还提到了振兴上合组织实业家委员会和银联体的必要性，这说明，上述机构在创造更佳条件、扩大成员国间经贸合作方面，并未发挥主导性的作用。

为促进上合组织国家间的经济合作，有必要建立新的机制来筹备和实施合作项目，为合作创造更有利条件并取得相应的成果，在这方面，实业家委员会、银联体、上合组织经济论坛，以及地方论坛应发挥更加积极的作用。

目前，为促进经济合作，上合组织成员国开展联合活动的实例仅有：自2015年以来每年在乌法市举行的"上合组织及金砖国家成员国地区小企业论坛"，以及计划于2020年上合组织和金砖国家峰会前夕在车里雅宾斯克市举行的首届上合组织地方论坛。

同时，"一带一路"倡议是最为实际和重要的经济项目，几乎所有上合组织国家（除了印度）都已参与了"一带一路"建设。尽管遇到一些困难，中国仍将努力与相关国家落实这一倡议，因为开通新的运输通道，将中国的商品运往外部市场，这是中国经济持续稳定发展的重要条件。

而乌兹别克斯坦位于上合组织空间以及其他一些国际组织覆盖区域的地理中心，鉴此，乌有兴趣在其境内落实"一带一路"的相关项目。这些项目将有助于有效利用乌兹别克斯坦的过境潜力，优化乌交通和物流结构，有助于建设新的交通走廊，以便将乌的商品运往国际市场。

此外，乌兹别克斯坦必须与上合组织成员国加强合作，在农业和纺织领域实施合作项目。农业和纺织业是乌经济最主要的非原料部门，具备很大的出口潜力，需要进一步挖掘。发展数字经济和电子商务对于上合组织成员国也是一个颇有前景的合作领域。

同时，应该考虑到，近期上合组织优先合作方向仍会由中国、俄罗斯和印度这些大玩家来决定，他们从地缘政治和经济利益出发，利用上合组织来解决与本国长远发展规划相关的战略问题。

（赵　臻　译）

Перспективы сотрудничества в рамках ШОС в области экономики

[Узбекистан] Юрий Кутбитдинов

Аннотация: В настоящее время необходимость усиления внимания к развитию экономической составляющей ШОС приобретает особую актуальность. Необходимо в полной мере использовать огромный потенциал и все преимущества экономического сотрудничества между странами-членами ШОС, ускорить разработку новой редакции Программы многостороннего торгово-экономического сотрудничества государств-членов ШОС, эффективно повысить роль Делового совета ШОС и Банка развития ШОС и других учреждений. В статье ещё рассмотрено создание инвестиционного фонда ШОС, который придаст мощный импульс экономическому и торговому сотрудничеству ШОС. Узбекистан заинтересован расширить торгово-экономическое сотрудничество со странами ШОС и готов активно участвовать в проекты в рамках инициативы «Один пояс, один путь», которые будут содействовать более эффективному использованию своего транзитного потенциала.

Ключевые слова: ШОС, экономическое сотрудничество, потенциал, современное состояние, преспективы.

Автор: Юрий Кутбитдинов, главный технический советник Центра экономических исследований Узбекистана.

Prospects for Economic Cooperation under the Framework of the SCO

[Uzbekistan] Yuri Kutbitdinov

Abstract: At present, there is a pressing need to pay more attention to the development of the economic component of the SCO. It is necessary to make full use of the huge potential and all the advantages of the economic cooperation between the SCO member states, to accelerate the development of a new version of the Program of Multilateral Trade and Economic Cooperation of the SCO Member States, and to enhance the role of the SCO Business Council, the SCO Interbank Consortium and other institutions. The creation of a SCO investment fund should be taken into consideration, which will give a powerful impetus to the economic and trade cooperation of the SCO. Uzbekistan is interested in expanding trade and economic cooperation with the SCO countries and is ready to actively participate in projects under the "Belt and Road" initiative, giving full play to its potientials in transportation.

Keywords: SCO, economic cooperation, potential, current state, prospects

Author: Yuri Kutbitdinov, chief technical adviser of Center for Economic Research, Uzbekistan.

青岛峰会——上海合作组织区域经济合作的新起点

刘华芹[*]

【内容提要】 本文阐述了上合组织青岛峰会后深化区域经济合作面临的内外部挑战,即美国发动全球贸易战引发世界经济发展的不确定性加大,新的地缘经济格局渐趋形成以及上合组织自身需要有效协调各方利益、提高合作机制的效率以推进区域经济合作进程。与此同时,成员国元首就加强区域经济合作达成共识,扩员后区域经济合作潜力大幅度提升,区域内互联互通基础设施网络更加完善,人文交流更加稳固,为拓展区域经济合作提供了有利条件。未来,伴随扩员进程区域经济合作的立足点应转向协调各方利益的经贸合作规则,合作路径由单一的项目合作转向制度建设与项目合作双轮驱动。为此,应积极商签《上合组织成员国贸易便利化协定》并尽快落实贸易便利化措施,探讨区域贸易自由化合作前景,推动合作机制改革并提升协调效率。

【关键词】 上合组织 区域经济合作 贸易便利化

2018年以特殊意义载入上海合作组织(以下简称"上合组织")发展史册。青岛峰会成为该组织扩员后成员国的首次聚会。成员国联合发布了《上合组织成员国元首理事会青岛宣言》及《上合组织成员国元首关于贸易便利化的联合声明》,为未来区域经济合作勾画出新蓝图。扩员后,该组织8个成员国的经济和人口总量分别约占全球的20%和40%,形成了庞大市场,有效谋划上合组织未来的发展,挖掘各方合作潜力,形成合力,

---

[*] 刘华芹,商务部国际贸易经济合作研究院欧洲所所长、研究员,中国上合组织研究中心常务理事。

将极大地带动并促进各国以及区域整体经济发展,开辟广阔的合作前景。与此同时,国际经济形势的变化加大了区域经济合作的不确定性,使上合组织面临前所未有的挑战。

一、上合组织区域经济合作面临新挑战

2018年,美国总统特朗普在全球范围内挑起的贸易战引发了世界经济格局的巨变及国际经济秩序的深刻调整,对全球经济发展产生了深远影响,也使上合组织区域经济合作面临的外部环境日趋复杂。

(一)世界经济发展的不确定性加大

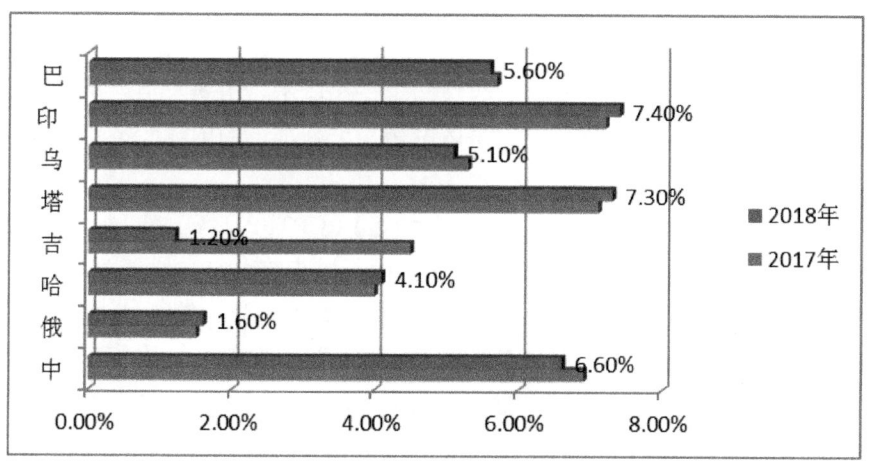

图1　2017—2018年上合组织成员国GDP增幅变化图

资料来源:《巴基斯坦历年GDP数据》(www.kuaiyilicai.com);《IMF预测2018年印度GDP为2.69万亿美元,是巴基斯坦的8.76倍,您信吗?》(dy.163.com,2018年10月11日),俄罗斯、哈萨克斯坦和吉尔吉斯斯坦的数据来源 www.eurasiancommission.org。

《统计局:2017年中国GDP总量超82万亿,全年增速6.9%》(国家统计局,2018年1月18日,2019年1月21日)

当前全球经济回暖态势仍不稳定,而美国发动的贸易战进一步延缓了世界经济复苏进程。为了应对美国的贸易保护主义行为,其他国家被迫采取反制措施,这导致全球经贸秩序日趋紊乱,极大地阻碍全球经济复苏进

程，也殃及各国企业和人民。世界贸易组织总干事罗伯特·阿泽维多表示，若关税回到关税总协定/世界贸易组织之前的水平，全球经济规模将缩小2.5%，全球贸易量将减少60%以上①，所造成的经济损失将超过2008年国际金融危机。IMF主席拉加德表示，全球经济增速下滑的风险加大。2019年1月21日，国际货币基金组织（IMF）发布《世界经济展望》报告，将2019年全球经济增速预期下调至3.5%，为三年来最低水平。预计新兴国家经济增速为4.5%，低于2018年的4.6%。受中美贸易战以及美欧加大对俄罗斯经济制裁等多重因素的影响，预计中俄两国经济增速放缓。图1显示，2018年一半上合组织成员国的GDP增幅低于2017年，其余4国的GDP仅实现微弱增长。世界经济动荡对各成员国经济发展已构成较大冲击，对未来区域经济合作发展也将产生不利影响。

（二）新的地缘经济格局渐趋形成

为应对美国发动的贸易战，2018年下半年以来，主要发达经济体纷纷构筑以本国为核心的新型自由贸易区网络，更高水平的国际经济合作规则悄然形成。

1.《全面与进步跨太平洋伙伴关系协定》（CPTPP）正式生效

2018年7月8日，由日本推动的《全面与进步跨太平洋伙伴关系协定》（CPTPP）正式签署，并于2018年12月30日正式生效。第一批成员国包括澳大利亚、新西兰、文莱、马来西亚、新加坡、越南、日本、智利、秘鲁、墨西哥、加拿大等11国，涵盖全球近5亿人口，经济总量占全球GDP的13.5%。该协定生效后可降低11国之间逾98%产品的进口关税，成为对抗美国贸易保护主义的利器。未来泰国、韩国、菲律宾、斯里兰卡甚至英国有望加入这一协定。

CPTPP使亚太经贸格局发生了实质性变化，CPTPP一方面为亚太地区的发达经济体提供了加强经贸合作关系、降低贸易壁垒的新平台；另一方面助推发展中国家快速驶入国际高标准经贸规则的新通道，提升融入全球经济的水平，加速其经济发展。与此同时，伴随CPTPP扩员，将有更多国家加入到CPTPP，CPTPP协定中的贸易规则可在更大范围内加以实施。而

---

① 《关于中美经贸摩擦的事实与中方立场（白皮书全文）》，观察者网，https://www.guancha.cn/economy/2018_09_24_473207.shtml，登录时间：2019年9月21日。

CPTPP创始成员国自动享有规则的主动权,新加入国家需在现有CPTPP规则框架下开展经贸合作,非成员国则可能被排斥在CPTPP的贸易集团之外,进而面临较大的规则压力。

2. 日本与欧盟签署高水平自由贸易协定

2018年7月17日,日本与欧盟签署了《经济伙伴关系协定》(EPA),这意味着一个涵盖6亿人口、经济总量占全球GDP近1/3的"超级自由贸易区"即将建立。根据协定,欧盟将取消自日本99%进口商品的关税,而日本取消自欧盟94%进口商品的关税,未来数年内这一比例将升至99%。该协定将使日本的GDP增长1%,并有利于扩大欧洲国家对日本的商品与服务出口[①]。

《全面与进步跨太平洋伙伴关系协定》及日欧《经济伙伴关系协定》构建了绕开上合组织的大型自由贸易区,形成更高水平的国际经贸合作规则,环太平洋经济圈以及连接东亚与欧洲的经济圈相继建立,上合组织恰好处于两大经济圈之外,而上合组织成员国之间至今仍未就建立优惠贸易安排达成共识。在这种形势下如何提升区域经济合作水平是该组织面临的新挑战。

(三)上合组织亟须破解合作困局

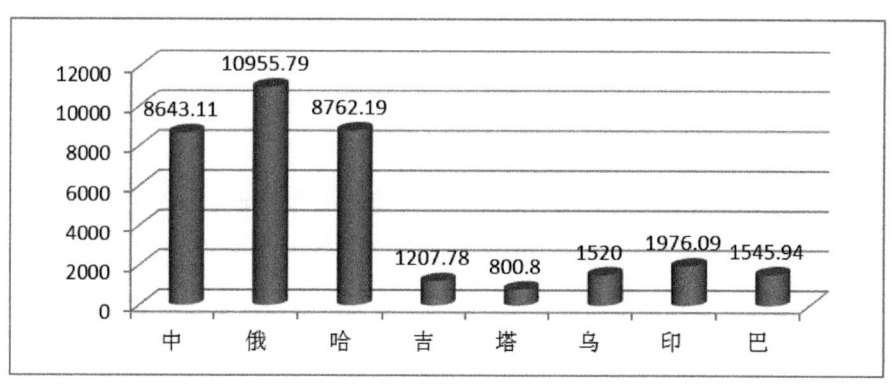

图2　2017年上合组织成员国人均GDP一览图　单位:美元

资料来源:worldGDP per Capita ranking 2017, kttp://knoema.com。

---

① 观察者网:《继与欧盟缓解贸易关系,美欲与日本签自贸协定:30天内开谈》,搜狐网,http://www.sohu.com/a/243694004_115479,登录时间:2019年9月21日。

17年来，上合组织区域经济合作取得了显著成效，积累了丰富经验，但也面临一系列亟待破解的难题。其一，需要有效协调各方利益推进区域经济合作进程。扩员后，上合组织成员国之间经济发展水平差异更为突出。图2显示，2017年8个成员国中，人均GDP最高的国家超过10000美元，低收入国家人均GDP只有800美元，二者相差10倍以上。经济发展水平的差异导致各国的利益诉求不同，对区域经济合作的重要方向难以达成共识，例如关于建立上合组织自由贸易区问题各国一直秉持不同立场，在很大程度上制约了区域经济合作进程。

其二，亟须提高现有区域经济合作机制的效率。迄今，上合组织在经贸、海关、金融、税收、交通、能源、农业、科技、电信、环保、卫生、教育等领域建立了一系列合作机制，由政府自上而下地大力推动各领域的合作，取得了令人瞩目的成效，但现行合作机制中市场导向不足的弊端日益凸显。随着成员国的增加，各国经济管理体制的差异明显加大，如何形成更为有效的市场化合作机制成为深化区域经济合作面临的新任务。

二、上合组织区域经济合作存在新机遇

扩员后，上合组织覆盖区域更加广阔，为拓展区域经济合作创造了更为有利的条件。

（一）成员国元首就加强区域经济合作达成共识

《上合组织青岛峰会元首联合声明》中元首们一致"主张遵循《上合组织宪章》，推动贸易和投资便利化，以逐步实现商品、资本、服务和技术的自由流通"。强调在相互尊重、平等互利原则基础上大力推动交通、能源、电子商务、金融、农业、投资、海关、电信、中小微企业、环保、质检、高科技、数字经济、地方合作、经济智库、实业家委员会、银联体等领域的合作，支持完善全球经济治理体系，发展经贸和投资合作，由此为深化上合组织区域经济合作提供了必不可少的政治前提。

（二）区域经济合作潜力大幅度提升

扩员后，上合组织8个成员国的总人口32亿，经济总量超过16万亿美元，构成了欧亚大陆上规模庞大的区域市场，其辐射力也由中亚拓展到南

亚以及更广阔区域,并将中亚与南亚连为一体,发展前景可观。此外,上合组织成员国之间经济互补性增强,俄罗斯和中亚的能源储量居于世界前列,中亚地区探明石油储量超过113亿吨,大约相当于全球石油探明总储量的2.5%。天然气探明储量超过23万亿立方米,大致相当于同期全球探明总储量的10.6%[1],可为成员国提供丰富的能源供应,为拓展能源贸易与投资提供了新机遇。根据印度政府预测,至2025年印度的服务业产值将达到3万亿美元[2],占GDP总额60%。目前印度承接的软件外包业务约占全球软件外包市场的2/3,因此被称为"世界办公室",但印度的软件服务业主要针对发达国家市场,未来可向上合组织成员国提供服务产品。中国是名副其实的"世界工厂",在220种工业产品上产量居于世界第一位,可为各国提供大量的生产性技术及相关产品。如果上合组织成员国发挥各自的产业比较优势,为中亚国家寻求能源消费市场,为印度拓展服务业消费市场,为中国开拓工业品销售市场,将为区域发展创造更为广阔的合作空间。

（三）区域经济合作的基础条件更加完善

经过17年发展,上合组织已构建了区域基础设施互联互通网络。已建成总长3828公里的中俄和中哈输油管线,年供油量为3500万吨。铺设了横跨6国、总长1万公里、年供气量为300亿立方米的中国中亚天然气管线。2019年即将建成长达5000公里、年供气量380亿立方米的中俄天然气管线,区域能源网络架构基本形成。与此同时,三条亚欧大陆桥,上百条向北和向西延伸的跨境公路,新建的中巴经济走廊,《上合组织成员国多边公路运便利化协定》等制度安排以及渝新欧新型国际联运模式完善了区域交通运输网络,使互联互通具有了坚实基础。成员国之间不断创新区域金融合作模式。中方与各国开展了本币结算与本币互换,推动创立上合组织开发银行,建立银联体等区域金融合作机制,创新资源换贷款融资模式,开展了外币在本国流动的试点等。搭建了人文交流平台,广泛推动了人员培训、政党交流、智库、教育、旅游、医疗、青年等领域合作。无论在基

---

[1] 胡建:《中国与中亚国家能源合作的现状与未来》,中国信息报,http://www.zgxxb.com.cn/tjdk/201703160001.shtml,登录时间：2019年9月21日。

[2] 印度时报:《7年内印度GDP将达到5万亿美元》,腾讯网,https://new.qq.com/rain/a/20180316011171,登录时间：2019年9月21日。

础设施建设方面,还是在人文交流领域,都为深化合作创造了良好条件。

三、深化上合组织区域经济合作的主要方向

基于当前国际经济环境的变化以及上合组织扩员后的现状,未来深化区域经济合作需要调整发展思路。青岛峰会上发布的《上合组织成员国元首关于贸易便利化的联合声明》成为一个风向标,预示扩员后随着成员国的增加区域经济合作的立足点应转向协调各方利益的经贸合作规则,而非以往关注较多的投资项目,区域经济合作的重点也将由重项目转向重规则,弥补合作的制度短板。合作路径由单一的项目合作转向制度建设与项目合作双轮驱动,助力上合组织区域经济合作向高质量转变,为可持续发展提供长期制度性保障。

(一)积极推进签署《上合组织成员国贸易便利化协定》并尽快落实贸易便利化措施

贸易便利化涵盖海关程序、检验检疫、跨境运输等诸多领域,鉴于上合组织区域经济合作现状,《上合组织成员国元首关于贸易便利化的联合声明》将通关便利作为合作的起点和重要方向。

表1 2016年上合组织成员国的海关费用占跨境贸易成本比重 单位:%

国别	出口海关费用/出口跨境贸易成本	进口海关费用/进口跨境贸易成本
中	66.5	74.8
俄	36.2	53.9
哈	69.5	—
吉	75.2	89.8
塔	—	52.7
印	53.2	98.5
巴	73.5	85.1

资料来源:《The Global Enabling Trade Report 2016》,《Doing Business 2016》。

表1显示,根据《The Global Enabling Trade Report 2016》和《Doing Business 2016》的数据,上合组织7个成员国(乌兹别克斯坦未列其中)

的进出口海关程序费用占其跨境贸易成本的比重基本超过50%，因此减少海关程序费用对于提升跨境贸易效率及降低成本作用凸显，也将极大地带动区域贸易发展。我们采用全球贸易分析模型（GTAP）模型对上合组织实施贸易便利化措施可能产生的经济效益进行了测算。假设各成员国在现有基础上将海关通关效率提高25%（将通关时间在现有基础上减少25%），那么上合组织区域整体GDP规模将增加440亿美元，总体福利将增加484.7亿美元，进出口总额将增加397.7亿美元。如果各成员国在现有通关水平基础上大幅度提高通关效率，那么将产生倍加的经济效益。为此，应在《上合组织成员国元首关于贸易便利化的联合声明》的基础上尽快商签《上合组织成员国贸易便利化协定》，形成区域贸易便利化的制度安排，为推进贸易便利化进程奠定必不可少的法律基础。此外，还应加强海关合作，以差异化原则、由点带面推动贸易便利化合作，加强能力建设提升成员国的执行力，为提升区域经济合作水平提供良好的制度条件。

（二）探讨区域贸易自由化发展前景

目前全球经济发展呈现两种截然相反的趋势，一是以美国为代表的单边主义愈演愈烈，二是区域贸易自由化进程仍在加速推进。上合组织青岛峰会上各国元首达成共识，逐步实现商品、资本、服务和技术的自由流通。尽管成员国暂时未能就建立自由贸易区形成共识，但是着眼于长远发展，推进贸易自由化对于上合组织的发展将产生积极效果。作者利用GTAP模型对于上合组织建立自由贸易区的前景做出预测，结果显示，上合组织自由贸易区可使区域整体的GDP增加988亿美元，贸易额增加1300亿美元，此外，对于促进各国就业，增加各国整体福利及提高自然资源要素回报水平将产生积极效应，进而为区域发展注入新动力。既然建立自由贸易区是多方共赢的合作方向，那么上合组织成员国应尽快就建立自由贸易区开展联合研究并力争达成一致意见。

（三）推动合作机制改革并提升协调效率

伴随成员国的增加，上合组织区域经济合作的协调难度不断加大，迫切需要提高合作机制的效率，为此亟须转变政府间协调机制的功能，由重点协调合作领域转向协调合作制度与规则，即加强制度建设、改善政策和营商环境，奠定合作的法律基础等。与此同时，强化协调机制的市场导向，调动民间（包括地方）和企业的积极性，促进其开展直接合作，减少政府的直接干预。在保证"协商一致"原则的前提下，可采用创始成员国模式开展合作。对于新的合作倡议可以小多边形式为起点，其他国家根据自身的意愿与发展水平随时加入，从而形成双边、诸边和区域相结合，多层级合作机制，增强合作的灵活性，提高合作效率。例如，推进以企业为主体的电子商务联盟、中小企业联盟，拓展地方合作平台等。此外，在经贸领域可考虑提升观察员国和对话伙伴国的参与度。上合组织的成员国、观察员国和对话伙伴国共计18个国家，占全球人口的45%，占全球经济总量和贸易额的26.1%和33.9%，市场潜力巨大。大力吸收观察员国和对话伙伴国参与区域经济合作，拓展合作领域，必将为区域经济合作创造更多机遇，开辟更广阔的合作空间，同时有利于扩大上合组织的影响力。

Саммит в Циндао - новая отправная точка регионального экономического сотрудничества в рамках ШОС

Лю Хуацинь

Аннотация: В настоящей статье анализируются внутренние и внешние вызовы против углубления регионального экономического сотрудничества после саммита ШОС в Циндао. Главное содержание статьи следующее: Возрастает неопределенность развития мировой экономики из-за мировой торговой войны, развязанной США. Постепенно формируется новая геоэкономическая структура. ШОС сама должна эффективно координировать интересы всех сторон и повышать эффективность механизмов сотрудничества для продвижения процесса регионального экономического сотрудничества. В то же время главы государств-членов достигли консенсуса в отношении укрепления регионального экономического сотрудничества. После расширения ШОС потенциал регионального экономического сотрудничества значительно повысился, сеть взаимосвязанной инфраструктуры в регионе намного улучшилась, гуманитарные обмены стали более стабильными, что обеспечило благоприятные условия для расширения регионального экономического сотрудничества. В будущем наряду с процессом расширения организации необходимо делать упор на правила торгово-экономического сотрудничества , которые координируют интересы всех сторон. Подходы сотрудничества переходят от проектного сотрудничества к институциональному строительству и проектному сотрудничеству, являющемуся двумяи двигателями сотрудничества. С этой целью мы должны активно вести переговоры по «Соглашению об упрощении процедур торговли между странами-членами ШОС» и как можно скорее принять меры по упрощению процедур торговли, изучать перспективы регионального сотрудничества в области либерализации торговли, содействовать реформированию механизмов сотрудничества и повышать эффективность координации.

Ключевые слова: ШОС, региональное экономическое сотрудничество, упрощение процедур торговли

Автор: Лю Хуацинь, Директор института Европы и Евазии Академии внешней торговли и экономического сотрудничества при Министерстве коммерции КНР, главный научный сотрудничк, Постоянный член Китайского центра исследований ШОС.

Qingdao Summit: A New Starting Point for Regional Economic Cooperation within the SCO

Liu Huaqin

Abstract: This article elaborates on the internal and external challenges for deepening regional economic cooperation after the SCO Qingdao Summit. The global trade war launched by United States has increased the uncertainty of the development of the world economy, the new geo-economic landscape is starting to take shape, and the SCO itself needs to effectively coordinate the interests of all parties and improve the efficiency of cooperation mechanisms to promote the process of regional economic cooperation. After the expansion, the potential for SCO regional economic cooperation has been greatly unleashed, the network of interconnected infrastructure in the region has been promoted, and humanities exchanges have become more stable, providing favorable conditions for expanding regional economic cooperation. In the future, along with the expansion process, the foothold of regional economic cooperation should shift its focus to the cooperation on the rules of economic and trade that coordinate the interests of all parties, and the cooperation path should be shifted from project cooperation to institutional building and project cooperation. To this end, the "Trade Facilitation Agreement of the SCO Member States" should be actively negotiated and trade facilitation measures should be implemented as soon as possible, the prospects for regional trade liberalization cooperation should be explored, and the reform of cooperation mechanisms should be promoted and coordination efficiency improved.

Key words: SCO, regional economic cooperation, trade facilitation

Author: Liu Huaqin, Standing member of China Center for SCO Studies, Director of Department for European and Eurasian Studies in Chinese Academy of International Trade and Economic Cooperation

通过发展跨地区运输交通开发上海合作组织地区国家经贸潜能

【阿塞拜疆】侯赛因·侯赛因诺夫*

【内容提要】阿塞拜疆作为欧亚大陆的交通枢纽一直致力于地区交通运输走廊建设,并已取得明显进展,为上合组织的互联互通做出了应有的贡献。未来上合组织要进一步发展和改善交通运输条件,努力提高运输能力,促进运输线路多样化,提升运输线路在全球的竞争力,并使之与国际交通运输实现一体化。

【关键词】交通运输　基础设施　里海　潜力

阿塞拜疆自2015年作为对话伙伴加入上海合作组织（以下简称"上合组织"）大家庭以来,始终不渝地积极参与该组织的各项活动,为巩固共同的"上合精神"、相互信任与平等,作出了力所能及的贡献。

开发上合组织地区的运输和交通基础设施、提高其利用效率、加强跨地区运输走廊和过境潜力,是上合组织优先发展的方向之一。各国忠实地就经贸领域安全和互利合作问题广泛开展平等和及时的对话,成为上合组织坚实的合作基础。

阿塞拜疆在东西和南北交通走廊交叉地段的战略位置决定了其在跨里海国际运输线路的实施和发展中的特殊作用,因为在中国2013年提出的"一带一路"倡议框架下,该线路实际上连接了上合组织地区的所有国家。

正如今年1月21日阿塞拜疆总统伊利哈姆·阿利耶夫在接受中国国际电视台采访时所说："阿塞拜疆完全支持'一带一路'倡议。通过里海连接各大洲,在巴库建设海上港口,将我们的铁路系统与欧洲铁路系统连

---

* 侯赛因·侯赛因诺夫（Гусейн Гусейнов），阿塞拜疆外交部分析与战略研究司司长。

通——这些将建立起一种全新的合作模式。在阿塞拜疆建立交通枢纽将使我国成为从东到西、从南到北重要的过境国家。"

同时，阿塞拜疆一贯坚持加深与上合组织全方位合作伙伴关系的宗旨，上述合作方向之一就是在政治和安全领域开展协作，包括同"三股势力"，即恐怖主义、极端主义和分裂主义作斗争。阿塞拜疆共和国曾直接遭遇到上述恶势力的威胁，导致其国际公认领土被占领，以及在此领土上居住的阿塞拜疆人遭到种族清洗。我们痛苦的经验应成为那些对上述威胁认识不足的人们的一种警示。这些威胁会从根基上动摇和平、安全和发展的基石。

阿塞拜疆在与上合组织各国保持高水平政治、人文合作的同时，还成功地扩大了经贸合作范围。在这些合作中阿塞拜疆的一个重要优势就是提高本国在地区间运输交通中的作用。

建立高效的运输基础设施和发展过境走廊，对于改善上合组织框架内各国，特别是无出海口国家的经济联系具有十分重要的意义。它可以促进地区一体化进程，促进贸易的发展，确保全球经济的一体化。

2017年巴库—第比利斯—卡尔斯铁路交通投入运营，使跨里海运输合作提升到一个全新的高度，将欧亚大陆和亚太地区转变成完整的地区市场，连接起世界最大规模的生产、原料开采和加工中心，以及广阔的销售市场。值得指出的是，目前巴库—第比利斯—卡尔斯铁路线路可以运送650万吨货物和100万名乘客。未来货运量和客运量可分别达到1700万吨和300万人。

建于2014年，位于里海阿塞拜疆海岸的国际海上贸易港口阿利亚特港目前吞吐量为1000万吨货物和4万个标准集装箱，并有望在最后阶段达到2500万吨货物和100万个标准集装箱。作为里海最现代化港口，阿利亚特港可保证多种形式运输的广泛使用，并促进里海地区运输规模的发展与增强。

初期阶段，经过阿塞拜疆领土、穿越东西部走廊的货物运输，是在中国（太平洋港口—连云港）和哈萨克斯坦（里海港口—阿克套港）之间进行的。之后，集装箱通过渡船运至阿塞拜疆阿利亚特港，再铁运至格鲁吉亚在黑海的各个港口。随着哈萨克斯坦境内热斯卡兹甘—北涅乌铁路交通的投入运行，跨里海线路的运输效率大大提高。这一铁路线是哈萨克斯坦中部与阿克套港相接最短的运输线路，促进了跨里海国际运输线框架内货物运输的加速运行。

据专家们估计，到2020年，中国和欧盟的货物贸易量将达1.7亿吨。由于巴库—第比利斯—卡尔斯铁路枢纽投入使用，仅仅2018年1至10月，沿跨里海国际运输线的哈萨克斯坦过境集装箱运输量就增长16.5倍，达到2800个集装箱，而2017年只有160个标准集装箱。到2020年，计划增加到700万至800万个。

除保障跨境运输外，跨里海国际运输线还将对该线路成员国贸易额的增长作出实质性贡献。鉴于目前中国和欧洲之间的贸易仅有一小部分通过陆路进行，在这个方向今后发展铁路联系将变得越来越重要。之所以重要，还因为铁路运输不仅比海运快捷，而且比空运便宜得多。例如，如果中国到德国的铁路运输需要12至16天，那么海运则需要40至50天。因此，运输货物的高速度将促进运输量增长。

目前在"一带一路"范围内运行的运输路线主要有：

中国—哈萨克斯坦—俄罗斯—白俄罗斯—波兰—德国；

中国—哈萨克斯坦—土库曼斯坦—伊朗；

中国—哈萨克斯坦—阿塞拜疆—格鲁吉亚—乌克兰；

中国—哈萨克斯坦—阿塞拜疆—格鲁吉亚—土耳其。

鉴此，为了进一步发展和完善上合组织范围内的运输走廊，可以提出以下建议：

对运输能力逐步进行技术安装，并将其与国际运输交通网一体化；

建设多种集装箱运输的基础设施，促进运输线路多样化；

实施各国的国家运输战略，旨在对经济、社会和生态持续发展作出实际贡献；

使地区运输战略和谐发展，以便通过加强地区贸易和过境运输、以及提高运输走廊在全球的竞争力，进一步发展一体化；

为没有出海口的成员国提高大规模基础设施项目的建设能力和探寻国家实施这些项目的财政创新机制而提供帮助。

应该指出，阿塞拜疆对发展北南运输走廊也很重视，因为南亚和北欧国家之间正是通过阿塞拜疆而过境。与此同时，参加"维京"铁路项目的拉脱维亚、立陶宛、保加利亚和罗马尼亚已经达成协议，将此项目通过白俄罗斯和乌克兰的领土与跨里海国际运输线连接起来。最终，通过跨里海国际线走廊，立陶宛克拉伊佩达港口与乌克兰伊利伊切夫斯克之间的货物运输扩至中国领土。

　　保障优惠税收和统一的"关税窗口"制度，使跨里海国际运输线更具吸引力。我想指出的是，在跨里海国际运输线的框架内，在铺设和发展铁路的同时，还计划建立新的运输物流中心。这些中心是多模式运输、吸引大规模投资和增加旅游设施所必需的。与此相关，扩大运输服务市场和建立大规模的基础设施中心将促进上合组织地区国家建立新的工作岗位和经济增长。

　　跨里海国际运输线另一个具有前景的发展方面是这条线路上来自中国的游客数量大幅增加。在开辟新的旅游景点时，可以提出一些便捷的、可以到达的"旅游景点群"，其中包括到中亚和南高加索国家的旅行。将来还可以开设从中国到黑海的新"亚洲东方快车"，使数以百万的旅游者能够欣赏里海和黑海区域的许多美景。

　　在扩大经贸合作的新领域，包括通过发展上合组织地区跨地区运输潜力和完善业已存在的基础设施，将进一步提高该组织在国际社会的威望。

（王宪举　译）

Развитие торгово-экономического потенциала в ШОС путем развития межрегиональных перевозок

[Азербайджан] Гусейн Гусейнов

Аннотация: ия статьиКак транспортный узел Евразии Азербайджан постоянно занимается строительством региональных транспортных коридоров и добился значительного успехов,внося свой вклад во взаимную связь и взаимное сообщение ШОС. В будущем следует и дальше улучшать транспортную систему, повишать пропускной способности, содействовать диверсификации транспортных маршрутов,повышать их конкурентоспособность на мировом рынке и интегрировать их с другими международными транспортными маршрутами.

Ключевые слова: транспортная инфраструктура, Каспий, потенциал

Автор: Гусейн Гусейнов, руководитель управления анализа и стратегических исследований Министерства иностранных дел Азербайджанской Республики.

Exploring Economic and Trade Potential of SCO Countries by Developing Trans-regional Transportation

[Azerbaijan] Huseyn Huseynov

Abstract: Azerbaijan is located in the main transportation hub of Eurasia. It has been committed to the construction of several regional transportation corridors and has made significant progress, making contributions to the interconnectivity and interoperability of the SCO. In the future, the SCO should further develop and improve transportation conditions, strive to improve transportation capacity, promote the diversification of transportation means, enhance the competitiveness of transportation routes in the global market, and integrate them with other international transportation routes.

Key words: transportation infrastructure, Caspian, potential

Author: Huseyn Huseynov, Head of the Analysis and Strategic Studies Department of the Ministry of Foreign Affairs of the Republic of Azerbaijan.

影响吉尔吉斯斯坦 在欧亚空间经济合作发展的因素

【吉尔吉斯斯坦】阿·科若舍夫　阿·阿巴尔别科娃[*]

【内容提要】欧亚经济联盟和"一带一路"的基础设施工程对接起来，因为这是本文论述了一体化因素对吉尔吉斯斯坦进行欧亚区域经济合作的影响，建议将上合组织欧亚大陆各国进一步发展经济的巨大潜力。

【关键词】一体化　经济项目　济联盟投资　欧亚经　"一带一路"

吉尔吉斯斯坦是上海合作组织（以下简称"上合组织"）的创始成员国之一。吉方认为，上合组织是加强互信、深化睦邻友好关系、推动本地区各国加强协作的重要有效机制。

通过上合组织，吉尔吉斯斯坦得到了在上合组织合作伙伴国境内落实本国经济发展倡议，并参与联合经济项目的绝佳机会。

吉尔吉斯斯坦具备在上合组织框架下成功发展的所有必要条件。得益于重要的战略位置，吉尔吉斯斯坦将中国庞大、充满活力的市场与哈萨克斯坦、乌兹别克斯坦和俄罗斯联系起来，再出口使吉尔吉斯斯坦的经济表现让人印象深刻。2017年，吉尔吉斯斯坦与上合组织国家的贸易额达到GDP的83%，这显示出该国在区域贸易一体化中的重要作用。

当前，吉尔吉斯斯坦面临的任务是利用上合组织等平台探索高质量的新型国家间合作形式，努力构建与邻国稳定的关系体系，提高自身潜力，为解决本地区迫切问题作出贡献。

解决本地区迫切问题的实际需要、本地区各国对话的共同愿望以及对

---

[*] 阿·科若舍夫（А. Кожошев），吉尔吉斯斯坦国家战略研究所所长顾问，曾任吉尔吉斯斯坦经济部部长；阿·阿巴尔别科娃（А. Абарбекова），欧亚经济委员会财政司副司长。

互利可持续发展路径的探索共同决定了上述伙伴关系的主要目标和任务。

在这方面，对于吉尔吉斯斯坦来说，上合组织是此类新的复合型国家间区域伙伴关系模式中最引人注目的例子之一。

如今，上合组织正系统地朝着寻求就当前地区问题达成共识的道路迈进。上合组织在每个具体维度上都具备巨大潜力，该组织不断探索新的机会，其未来有广阔的发展势头，这是确定无疑的。然而，上合组织相对年轻，如同其他国际组织的发展历程一样，它也暴露出任何年轻的、发展中的组织存在的典型特征和问题。

除在上合组织框架下的政治和经贸倡议外，中国承担了21世纪复兴伟大丝绸之路——这条自中世纪以来便连接东西方的路线的重要使命。中方不仅为"一带一路"沿线国家的货物交换和经济繁荣做出贡献，也为欧亚地区科学和文化的发展发挥了巨大作用。

今天，复兴丝绸之路的理念充分体现在"一带一路"倡议中，这一倡议应该在位于中国和欧洲之间的国家传播开来。

"一带一路"倡议使吉尔吉斯斯坦有机会成为欧洲和东亚之间重要的国际过境中心，对吉尔吉斯斯坦具有很强的吸引力。拓展合作渠道对于吉尔吉斯斯坦同中亚各国以及周边地区国家经贸关系的进一步发展具有重要意义。

参与"一带一路"计划对吉尔吉斯斯坦融入区域一体化倡议效率具有重大影响。吉尔吉斯斯坦对发展本地区基础设施项目寄予厚望，这将推动包括吉尔吉斯斯坦在内的该地区所有国家加强贸易往来。基础设施项目的实施可以带来新的投资、新技术的开发、文化的交流，关系的加强，十分有助于巩固国家稳定、保障安全、加强多边合作，逐步将丝绸之路地区打造为全球政治经济新中心。

在中国的帮助下，吉尔吉斯斯坦已成功重建许多重要道路。对吉尔吉斯斯坦来说，前景最为广阔的是建设中国—中亚天然气管道D线以及通过最短距离将中国与中亚国家连接起来的铁路建设项目。天然气管道和铁路分支的运营将加强吉尔吉斯斯坦作为欧亚地区区域交通枢纽的作用，并将其与传统的其他交通方式连接起来。

不可否认的是，吉尔吉斯斯坦具有独特的能源潜力。截至目前，吉尔吉斯斯坦仅利用了10%的水能资源潜力，其利用太阳能、风能等天然来源的技术发电的能力也不容忽视。国家对生态问题给予密切关注，动用巨大的力量和资金来做好生态工作。吉尔吉斯斯坦的国家形象在国际社会不断提升，已经成为创造机会的重要平台。此外，吉尔吉斯斯坦将努力将自身打造为"绿色经济"国家。

对吉尔吉斯斯坦融入区域一体化倡议产生重大影响的另一重大因素是该国参与欧亚经济联盟活动。2015年，吉尔吉斯斯坦成为欧亚经济联盟成员，掀开其经济史上崭新的一页。这意味着与一个人口数量约1.83亿，GDP约5万亿美元的快速发展地区发展伙伴关系，标志着深层次的经济一体化正在形成。

加入欧亚经济联盟以来，吉尔吉斯斯坦关键社会经济指标得以改善。2016年，吉国经济实现正增长，2017—2018年，经济发展的积极态势仍在继续。

吉尔吉斯斯坦加入欧亚经济联盟对在联盟内其他国家工作的吉尔吉斯斯坦公民产生了积极影响，这反过来也提高了吉国民对欧亚经济联盟的支持率。

2017年欧亚开发银行进行的民意调查结果显示，吉国内对欧亚一体化的支持率高达83%，这充分证明，对吉尔吉斯斯坦民众来说，参与欧亚经济联盟一体化的影响是显而易见的。

得益于欧亚经济联盟的一体化潜力充分展现，吉尔吉斯斯坦经济展现良好势头，这同时也将最大限度地降低世界局势不稳定对成员国经济的影响。深化欧亚经济联盟框架下合作的一个重要先决条件是实现联盟空间内四大基本自由，即货物、服务、资本和劳动力的自由流动。

值得一提的是，欧亚经济联盟正在签订新的自由贸易协定，今天的联盟越来越多地致力于扩大和深化与世界各国的经济联系。

当前，为应对全球经济挑战和趋势的要求，欧亚经济联盟与第三国的经贸联系的地理范围在不断扩大。

例如，两年前，联盟同越南签署了自由贸易协定；一年前，同中国签订了《中华人民共和国与欧亚经济联盟经贸合作协定》，这是联盟同第三国迈出的重要一步。在《协定》框架下，双方就开展广泛形式的各行业合作达成了一致。该协议规定，对知识产权保护等多个领域执行高标准管理。

在不久的将来，欧亚经济联盟还计划与埃及、伊朗、印度和新加坡签署自由贸易协定。以色列计划于近期加入联盟。通过建立自由贸易区的形式扩大地理影响、增加与其他国家的经济联系有助于推动联盟国家产品出口。

目前，摩尔多瓦已成为欧亚经济联盟观察员国，印度尼西亚和土耳其等其他亚洲国家在与联盟进行自由贸易区谈判。今年年初以来，泰国加强了与联盟的贸易往来。

总之，当前上合组织高效的合作形式、欧亚经济联盟的高速一体化进程和"一带一路"基础设施项目给欧亚空间各个国家，甚至是整个地区的经济发展带来巨大潜力，而这一潜力尚未被充分开发。

在这方面，实现国家间友好互谅的对话协作是上述组织最重要的任务之一。对于上合组织成员国来说，努力增加实施统一经济政策的部门和行业的数量至关重要。为保障有关规划顺利实施，不仅需要各国政府机构和秘书处之间建立密切联系，各国商业界之间扩大交往也很有必要。

应当建立一种项目落实机制，使上合组织、欧亚经济联盟和"一带一路"框架下的各个国家的和联合的基础设施项目都得以顺利落地。联合项目的落实将提升欧亚空间所有国家的经济潜力。

为加速上合组织的国际经济关系一体化，需要重新审视其概念和使命，提升"上海精神"的深度和广度，为上合组织灵活应对当今挑战奠定有力基础。

特别是，考虑到当今世界的新形势，为进一步提升上合组织潜力，要明确每个成员国的经济定位，为此各国应通力合作。

鉴此，为提高上合组织活动的能力和效率，应当对各成员国的需求进行调研分析。

上合组织缺乏实际的谈判机制。实践表明，即使在目前的组织构成中，某些国家无视已经达成的、实质上正式生效的协议，悄然推行保护主义的经济政策。这与"上海精神"相矛盾。自成立之初，"上海精神"一直以相互理解与合作为口号，致力于团结上合组织有关国家。

上合组织论坛为参与国政策制定提供专家咨询保障，具有很大发展潜力。本组织不需要花费多余时间根据上合组织成员国法律和规章制度调整《上合组织宪章》原则等重要的合作实践精神。

上合组织论坛与上合组织秘书处，国家协调员理事会以及成员国外交部密切合作非常有益。

与上合组织论坛密切合作的专家通过调研分析和预测提出的建议有助

于加强上合组织国家与欧亚经济联盟之间的相互了解。

我相信，大型联合经济项目的规划和实施将对推动国际组织参与国间开展合作起到关键作用。

有关伙伴国家应进一步发掘有关专家的科研潜力，进一步完善合作机制。要设法为上合组织成员国政府机构、工商界和各国研究中心交流打造平台，推动务实合作倡议落地，从而保障地区安全，推动经贸人文合作。

为实现以上宏伟目标，应当总是将各国间的关系置于优先考虑的地位。各国要对坦诚、互信的对话持开放态度，并为开展有益的联合工作做好准备。

长久以来，东方一直力图在经济上同西方抗衡，上合组织的合作形式在欧亚经济联盟市场快速发展背景下进一步拓展，通过"一带一路"强有力的基础设施建设，上合组织在全球贸易关系中的影响力大幅提高。以上因素将为欧亚地区形成非西方主流的政治和经济力量提供强大助力。

（景晓玉　译）

Факторы, влияющие на развитие экономического сотрудничества Кыргызской Республики в евразийском пространстве

[Кыргызстан] Арзыбек Кожошев, Аида Абарбекова

Аннотация: В статье рассматриваются вопросы влияния интеграционных факторов на экономическое сотрудничество Кыргызской Республики в евразийском пространстве. Предложена необходимость сопряжения работы Шанхайской организации сотрудничества, Евразийского экономического союза и инфраструктурной программы «Один пояс – Один путь», который имеет огромный потенциал для дальнейшего экономического развития каждой страны в евразийского континенте.

Ключевые слова: интеграция, экономические проекты, инвестиции, торгово-экономические связи, ШОС, ЕАЭС, программа «Один пояс – Один путь».

Автор: Арзыбек Кожошев, советник директора НИСИ КР, бывший Министр экономики Кыргызской Республики.

Аида Абарбекова, заместитель директора департамента финансовой политики Евразийской Экономической Комиссии.

Factors Affecting the Economic Cooperation of the Kyrgyz Republic in the Eurasian Space

[Kyrgyzstan] Arzybek Kozhoshev, Aida Abarbekova

Abstract: The article discusses the impact of the integration process on the economic cooperation of the Kyrgyz Republic in the Eurasian space. It is proposed to synergize the work of the Shanghai Cooperation Organization, the Eurasian Economic Union and the "Belt and Road" initiative, which has great potential for economic development of the countires in the Eurasian continent.

Keywords: integration, economic projects, investments, trade and economic relations, SCO, EAEU, "Belt and Road" initiative

Author: Arzybek Kozhoshev, Advisor to Director of National Institute for Strategic Studies of the Kyrgyz Republic, former Minister of Economy of the Kyrgyz Republic; Aida Abarbekova, Deputy Director of the Department of Financial Policy of the Eurasian Economic Commission.

塔吉克斯坦与上海合作组织经济合作

【塔吉克斯坦】塔·巴罗托夫*

【内容提要】本文研究塔吉克斯坦与中国在上合组织框架内的合作问题，重点论述两国合作的特点及未来发展前景。文章还分析了21世纪丝绸之路经济带理念，这些理念为中国的近期对外新战略奠定了基础。与此相关的所有项目（统称作"一带一路"）旨在优化整个欧亚地区经济发展的立体结构。落实这些项目是北京最重要的任务之一。塔吉克斯坦在实施"一带一路"倡议的过程中具有重要地位。中国同塔吉克斯坦积极开展全面合作，实现优势互补。

【关键词】上合组织　社会经济关系　"一带一路"　国企民企合作

鉴于最近的一些事件，我们见证了上海合作组织（以下简称"上合组织"）在国际舞台上的作用日益提升，得到崇高声望，并正在成为建设新的多极世界秩序体系的重要机构。上合组织的活动取得了安全领域的切实成果，加强了成员国的政治、经济和人文等多方位合作。

我们认识到当今面临的挑战是复杂且相互关联的，成员国主张在上合组织框架内在经济、金融、能源和粮食安全领域内采取协调的措施。

得益于在上合组织框架内的密切合作，各国的经济指标有所增加，GDP增长率稳步上升，外国投资额也不断增加。

对于塔吉克斯坦而言，加入上合组织的目的之一是开辟经济合作中富有前景的新方向。在由上合组织发展基金（应为由中国提供的上合组织框架内的"两优"贷款——译者注）提供的优惠贷款的帮助下，塔吉克斯坦修复了道路，建设了连接北方和南方的高压电网。

---

* 塔·巴罗托夫（Т. Баротов），塔吉克斯坦总统战略研究中心创业问题和民营部门发展研究局局长。

上合组织在各个合作领域均发挥着积极高效的作用，帮助塔吉克斯坦解决两个重要的战略问题——保障能源安全和缓解国内交通堵塞。塔吉克斯坦与俄罗斯和中国建立了最为密切的互相关系网。

结合当下实际来看，塔俄关系的发展有稳步拓宽、扩大的趋势。在经济外交的重要性日益凸显的背景下，考虑到对方的利益和在地区和国际问题上的相近立场，两国都在根据彼此的潜力、需要和共同利益，努力开展更为密切的多方位合作。

与中国的关系在塔吉克斯坦的社会经济发展中发挥着重要作用。塔吉克斯坦与中国之间的公路直通和中国对塔大规模贷款项目的启动不仅促进了贸易快速增长，事实上也推动了中国在塔吉克斯坦实际经济影响的增长。中国开始积极为塔吉克斯坦经济发展提供贷款，特别是为某些具有重大社会意义的项目提供优惠贷款。

整体看，对于塔吉克斯坦的经济体量而言，中国在该国的经济存在举足轻重。这种存在的形式主要是贸易和提供财政援助（以优惠贷款和无偿援助的形式）。截至2017年底，仅中国对塔吉克斯坦的直接投资总额估计为12.402亿美元。

塔吉克斯坦拥有中亚最丰富的水电资源，并欢迎中国公司同俄罗斯和伊朗公司一道积极参与该国内河中小型水电站建设。现有的潜力使塔吉克斯坦能够生产足够多的电力，既能满足国内需求，还能对外出口。

总体看，近年来中塔之间的经济关系日益增强，对塔吉克斯坦的经济发展，特别是在电力、通信和公路交通领域产生了重要影响。

中国国家主席习近平在访问中亚的时候提出了中国和周边国家及地区共建"丝绸之路经济带"的构想。这一战略构想得到了许多国家的高度关注和肯定，特别是中亚、西亚的一些国家以及俄罗斯、阿富汗和其他国家。

在最近几次上合组织首脑会议上，各国领导人提出"拉动"经济和利用本组织所拥有资源的任务，这是有理由的。比如说，中国拥有巨大的金融、投资和科技潜力，同时是世界上最大的原材料，特别是能源消费国。俄罗斯因其工业潜力，科研和极其丰富的矿藏资源而闻名。中亚各国则作为欧洲和亚洲之间的纽带，能够确保俄罗斯和中国的货物通过其领土过境运输。此外，哈萨克斯坦和乌兹别克斯坦作为能源出口国，吉尔吉斯斯坦和塔吉克斯坦作为电力出口国各自发挥着重要作用。上合组织成员国的区域间合作和边境合作拥有广阔前景。所有这些都是发展多边经济合作的基础，合作的目标是确保普遍的可持续发展和繁荣，创造安全与稳定的社会经济保障，改善人民生活。

综上所述可以得出结论，在与合作伙伴密切协作下，塔吉克斯坦将为上合组织的不断发展进程注入新动力，并进一步加强其在确保该地区和平与繁荣方面的作用。

目前可以确定的是，尽管上合组织国家之间的合作存在一定矛盾和复杂性，但在该组织的空间内正在实施唯一的具有多边重要性的大型基础设施项目，由中国在2013年提出的"丝绸之路经济带"和"21世纪海上丝绸之路"倡议。根据中国的官方数据，"一带一路"倡议涵盖欧亚大部分地区，连接了包括"新经济体"在内的众多发展中国家以及发达国家。该宏大项目所覆盖的地区富集了丰厚的资源储备，居住着占世界人口的63%的居民，而预测经济规模则达21万亿美元。这是"西欧—中国"高速公路项目。该项目由三个上合组织成员国参与：发起者和主要赞助者——中国，还有哈萨克斯坦和俄罗斯。未来其他上合组织国家以及一些观察员国都可以加入这个项目。

为实施如此庞大规模的建设项目，中亚国家需要在国家私人伙伴关系（PPP）金融模式的框架内吸引国际和私人投资。实际上，建设高速公路也正是PPP框架里所计划的。除国家资金外，还应吸引私人资金，国家担保下的银行资金以及其他各个国家和非国家基金的资金。

国际实践表明，国家和企业在实施大型项目方面的合作是国家竞争力、投资吸引力增长，生产顺利发展乃至整个经济随之增长的因素之一。国际实践表明，PPP机制是在公共资源有限时，保证设施的建设、现代化、维护和运营的必需财政基础的替代工具之一。在使用该机制时，有机会提高国家和私营部门之间互利合作的效率，提高服务质量，加速实现那些经济多样化所必需的基础设施的现代化。

PPP是基础设施建设领域最普遍的定义之一。这是因为PPP的启动计划通常是在基础设施建设项目中实施的。因此，无论是对塔吉克斯坦，还是其他上合组织成员国来说，国家和企业间的伙伴关系在交通干线和公路建设项目中最常见到。大多数情况下私人投资的比重超过50%，这说明此类项目是很有吸引力的。此外，在创新领域也开始实施PPP形式的项目。而且在塔吉克斯坦和其他上合组织国家从资源型经济向创新型经济转型之路上，国家私人伙伴关系可以成为国家发展战略的关键部分。

由此建议在目前条件下集中精力发展加工产业——机械制造、电子、化学和其他产业的生产合作项目，特别是知识密集型的高科技产品的制造。上述合作方向可以成为中亚国家—上合组织成员国长期发展路线图的重点。

（李　琰　译）

Таджикистан и экономическое сотрудничество на пространстве ШОС

[Таджикистан] Тахирхон Баротов

Аннотация: В статье рассмотрены вопросы сотрудничества Таджикистан с Китаем в рамках ШОС, выделяются и описываются характерные особенности взаимоотношений этих стран и перспективы их развития в ближайшие годы. А также рассмотрена концепция экономического пояса Шелкового пути XXI, века заложили основы новой внешней стратегии Китая на ближайшую историческую перспективу. Реализация этих проектов, которые были объединены под общим названием «Один пояс, один путь», станет одной из важнейших задач Пекина по оптимизации пространственной структуры экономического развития всего евразийского региона. Важное место в процессе реализации данной инициативы занимает Таджикистан, с которыми Китай осуществляет активное взаимодействие и всеобъемлющее сотрудничество, преимущества от которого получают все стороны.

Ключевые слова: ШОС, социально-экономическая отношения, инициатива "Один пояс - один путь", государственно–частное партнёрство.

Автор: Тахирхон Баротов, начальник управления исследования проблем предпринимательства и развития частного сектора Центра стратегических исследований при Президенте Республики Таджикистан

Tajikistan and the SCO Economic Cooperation

[Tajikistan] Tahirkhon Barotov

Abstract: The article discusses the cooperation between Tajikistan and China within the framework of the SCO, identifies and elaborates on the features of relations between these countries and the prospects for their development in the coming years. The article also reviews the concept of the Silk Road Economic Belt of the 21st century, which has laid the foundation for China's new foreign strategy for the near future. The implementation of the projects of the "Belt and Road" initiative will become one of Beijing's most important tasks in optimizing the spatial structure of the economic development for the entire Eurasian region. Tajikistan holds an important position in the process of implementing this initiative. China and Tajikistan have active interactions and comprehensive cooperation, which will be beneficial to all parties.

Keywords: SCO, social-economic relations, the "Belt and Road" initiative, public-private partnership

Author: Tahirkhon Barotov, Head of Department for Entrepreneurship and Private Sector Development Research, Center for Strategic Research under the President of the Republic of Tajikistan

中亚一体化新动向与上海合作组织

杨 莉[*]

【内容提要】中亚国家独立后尝试的地区一体化，因历史阶段的局限导致无疾而终。随着社会经济发展成为各国中心任务、地区形势及国际环境发生变化，地区一体化峰回路转。上合组织的发展对中亚一体化不仅提供了外部良好环境，而且在范式、动力等方面具有推动作用。中亚一体化进程也将促进上合组织内基础设施、经济贸易的发展。二者相辅相成，相互促进。

【关键词】中亚地区　一体化　上合组织

中亚独立后不久即开始一体化探索，由于各种错综复杂的原因，历经20多年未取得实质进展。近两年，地区政治经济形势发生变化，一体化出现新动向。中亚除土库曼斯坦外，其他4国均属上合组织成员，其一体化走向对上海合作组织（以下简称"上合组织"）将产生重要影响。

一、中亚一体化的历史回顾及制约因素

中亚合作组织（CACO）的发展过程折射了中亚一体化探索的脉络。1994年1月，哈乌两国总统在塔什干签署了两国统一经济空间条约，同年4月，吉尔吉斯斯坦宣布加入这一条约。1995年4月，哈乌吉三国签署《至2000年经济一体化发展纲要》，决定建立"中亚联盟"，为中亚一体化提供了制度框架。1998年3月，塔吉克斯坦入盟，四国签署《关于进一步加深一体化声明》，并更名为"中亚经济共同体"。2002年2月，中亚合作组织成立，取代中亚共同体。2004年10月，俄罗斯作为域外成员正式加入，标

---

[*] 杨莉，中国国际问题研究院欧亚研究所副研究员。

志着中亚合作组织已不是纯粹的地区组织。2005年10月成员国元首会议决定将该组织并入由俄罗斯主导的欧亚经济共同体。至此,中亚依靠自身力量推进一体化宣告失败,此后,中亚地区甚至出现了"逆一体化"局面。

中亚一体化从高调推进、整合到分化,直至偃旗息鼓,原因复杂交织,既有历史的也有现实的,既有域内的也有域外的。

(一)新兴的中亚诸国构建民族国家是阶段中心任务。脱胎于苏联的中亚各国虽然希望通过对外合作解决经济问题,但首要任务是主权独立,与邻国在边界、跨境资源、跨境民族等问题上厘清,提高民族国家认同感,甚至过分强调主权的"不可分性"。"中亚各国政治上都有强烈的独立愿望,把维护本国独立和主权放在经济合作中的首位,不愿因经济合作而受制于其他国家,担心由于经济军事实力上的差距和政府能力问题而在经济合作中出现主权旁落。"① 当时,哈总统纳扎尔巴耶夫和乌总统卡里莫夫都想成为中亚地区的领袖,引领中亚地区走向,其他国家不愿新生政权失去自主权,使地区一体化难于步调一致。

(二)国家之间关系紧张。20世纪30年代,苏联强行对中亚地区划界,使原来自然形成的经济区域和民族传统聚居区被各共和国的边境分割得支离破碎,为独立后的中亚国家间的冲突埋下了祸根,乌吉、乌塔尤为突出。一是边界争议不断。乌吉两国1300公里的边界存在着大片有争议的地区,乌塔也有20%的边界没有确定。二是水资源利用、分配争端激烈。阿姆河和锡尔河是中亚的主要水源。吉、塔位于上游,水资源丰富,希冀"水利兴国",通过建造水力发电站既满足自身需要又能输出电力。但其全年蓄水造成处于下游的乌生产生活用水紧张。乌指责吉、塔间接损害乌的利益,并以能源供给当作武器给吉、塔施加压力。三是跨境民族矛盾突出。费尔干纳盆地内乌塔吉三国的边境线犬牙交错,大量地段一直未划清国界,形成多块飞地。该盆地只有几万平方公里,人口稠密,民族众多,且跨界而居,族际矛盾时有发生,被认为是中亚的火药桶。中亚国家间关系紧张,甚至对抗,影响了国家间的互利合作,也给地区合作投下了阴影。

(三)域外势力的负面影响。外部大国势力按自己的意愿施加影响,对地区一体化形成掣肘。美国在中亚相继推出"大中亚计划""新丝绸之路

---

① 赵宁:《论中亚各国一体化中的主权观》,《法制与社会》2007年第1期。

战略",目标是实现美国在中亚和南亚地区的战略利益,在南亚和中亚地区形成一个亲美的地缘政治版块,削弱中亚国家对俄罗斯和中国的依赖。美国推动的"大中亚"地区一体化合作,侧重双边关系,突出与乌兹别克斯坦发展紧密的军事和政治合作。其结果导致各国竞相与之发展关系,强化了中亚国家间的相互竞争和猜忌,弱化了参与区域一体化的积极性。

二、中亚一体化新动向与前瞻

中亚各国独立已经20多年,构建民族国家的任务基本完成,社会经济发展成为各国中心任务,地区一体化也峰回路转。

2017年11月10日,"中亚的过去与未来:加强安全合作与可持续发展高级别国际研讨会"上,米尔济约耶夫提出中亚国家要在安全、边境、交通、贸易、水源、旅游等方面开展合作,并倡议建立"中亚领导人协会"地区高层论坛及企业家协会,[1] 为重启一体化做了舆论上的准备。2018年3月15日,中亚五国时隔多年后再次召开没有域外国家领导人参加的元首峰会,就全方位加强区域合作达成共识,激活了业已沉寂的中亚地区一体化进程。2019年3月15日,首届中亚经济合作论坛在塔什干召开,主题是《中亚合作:互利合作的前景》。五国政府代表团与会,讨论了扩大投资合作、促进区域贸易、提高旅游吸引力、发展运输和过境潜力等问题。本次论坛是对峰会精神在经贸领域的具体落实,标志着地区务实合作的开启,一体化再现端倪。

尽管还存在不确定因素,但实现一体化是各国的普遍愿望和内在要求,随着制约因素不断消弭、内源动力增强,中亚地区一体化进程将逐步加快。

一是经济发展成为各国首要任务,内源动力加强。近几年,中亚各国为应对国内外面临的问题,陆续推出国家发展战略。乌兹别克斯坦具有典型性。卡里莫夫执政时期尽管乌大体保持了国家稳定,但长期积累的结构性矛盾开始凸显。米尔济约耶夫执政后,在国内启动了一系列改革,在

---

[1] Алимов: "Сосед на этой земле-дальний и близкий-не является чисто географическим понятием:это,прежде всего, категория моральная". Генеральный секретарь выступил на международной конференции в Самарканде.2017/11/10.http://rus.sectsco.org/news/20171110/348423.html.

2017年2月公布了《2017—2021年国家发展战略》，旨在增加国家投资吸引力，扩大对外开放，加快实施自由经济区战略，盘活国家经济活力。中亚其他国家结合本国国情也相继推出国家中长期发展战略。哈萨克斯坦2012年12月14日通过"2050年战略"，确定"跻身世界最发达国家前30强行列"的发展目标。吉尔吉斯斯坦2018年初制定了《2018—2040年可持续发展战略》和第一阶段（2018—2023年）落实措施计划。塔吉克斯坦2016年9月发布《2030年前国家发展战略》，确立了保障能源安全、发展运输潜力、提高粮食安全和努力扩大就业四大任务。土库曼斯坦2010年5月14日发布《2011—2030年社会经济发展国家纲要》，目标是让土库曼斯坦成为高度发达且与世界深度一体化的国家，经济结构实现真正的多元化。2016年又编制《2017—2021年国家社会经济发展总统纲要》，旨在促进经济多元化，加快工业发展，改善人文生态环境，提高居民生活水平。①

各国发展战略，都把社会经济发展放在中心位置，而要实现国家发展战略目标，地区合作是必要前提。正如哈萨克斯坦当选总统托卡耶夫在胜选新闻发布会上所说："我们需要极其负责任地进行一体化，以便为国家利益找到必要的妥协"。②

二是国家间关系改善，政治基础加强。2016年，乌兹别克斯坦卡里莫夫总统去世，米尔济约耶夫当选新总统成为标志性事件，对中亚一体化具有重要影响。在乌兹别克斯坦的带动下，中亚地区各国关系发生了苏联解体以来的最大幅度改善。乌土关系突破。米尔济约耶夫执政后，仅2017年就访问土库曼斯坦三次，从而实现了乌土关系的重大转变。双方签署了《土乌联合声明》《土乌战略合作条约》《2018—2020年经济合作条约》《乌土关于进一步发展铁路交通备忘录》等文件。乌哈关系迅速升温。乌哈均是中亚地区大国，两国关系对中亚地区的和平与稳定具有重要影响。2017年两国总统互访，签订了《进一步深化乌哈两国战略合作》《巩固两国睦邻友好关系的联合声明》等七个重要文件。乌吉关系破冰。2017年，米尔济约耶夫访问吉尔吉斯斯坦两次，从而使原本互不信任和猜忌的双边关系，重新走上了友好发展的轨道。双方签署了划分两国之间85%边界的协

---

① 张宁：《中亚一体化新趋势及其对上合组织的影响》，《国际问题研究》2018年第3期。
② 《哈总统选举初步结果托卡耶夫胜》，载《环球时报》2019年6月11日，第2版。

定、《乌吉睦邻友好互信战略伙伴关系宣言》。此外，乌改变了坚决反对吉兴建水电站的立场，并推动吉重新启动中吉乌铁路的建设工作。乌塔关系缓和。2018年3月1日，自2001年起被关闭的十个边境口岸重新开放。米尔济约耶夫2018年3月9日至10日访塔，双方签署了27个协定。乌方明确表示，准备全面研究参与包括罗贡水电站在内的塔水电设施建设。中亚国家之间关系大幅改善，乌的作用令人瞩目。米尔济约耶夫上任后，推行"中亚地区优先"外交政策，通过首脑外交迅速修复或提升了乌与邻国的关系，成效显著。

三是双边多边务实合作活跃，机制建设起步。随着政治互信的加强，务实合作成为中亚各国关系发展的主旋律，带动了地区问题的解决。首先，交通基础设施联通取得进展。乌吉扩大了交通领域的合作，恢复了两国首都的航线。2017年3月，乌土跨越阿姆河的公路铁路桥竣工。2017年7月，连接塔什干和吉尔吉斯斯坦著名旅游胜地伊塞克湖的航班通航。2018年3月，由哈萨克斯坦阿拉木图到乌兹别克斯坦塔什干的快速客运列车开通。4月，乌兹别克航空公司开通了直飞塔吉克斯坦首都杜尚别的航线，成为25年来的首条直线。2018年3月，乌塔自2012年以来停运的加拉巴—阿穆赞格—胡沙迪（Galaba-Amuzang- Khushadi）铁路重新联通。中亚各国的公路、铁路逐渐连为一体，各种政策不断完善，为中亚地区加速实现一体化融合发展提供了前提。其次，经贸合作发展迅速。2018年，哈萨克斯坦与中亚国家的贸易额为43亿美元，增长18.4%，与乌兹别克斯坦增长25.3%，为25亿美元；与吉增长13.1%，为8.653亿美元；与塔增长8%以上，为8.459亿美元。乌兹别克斯坦2018年上半年与中亚国家贸易额增长46%，为18.6亿美元。① 第三，人文交流日益活跃。2017年5月9—13日，杜尚别举办第一届为期五天的乌兹别克文化节；哈将2018定位为"乌兹别克斯坦年"，而乌将2019年定位为"哈萨克斯坦年"。2018年3月，乌塔双方签署了为对方公民提供为期30天的免签证协议。中亚国家正在酝酿实施统一签证制度。在首届中亚经济合作论坛上，讨论了类似欧盟国家申根签证的"丝路签证"实施机制。

---

① В Ташкенте прошел Центральноазиатский экономический форум. http://nomad.su/?a=3-201903180033.

三、中亚一体化与上合组织相互作用

自2001年成立以来，上合组织逐渐发展成为拥有8个正式成员国、4个观察员国、6个对话伙伴国。中亚5国中4国都是上合组织成员，地缘关系上全面与上合衔接。上合组织的发展对中亚一体化不仅提供了外部良好环境，而且在范式、动力等方面具有推动作用。中亚一体化也将促进上合组织发展。二者相互倚重，相互促进。

（一）上合组织助力中亚一体化

一是上合组织为中亚一体化提供有利的安全环境。维护和保障地区的和平、安全与稳定是上合组织成立的初衷。从2001年6月有关各方签署《打击恐怖主义、分裂主义和极端主义上海公约》开始，上合组织通过构建安全合作的法律基础，成立地区反恐怖机构，举行"和平使命"、"天山反恐"等系列联合反恐军演，开展打击毒品走私、跨国犯罪、非法移民等领域合作，走出了一条多层次、宽领域的安全合作之路，给地区提供了经济发展所必需的稳定环境，中亚获益最大。目前，中亚安全形势仍然不容乐观，中亚一体化发展离不开上合组织强有力的安全合作。

二是上合组织为中亚一体化提供动力。在全球化大环境下，封闭的地区主义前景越来越窄，况且中亚五国经济总量小、市场规模不大，地区一体化只有纳入更大范围的地区合作，才能更好地优化区域资源。上合组织走过了不平凡的发展历程，特别是作为领头雁的中俄两国不断深化全面战略合作伙伴关系的前提下，其发展动能不断涌现，迈入了蓬勃发展的新阶段，不管是在合作内容、合作区域还是在合作理念、合作目标上都实现了新转向。"中亚不再是中俄竞争的地区，而是两国合作的地区。对中亚国家而言，既无须像乌克兰那样纠结于选择优先合作方向，又可借助中俄两大外部市场和资金，开展地区内部一体化。"[①] 中亚地区内部一体化和上合组织区域经济合作是相向而行的地区合作，中亚地区内部一体化可以成为上合组织区域合作的组成部分。

三是上合组织为中亚一体化提供了广阔空间。印度、巴基斯坦升格为

---

① 张宁：《中亚一体化新趋势及其对上合组织的影响》，《国际问题研究》2018年第3期。

成员国，上合组织内部经济一体化的动力增长，形成了一个既包括中亚，又扩展到南亚和西亚的经济共同体，内部一体化空间扩大。随着影响力不断提升，上合组织与欧亚经济联盟、东盟等地区组织的合作日益加强，使欧亚地区获得新的增长动力，拓展了外部发展空间。上合组织的张力为没有出海口的中亚地区一体化提供了有力的支撑。尤其在中国"一带一路"建设带动下，欧亚大陆形成的平等、互惠互利的平台，为中亚构筑了广阔合作空间。

（二）中亚一体化促进上合组织发展

第一，中亚一体化增加区域向心力，提升上合组织形象。中亚一体化的推进，既是实践"上海精神"的结果，也为弘扬"上海精神"提供了范例。"上海精神"即"互信、互利、平等、协商、尊重多样文明、谋求共同发展"，是上合组织的核心价值。它以新合作观、新安全观、新文明观，完全不同于以往西方主导的国际组织理念。正是在"上海精神"的指引下，上合组织经受住了风雨考验，实现了成员国在多元复杂地区的共存共荣。[①] 中亚五国存在着经济规模、自然禀赋、文明传承的不同，乌吉、乌塔积怨甚深。通过在上合组织框架内的互动，四个中亚成员国彼此之间不断增信释疑，特别是在经贸合作中收获颇丰，激发了一体化的强烈意愿。中亚出现的求同存异、谋求共同发展的局面，有利于成员国加强对上合组织的认同感，弱化其离心力。同时也对其他存在争议、争端的成员国具有示范意义。成员国间的团结是上合组织形象和国际影响力不断提高的重要保障。

第二，中亚一体化促进上合组织区域基础设施建设。上合组织各成员国以《上合组织成员国多边经贸合作纲要》为指导，在区域经济合作方面不断取得成就。一系列互联互通项目如双西铁路、安格连—帕普铁路卡姆奇克隧道、达特卡—克明项目、艾尼—彭基肯特高速公路和瓦亚铁路项目等一批示范性基础设施领域项目顺利完成，连接本地区的能源、交通、电信等网络初显轮廓。中亚因特殊的地缘位置成为上合区域互联互通的核心区。但由于中亚国家间的矛盾迟滞了有些上合框架内的跨境合作项目推

---

① 邓浩：《上海合作组织的核心价值——"上海精神"》，载戚振宏主编《上海合作组织：回眸与前瞻（2001—2018）》，北京：世界知识出版社2018年版，第10页。

进，一些涉及水利和电力方面的合作成果不彰。中吉乌铁路建设因乌吉反目而止步，米尔济约耶夫在2017年首次访吉期间，通过承诺让吉在铁路兴建中获得更多收益，得到了吉方的同意，并宣布铁路将很快进入开工阶段。随着中亚国家间关系的向好，参与经济合作的积极性提高，上合框架内的水电领域项目也将加速推进。

第三，有利于提升上合组织运行效率。中亚四国占上合组织成员一半。地区一体化的推进，一定程度上中亚可以作为一个整体与上合组织各领域举措对接，从而减少因各国诉求、机制不同带来的阻碍，为人员往来、货物运输提供便利。中亚正在酝酿的"丝路签证"一旦实施，其他成员国人员即可"一证走遍中亚"。中亚运输和过境走廊建设也将节约货物运输时间和费用，促进上合组织域内贸易的发展。自贸区是上合组织区域经济合作未来发展方向，中国提出的建立上合组织自贸区的倡议，因来自俄罗斯和中亚国家的负向因素影响，依然裹足不前。中亚一体化或将推动上合组织自贸区建设进程。

Новые тенденции интеграции ЦА и ШОС

Ян Ли

Аннотация: Региональная интеграция, начатая странами Центральной Азии в первые годы после независимости, закончилась без результата по разным сложным причинам. По мере того, что социально-экономическое развитие стало центральной задачей в странах ЦА и произошли изменения в региональной и международной ситуации, региональная интеграция в Центральной Азии обновилась и пошла в хорошую сторону. Развитие ШОС не только создает внешние благоприятные условия для интеграции ЦА, но и придает толчок к региональной интеграции. Вместе с тем, процесс интеграции в ЦА способсвввует развитию сотрудничества в инфраструктуре, экономике и торговле в рамках ШОС. В этой связи развитие ШОС и процесс интеграции ЦА взаимодействуют и продвигают друг друга.

Ключевые слова: Центральная Азия, интеграция, ШОС

Автор: Ян Ли, Ведущий научный сотрудник института Евразии КАМП

New Trends in Central Asian Integration and the SCO

Yang Li

Abstract: The regional integration undertaken by Central Asian countries shortly after their independence was interrupted due to restraints of the historical period. Since socio-economic development has become the central task of every country, and the regional and interregional situations are undergoing great changes, the regional integration is expected to rise again. The development of the SCO not only provides a favorable external environment, but also gives impetus to the integration of Central Asia. The integration process in Central Asia will also contribute to the development of infrastructure, economy and trade within the SCO.

Key words: Central Asia, integration, SCO

Author: Yang Li, Associate Research Fellow of the Department for European and Central Asian Studies at the China Institute of International Studies.

成员国、观察员国、对话伙伴与上海合作组织

Государства-члены, государства-наблюдатели, партнеры по диалогу и ШОС

Member States, Observer States, Dialogue Partners and the SCO

上海合作组织与观察员国和对话伙伴的合作

【俄罗斯】伊·杰尼索夫[*]

【内容提要】本文对上合组织与观察员国及对话伙伴的合作现状进行了分析,认为上合组织以文件形式固定下来的与观察员国及对话伙伴的合作机制有助于在欧亚地区建立广泛、开放、互利、平等的伙伴关系。文章最后就如何做好与观察员国及对话伙伴国之间的实际工作提出了建议。

【关键词】上合组织 观察员国 对话伙伴 合作

2015年7月9日至10日,上海合作组织(以下简称"上合组织")元首理事会在俄罗斯城市乌法召开,会上批准了《上合组织至2025年发展战略》。成员国决定,把加强同上合组织观察员国、对话伙伴的务实合作作为本组织长期聚焦的一大优先任务。

2018年6月10日,在中方举办的上合组织元首理事会框架下,成员国在宣言中进一步确认,愿同上合组织观察员国和对话伙伴在平等互利的基础上开展合作。近年来,上合组织的其他文件中也对此问题进行了关注。特别是2017年6月9日在阿斯塔纳宣言中指出,成员国认为,上合组织的扩员及同观察员国和对话伙伴的合作进一步深化将对组织发展和提升组织潜力发挥重要作用。

因此,当前组织内部对于在保持现有状态的同时,提高同观察员国和对话伙伴合作效率是有共识的,这是本组织未来发展的主要内容。自本组织的三级组织架构(即成员国、观察员国和对话伙伴国)形成以来,该架构已经就履行了并正在履行上合组织发展的一系列迫切任务:

第一,观察员国和对话伙伴数量增加,巩固了上合组织作为本地区具

---

[*] 伊·杰尼索夫(И. Денисов),俄罗斯外交部莫斯科国际关系学院(大学)东亚和上海合作组织研究中心研究员,俄罗斯科学院远东研究所东北亚与上合组织战略问题研究中心研究员,俄罗斯亚太安全合作理事会全国委员会委员。

有较高权威的综合性组织的作用,这证明了上合组织创立之初就确定的理念和原则——互信、互利、平等、协商、尊重多样文明、谋求共同发展,具有很强的吸引力。

第二,这种机制是上合组织宪章及其他法律文件中所宣示的开放精神的具体体现。2010年塔什干元首理事会上批准了《上合组织接收新成员条例》,确立了加入组织的标准、条件和机制。该条例规定,申请国应当具有观察员国或对话伙伴地位,属于欧亚地区国家,和各成员国都已建交并保持活跃的经贸和人文交往。

第三,观察员国和对话伙伴有参与讨论和落实经贸及和投资合作的机会,这使决策制定过程凝聚更多智慧,并巩固了上合组织务实合作,特别是在对整个上合组织都非常重要的领域,如能源、基础设施建设、食品安全保障、电子信息、加工业和"绿色"高科技引进等。

第四,通过吸引上合组织传统地区(前苏联空间国家加中国)外的国家参与务实合作,将极大地推动本组织发展,将上合组织精神在广阔的欧亚空间传播,充分证明上合组织遵循尊重多样文明的原则,有助于推动跨文明对话。

第五,当前的机制使给予观察员国和对话伙伴通过同上合组织合作得到实实在在的回报,同时又不必承受力有不逮的重担。这样来看,该机制具有很强的灵活性和平衡能力,能够考虑到由于各种原因无法成为正式成员的国家的具体需求。

核心成员范围的不断扩大使上合组织观察员国和对话伙伴地位具备吸引力。2004年,蒙古成为上合组织观察员国。次年,印度、伊朗和巴基斯坦成为观察员国。2009年,白俄罗斯和斯里兰卡成为对话伙伴。2012年,土耳其获得对话伙伴地位,阿富汗成为观察员国。2015年,白俄罗斯由对话伙伴提升级为观察员国。同年,决定赋予阿塞拜疆、亚美尼亚、柬埔寨和尼泊尔对话伙伴地位。

以下文件共同构成了观察员国和对话伙伴地位的法律基础:《上合组织宪章》(第14条)、《上合组织观察员地位条例》(2004年6月17日批准)、《上合组织地区反恐怖机构同具有观察员身份的国家和国际组织合作(论坛形式)的章程》(2008年1月14日批准)、《上合组织对话伙伴地位条例》(2008年8月28日批准)。

总而言之,上合组织系列文件中所体现的同观察员和对话伙伴的合作机制有助于欧亚地区形成广泛、开放、平等互利的伙伴关系。

同时，有一点是明确的，切实落实对外开放原则需要不断地修正、完善法律基础和运行上合组织三级架构的实践。

在这项极为重要的工作中，必须要平衡好坚持上合组织不可动摇的价值基础（上海精神）和避免落后于飞速变化的地区和国际局势的要求这一现实风险的关系。选择谨慎和保守的路径，试图在组织上将同观察员国和对话伙伴的合作进程复杂化，让观察员和对话伙伴其尽量远离某些成员国所担忧的敏感问题，这将降低该机制的效率。未来，这将严重降低上合组织作为多边合作平台的吸引力。

在本组织发展初期，这种保守主义是能解释得通的，并且在一定程度上无可厚非，因为观察员身份首先被看作是成为正式成员的跳板，也就是说，是同上合组织扩员问题紧密联系的，而长期以来扩员问题一直是组织内部激烈争论的焦点。今天，各国已经就接收新成员规则达成一致，印度和巴基斯坦通过商定程序摆脱了多年观察员国身份，成为正式成员国，并积累了同观察员国和对话伙伴打交道的经验。因此，谨慎态度已经越来越缺乏合理依据。

某些国家担忧，对观察员国和对话伙伴过度活跃热情可能会破坏上合组织的整体性，这只会徒增人们对组织成熟程度的怀疑。继续遵照"谨慎的脚本"，把上合组织同其他相关国家的合作进程官僚化，未必能提升该组织在这些正在研究成为观察员国和对话伙伴可行性的国家的受欢迎程度。

要推动同观察员国和对话伙伴，以及甚至有意成为观察员国和对话伙伴候选国的合作，开展更加专注、更有针对性的合作，首先应该关注的不是外部形象，而应该是上合组织作为具有务实议题、广阔视野和影响欧亚地区局势的有效工具的国际组织，其内部的发展要求和自身权威巩固的需要，使组织成为重大议题讨论平台和具备广阔视野、拥有完备的影响欧亚地区局势的国际组织。

15年前，上合组织核心成员的外围部仅有一个国家，如今已经发展为10个国家（即4个观察员和6个对话伙伴——译者注）。在实际工作层面，仅仅把同观察员国和对话伙伴的合作看作是一种单向的等级化的系统已经不合时宜了。不应该认为，观察员国和对话伙伴处于组织的底端，从组织手中"获得"不了什么，而应该把这种合作看成具有反向联系的等级系统。

应不断展现开放精神,充分激发上合组织潜力。尚未成为成员国的国家不仅能够参与上合框架下的合作,也可以贡献建议和项目创意,使本组织集思广益,发展壮大,为形成多极化世界秩序、维护全人类利益做出重大贡献。

要发展上合组织的"外部空间",需要推动外部与"核心",以及和整个组织的一体化。为此,应重点关注以下任务:

第一,应该欢迎并发展吸纳观察员国和对话伙伴的现行模式。这首先涉及的就是上合组织观察员国出席元首和首脑理事会会议的问题。

第二,应该鼓励更多地邀请观察员国和对话伙伴参与到特别工作组和成员国部长会议中,以便有助于在协商和讨论相关决议时更好地照顾这些国家的意见和要需求。这对于当前停滞不前的经济合作尤为必要。

要在政府专家和商界代表层面就同观察员国和对话伙伴经贸和投资合作事宜开展充分讨论,这将大大增强上合框架下各项目的深度和针对性。通过银行间的合作机制,已经确立了观察员国金融银行机构在有关工作中的地位。在全球金融系统危机丛生的背景下,应当更好地利用机会。

第三,在章程允许的情况下,有必要更多地吸纳有意愿和有能力的观察员国和对话伙伴担任上合组织下设机构的主席国或主办本组织有关活动。上合组织在这方面已有经验。2017年,土耳其担任了上合组织能源俱乐部主席国。土耳其是上合组织第一个被推选为该俱乐部年度主席的非成员国。2011年,上合组织经济委员会会议在观察员国蒙古首都乌兰巴托召开。

第四,提升上合组织活动中智库的保障作用。不仅要提升一年一度的上合组织论坛的质量,而且更要建立智库间的长效合作机制,观察员国和对话伙伴的研究中心都应当加入进来。工作的重点是在国际学术期刊上更多地发表涉及上合组织有关话题的论文,以平衡在该问题上大量用英语写就的西方主导的观点。

第五,提升观察员国和对话伙伴对于加入本组织已通过的,并对其他国家签署有关协议持开放态度的各项协议和各项规章的兴趣,并对其他国家签署有关协议持开放态度,增加有关协议签署国家的数量,而不是仅限于成员国。例如,2018年5月11日,白俄罗斯加入了《上合组织成员国政府间国际道路运输便利化协定》。

第六,让观察员国和对话伙伴积极参与到上合组织应对地区安全威胁的工作中来，特别是参与到上合组织地区反恐怖机构和上合组织框架下的反恐演习中。

第七，可以首先在专家层面讨论其他国际组织作为观察员或对话伙伴参与到本组织工作的前景。本组织有关文件中对此有所提及，但从未付诸实践。考虑到其他国际组织的法律主体地位，应制定专门一套相应的合作规程，以补充现有的有关观察员国和对话伙伴地位的文件。

（景晓玉　译）

Сотрудничество в ШОС с наблюдателями и партнерами по диалогу

[Россия] Игорь Денисов

Аннотация: В статье рассмотрено современное состояние сотрудничества в ШОС с наблюдателями и партнерами по диалогу. Отмечается, что закрепленный в документах ШОС механизм взаимодействия с наблюдателями и партнерами по диалогу Организации способствует формированию в евразийском регионе широкого, открытого, взаимовыгодного и равноправного партнерства. В заключение в статье высказаны рекомендации по совершенствованию практики работы с наблюдателями и партнерами по диалогу.

Ключевые слова: Шанхайская организация сотрудничества, наблюдатели, партнеры по диалогу, сотрудничество

Автор: Игорь Денисов, Старший научный сотрудник Центра исследований Восточной Азии и ШОС Института международных исследований МГИМО (У) МИД России, Старший научный сотрудник Центра изучения стратегических проблем Северо-Восточной Азии и ШОС Института Дальнего Востока РАН, Член Российского национального комитета Азиатско-Тихоокеанского совета сотрудничества по безопасности.

Cooperation between the SCO and Its Observers and Dialogue Partners

[Russia] Igor Denisov

Abstract: The article reviews the current status of cooperation between the SCO and its observers and dialogue partners. It is worth noting that the mechanism of interactions with observers and dialogue partners of the organization enshrined in the SCO documents contributes to the formation of a broad, open, mutually beneficial and equal partnership in the Eurasian region. In the end, the article makes recommendations for improving the cooperation with observers and dialogue partners.

Keywords: Shanghai Cooperation Organization, SCO observers, SCO dialogue partners

Author: Igor Denisov, Senior researcher of Center for East Asian and SCO Studies, Institute of international studies, MGIMO University, MFA of Russia, Senior researcher of Center for the Studies of the Northeast Asia Strategic Issues and the SCO, Institute of Far Eastern Studies of the Russian Academy of Sciences (IFES RAS), member of Council for Security Cooperation in the Asia Pacific (CSCAP), Russian National Committee.

从青岛峰会到比什凯克峰会：
上海合作组织促进印中关系持续改善

【印度】桑杰夫·库玛尔*

【内容提要】上合组织为印度和中国提供的双边对话渠道，成为增强印中双边关系的催化剂。文中分析了2018年6月印度作为正式成员国参加青岛峰会以来印中关系的发展情况，并认为是印中领导人的双边会见以及上合组织的各个机制推动了中印关系向前发展。

【关键词】上合组织 中国 印度 多边机制 安全 人文

2018年6月10—11日，第18次上海合作组织元首理事会会议（下称"上合组织峰会"）在中国海滨城市青岛举行。此次峰会将上海合作组织（以下简称"上合组织"）各领域多边合作提升至新层次，成员国呼吁国际社会确定共同立场，有效应对全球性挑战。同时，各国还重申恪守《上合组织成员国长期睦邻友好合作条约》。这是印度首次作为正式成员国参加上合组织峰会，因而具有特殊的历史意义。第19次上合组织峰会于2019年6月13—14日在吉尔吉斯斯坦的比什凯克举行。此次峰会呼吁加强合作，促进地区和平与发展。成员国承诺进一步扩大务实合作，巩固睦邻友好合作关系。两次峰会证明上合组织是一个独特的欧亚组织，对本地区事务做出了重要贡献。2017年扩员以来，上合组织在欧亚地区事务中的角色得到进一步加强。上合组织的地区合作机制、峰会上的领导人/代表双边会晤机制等促进了成员国间的睦邻关系和双边合作。在上合组织的双边关系中，印中关系的发展尤为值得关注。

---

* 桑杰夫·库玛尔（Sanjeev Kumar），印度世界事务委员会研究员，博士。

一、印度外长访华

2018年4月21—24日，时任印度外长的斯瓦拉吉女士访问北京，并出席了上合组织成员国外长理事会会议。斯瓦拉吉坦率地指出"我此访中国并非单纯参加上合组织外长会，也是要加强同王毅国务委员兼外长的双边互动"。① 她同王毅的会面也是印中常规性高层接触的一部分。双方回顾了双边关系中各领域进展，并就共同更关心的国际和地区问题交换了意见。值得注意的是，斯瓦拉吉还当着王毅的面宣布了莫迪总理和习近平主席非正式会晤的计划和准备情况。显然，诸如外长理事会北京会议（2018年4月）等上合组织机制为印中外长意义深远的双边对话提供了平台。

二、武汉非正式元首会晤的重要性

莫迪总理和习近平主席于2018年4月27—28日在武汉举行了首次非正式会晤（下称"武汉会晤"）。2017年印中两国军队曾在洞朗地区对峙了73天。这是武汉会晤的重要背景。会晤的目标是"就双边及全球重大问题交换意见，并就当前和未来国际局势和国家发展阐述各自看法。"②

双方强调有必要继续保持战略沟通，及时就双方关心的重大问题进行协商。双方还以适当方式要求军队在边境地区维持和平和安宁。双方领导人"表示支持印中边界问题特别代表的工作，并要求他们加紧工作，以公平、合理、双方均能接受的方式解决边界问题"。③ 双方强调印中建立"更紧密的发展伙伴关系"非常重要。"两位领导人同意充分利用两国经济的互补性，以平衡和可持续的方式推进双边贸易和投资合作。"莫迪总理和习近平主席还讨论了促进文化和人文交流的方式，同意"建立高水平文化和

---

① "EAM's Press Statement following Meeting with Foreign Minister of China (April 22, 2018)", https://www.mea.gov.in/Speeches-Statements.htm?dtl/29839/EAMs_Press_Statement_after_Meeting_with_Foreign_Minister_Wang_Yi_April_22_2018.

② "India-China Informal Summit at Wuhan", April 28, 2018, http://www.mea.gov.in/press-releases.htm?dtl/29853/IndiaChina_Informal_Summit_at_Wuhan.

③ "Transcript of Media Briefing by Foreign Secretary during visit of Prime Minister to China", April 28, 2018, available at http://www.mea.gov.in/media-briefings.htm?dtl/29855/Transcript_of_Media_Briefing_by_Foreign_Secretary_during_visit_of_Prime_Minister_to_China_April_28_2018.

人文交流机制"。① 莫迪总理的讲话中提到了"STRENGTH倡议"。其中，S代表"精神"；T代表"传统"、"贸易"和"技术"，R代表"关系"；E代表"娱乐"，如电影、舞蹈、音乐和艺术等；N代表"自然"；G代表"游戏"；T代表"旅游业"；H代"健康"和"康复"。

武汉会晤强调，在这个充满不确定性的时代，一个和平、稳定、平衡的印中关系，对亚洲乃至世界的稳定都是积极因素。此外值得注意的是，双方同意在第三国——阿富汗——开展"印中+"合作。这个新倡议对解决阿富汗问题释放了积极信号。武汉会晤开创了两国最高领导人进行政治接触的新模式。会晤期间，两位领导人在多个议题上达成广泛共识，表现了政治家的高瞻远瞩。

三、习近平主席和莫迪总理在青岛举行双边会谈

2018年6月10—11日，第18次上合组织元首峰会在青岛举行。在峰会开幕前一天，也即2018年6月9日，莫迪总理和习近平主席在青岛举行了双边会晤。这是继2018年4月27—28日的武汉会晤之后，印中两国最高领导人举行的第二次重要会晤。青岛会晤继承了武汉会晤的精神。在开场白中，两位领导人"都对武汉会晤进行了非常积极的评价"。莫迪总理称武汉会晤为"里程碑事件"。习主席称武汉会晤为"我们双边关系中的新起点"。事后表明，众多因素使青岛双边会晤成为一次重要的外交互动（exercise）。

印度方面的官方声明写道"这次会议充满了向前看的积极势头……两位领导人都对武汉会晤以来双边关系的发展表示满意，并要求各自团队继续工作，确保有效落实高层决议和共识"。② 双方将继续通过多种渠道保持战略沟通，这些渠道包括电话沟通、定期会晤、多边场合的边会等。

两国同意构建"印中之间更紧密的发展伙伴关系"也凸显了会议的重要性。习主席提出一个目标——到2020年两国贸易额达到1000亿美元。中国希望印度增加对中国的农产品出口，如非巴斯马蒂大米和糖类。另

---

① 《中印领导人非正式会晤达成广泛共识》，新华网，http://www.xinhuanet.com//world/2018-04/28/c_1122760004.htm，登录时间：2019年9月21日。

② "Press Briefing by Foreign Secretary on PM visit to Qingdao", June 10, 2018, http://mea.gov.in/media-briefings.htm?dtl/29967/Press+Briefing+by+Foreign+Secretary+on+PM+visit+to+Qingdao.

外，中国还将鼓励印度制药企业在中国市场注册高质量的印度医药产品。

两位领导人见证了两国水利部门（印度水资源、河流发展及恒河修复部与中国水利部）就"中国在汛期向印度提供雅鲁藏布江水文信息"签署备忘录的仪式。根据这份备忘录，中国将在每年5月15日至10月15日向印度提供水文数据。如果水位超出双方商定水平，即使不在约定时间段内，中国也将向印度提供水文资料。①

习主席强调促进人文交流。他宣布启动一项由两国外长共同领衔的人文交流机制。两位领导人对人文交流的重视值得赞赏，因为人文交流有助于扩大两国友好的民意基础。

双方还决定继续在武汉会晤确定的"印中+"框架内，优先从能力建设方面确定务实合作项目，以促进阿富汗及周边地区的和平、稳定和经济发展。

从上合组织青岛峰会（2018年6月）到比什凯克峰会（2019年6月），上合组织促进了印中关系的发展，双边合作展现出积极良好的发展势头。例如，武汉会晤为改善双边关系划定了路线图，而青岛会晤则聚焦于落实这个路线图。

四、其他多边场合的双边会议

2018年7月26日，莫迪总理和习近平主席在约翰内斯堡的金砖国家峰会上举行了双边会谈。2018年11月30日，在布宜诺斯艾利斯G20峰会期间，两位领导人举行了双边会晤。这些会谈对推进双方在武汉和青岛达成的重要共识发挥了积极和建设性作用。

五、中国国务委员访问印度

青岛双边会晤时（2018年6月），双方商定中国公安部部长和国防部部长将访问印度。2018年10月21至25日，中国国务委员兼公安部长赵克志对印度进行正式访问。访问期间，印度内政部长辛格（Shri Rajnath Singh）

---

① Sanjeev Kumar, "From Wuhan to Qingdao: An Update on Recent Developments in India-China Ties", https://icwa.in/pdfs/IB/2014/WuhanQingdaoIB13062018.pdf.

和赵克志共同主持了首次执法安全高级别会晤。双方还首次签署了安全合作协议。这有助于双方加强打击恐怖势力、有组织犯罪、贩毒、人口贩卖和情报交易等方面的合作，被视作中印合作的新起点。① 2018年8月21日至24日，中国国务委员兼国防部长魏凤河对印度进行正式访问。据印度国防部的声明，访问期间两国防长决定在"人员培训、联合军演及其他专业领域"加强合作。② 印中两国防长还讨论了边界相关问题，同意全力落实信任建立措施，加强工作层面互动，确保边境地区的和平和安宁。这两次高层访问为印中加深互信创造了积极氛围，表明亚洲最大的两个国家正通过创建新机制、强化旧机制，积极开展国家安全领域的合作。

六、印度对各类上合组织机制的参与

印度积极参加各类上合组织机制。这些机制均以促进地区发展为目标。这些会议罗列如下。

2018年4月23日至24日，时任印度外长斯瓦拉吉女士参加在北京举行的上合组织成员国外长理事会会议；

2018年4月24日至25日，时任印度国防部长希塔拉曼（Nirmala Sitharaman）女士参加在北京举行的上合组织防长会议；

2018年5月7日至11日，印度旅游部长阿方斯（K. J. Alphons）参加在武汉举行的上合组织旅游部长会议；

2018年5月15日至18日，印度负责文化事务的国务部长（独立提名）马赫什·夏尔曼（Mahesh Sharma）博士参加在三亚召开的第15次上合组织文化部长会议；

2018年10月11日至12日，时任印度外长斯瓦拉吉女士参加在塔吉克斯坦首都杜尚别举办的上合组织政府首脑会议；

2019年4月18日至19日，印度外交部西方事务秘书莎姆（Shri A. Gitesh Sarma）参加在比什凯克举行的上合组织—阿富汗联络组会议；

---

① "India, China sign first security cooperation agreement", https://www.indiatvnews.com/news/india-india-signs-security-cooperation-agreement-with-china-at-delegation-level-talks-474784.

② As quoted in "India, China decide to deepen interaction between armed forces", https://www.livemint.com/Politics/h6MqdRPeoiNWMcCMnJugAK/India-China-defence-ministers-meet-after-Doklam-standoff.html.

2019年4月29日，时任印度国防部长希塔拉曼女士参加在比什凯克举行的第16次上合组织成员国防长会议；

无论从双边还是多边视角看，参加上述会议都令印度获益良多。由于这些会议是在中国和吉尔吉斯斯坦担任主席国期间举办的，参加会议也让印度获得了与主席国探讨各领域双边合作的机会。

七、习近平主席和莫迪总理在比什凯克的双边会晤

2019年6月13日，莫迪总理和习近平主席在上合组织比什凯克峰会期间举行双边会晤。两位领导人回顾了印中关系的发展，认为2018年4月武汉会晤以来双边关系出现了新势头。莫迪总理特别提到，武汉会晤以来双方各领域战略沟通得到了显著改善。[1] 这次会晤讨论了包括贸易、恐怖主义、边界问题在内的广泛议题，具有重要意义。

习近平主席表示，中国将与印度携手推进两国更紧密的发展伙伴关系。习主席强调，"双方要坚持深化互信、聚焦合作、妥处分歧，使中印关系成为促进两国发展的更大正能量。"[2] 他还强调，作为发展中国家和新兴市场经济体的代表，中印要共同维护自由贸易和多边主义，维护发展中国家正当发展权利。

八、评估印中关系

莫迪总理和习主席的武汉会晤（2018年4月）、青岛会晤（2018年6月）、约翰内斯堡会晤（2018年7月）、布宜诺斯艾利斯会晤（2018年11月）和比什凯克会晤（2019年6月）不仅加强而且正在重新塑造两个亚洲大国的双边关系。中国国际问题研究院的徐坚对此有公允评价，他认为

---

[1] "Transcript of Media Briefing by Foreign Secretary on the bilateral meeting between India and China on the sidelines of SCO Summit 2019 in Bishkek (June 13, 2019)", https://www.mea.gov.in/media-briefings.htm?dtl/31439/Transcript_of_Media_Briefing_by_Foreign_Secretary_on_the_bilateral_meeting_between_India_and_China_on_the_sidelines_of_SCO_Summit_2019_in_Bishkek_June.

[2] Xinhua: "China ready to join India for closer development partnership", http://www.xinhuanet.com/english/2019-06/14/c_138141074.htm.

"维持和平、稳定、友好、合作的双边关系是双方的重要使命"。①

更紧密地发展伙伴关系。两国决定以互利和可持续的方式强化更紧密地发展伙伴关系。② "更紧密地发展伙伴关系"已经被视作印中战略和合作伙伴关系中的核心要素。印度对华贸易逆差一直是两国构建全面长期经济伙伴关系中的障碍。不过,武汉会晤以来,随着双边关系的发展,该问题出现了积极变化。这包括:

2018年6月,上合组织峰会的双边会晤中,双方签署了印度对华出口非巴斯马蒂大米的协议;

中国海关总署批准6家印度工厂对华出售菜籽饼;

2018年11月中国海关总署副署长访问新德里期间,两国签署印度对华出口鱼肉和鱼油的协议;

2018年12月,中国海关总署派专家考察印度豆粉生产企业、石榴园、仓储设施。上述产品的《卫生与植物检疫措施》(SPS)协议谈判也已进入收尾阶段;

2019年1月印度商务秘书访华期间,两国签署了印度对华出口烟草的协议;

2019年5月,中国海关总署副署长李国访印期间,双方签署印度对华出口辣椒粉的协议;

可以说,双方在印度农产品及关联产品的市场准入上已经取得了很大进步。但是,要消除市场壁垒,打造全面,平衡和可持续的经济关系,仍然有大量工作要做。

改善战略沟通。武汉会晤突出了两国战略沟通的重要性。印中公安/内政部长会议、国防部长会议等则显著改善了两国战略沟通状况。现在需要做的是"建立不同层级的结构性对话,以理解对方的敏感点、期待和核

---

① Xu Jian, "China's Major-Country Diplomacy and Sino-Indian Relations", http://www.ciis.org.cn/english/2018-06/04/content_40369499.html.

② 2014年9月习主席访问印度期间,两国同意建设一个"更加紧密的发展伙伴关系"。2015年5月莫迪总理访问中国期间,两国决心携手努力,进一步加强印中更紧密的发展伙伴关系。

心关切"。① 正如一位中国学者所言"中印之间更紧密的发展伙伴关系正在稳步推进,但是这还不够。两国应该致力于建立更高水平的战略合作伙伴关系。正如莫迪总理所言'要形容印中纽带的潜力,最简洁的描述应该是,从英尺到英里(INCH towards MILES)'"。②

人文联系。建立印中高级别人文交流机制(HLM)是值得欢迎的一大进步。首次会议于2018年12月21日在新德里举办,由印度外长斯瓦拉吉和中国国务委员兼外长王毅共同主持。这一机制反映了两国在人文领域建立更高协作水平的共同意愿。两国将通过在文化、旅游、艺术、电影、媒体、体育、学术等多个领域加强交流实现上述共同愿景。

结　语

第18次上合组织青岛峰会、第19次比什凯克峰会以及其他上合组织会议机制上的双边会谈为印中双边对话提供了平台。当然,这些会议本身也是增强双边关系的催化剂。2018年以来,莫迪总理和习近平主席的五次双边会晤引领印中关系不断向前推进。值得注意的是"发展印中关系需要遵守一个重要原则,即尊重对方核心利益和重大关切"。③ 这对加强双边关系、扩大各领域互利合作至关重要。

(白联磊　译)

---

① "Presentation by Ambassador Nalin Surie, DG, ICWA at the Seminar organized by Embassy of the PRC in India in collaboration with Institute of Chinese Studies, Federation of Indian Chambers of Commerce & Industry, The Foreign Correspondents' Club of South Asia and Indian Association of Foreign Affairs Correspondents", 18 June, 2018. https://icwa.in/pdfs/stmtdg/2014/PresentationDG29062018.pdf.

② Lan Jianxue, "A New Day of China-India Relations", http://www.ciis.org.cn/english/2019-06/10/content_40781000.html.

③ Amb. "Gautam Bambawale's Speech at the 8th India-China Dialogue between Ananta Aspen Centre & China Reform Forum", May 9, 2018, http://indianembassybeijing.in/speech-09may.php.

Саммит ШОС из Циндао в Бишкеке: продвижение вперед в индийско-китайских отношениях

[Индия] Санджив Кумар

Аннотация: Шанхайская организация сотрудничества (ШОС) предоставляет дополнительный канал для двусторонних диалогов и выступает катализатором укрепления двусторонних отношений между Индией и Китаем. В статье рассматривается развитие в индийско-китайских отношениях с тех пор, как Индия приняла участие в качестве полноправного члена ШОС на саммите в Циндао в июне 2018 года, и утверждается, что двусторонние встречи между индийскими и китайскими лидерами, а также различные механизмы ШОС привели к движению вперед в индийско-китайских отношениях.

Ключевые слова: ШОС, Китай, Индия, многосторонний, двусторонний, механизм, безопасность, развитие, люди

Автор: Санджив Кумар, научный сотрудник Индийского совета по международным делам, Нью-Дели

The SCO Summits from Qingdao to Bishkek: A Forward Movement on India-China Relations

[India] Sanjeev Kumar

Abstract: The Shanghai Cooperation Organization (SCO) provides an additional channel for bilateral dialogues. It works as a catalyst in strengthening bilateral relations between India and China. The paper investigates the developments of India-China relations since India participated as a full member of SCO in the Qingdao Summit in June 2018. It argues that bilateral meetings between Indian and Chinese leaders as well as various mechanisms under the SCO framework have resulted in a forward movement on India-China ties.

Keywords: SCO, China, India, multilateral, bilateral, mechanism, security, development, people

Author: Sanjeev Kumar, Research Fellow at the Indian Council of World Affairs, New Delhi

巴基斯坦和印度在上海合作组织内的互动

【巴基斯坦】乌梅·法尔瓦[*]

【内容提要】上海合作组织很快就已发展成为众多跨国组织中的一个重心。它是和平与经济稳定的保障,现在已经扩大到南亚,巴基斯坦和印度已成为上合组织的正式成员国。实际上,巴基斯坦和印度的加入既是机遇也是麻烦。由于印巴多年的对抗,才有了南亚的复杂历史,但是随着两国的加入,他们不但有了互动的机会,而且互动的力度倍增。上合组织给巴印提供了一个打击地区恐怖主义威胁的平台,即地区反恐机构(RATS),该平台意义重大且颇具前景。他们具有了携手调动各自资源参与联合经济合作倡议的机会。而中国的"一带一路"就是最有前途的倡议。此外,上合组织是促进和平的平台,可以经常通过经济、政治和安全领域的非正式和正式会议、专家论坛、外长会议、元首会见等形式进行沟通。然而,目前尚存在诸如零和博弈倾向、经济问题政治化和新德里方面缺乏政治意志等现实政治问题。巴基斯坦和印度应该通过上合组织框架内新形式的合作来消除这些障碍。

【关键词】上合组织 巴印关系 南亚 "一带一路" 中巴经济走廊

当代世界是多极和多层互动的世界。在这个体系内,国家和他们的财富通过复合相互依赖联结在一起。间接依赖和网络型互动成为国际关系的主色调。在探讨如何适应快速转变的世界时,这种相互依赖理论为我们提供了新视角。在复合相互依赖的世界里,区域化进程加速[①],区域组织在世界政治中的重要性上升。在欧亚地区,上海合作组织(以下简称"上合组

---

[*] 乌梅·法尔瓦(Ume Farwa),巴基斯坦伊斯兰堡战略研究所研究员,《战略研究》杂志副主编。

[①] Robert O. Keohane and Joseph S. Nye, "Power and Interdependence Revisited", *International Organization*, Vol. 41. No. 4 (1987), pp:725-753. https://doi.org/10.1017/S0020818300027661.

织")就是众多范例中的一个。

作为世界上重要的地区性国际组织,上合组织致力于促进地区和平和稳定。上合组织在促进地区一体化方面的势头强劲,表明它对欧亚地区具有独特的战略、经济、政治和文化价值。快速崛起的中国,作为上合组织的创始成员国,正在为亚洲地区的经济合作和地区互联互通树立新规范。中国正在全力打造多边论坛网络。中国与俄罗斯合作创建了上合组织,目的是促进欧亚大陆心脏地带,即中亚地区的跨国经济和安全合作。上合组织最初以中亚地区为重心,现在则覆盖了南亚和西亚,并且吸收了巴基斯坦和印度这两个南亚国家为正式成员国。这个具有影响力的地区组织通过吸收西亚、中东和亚太地区国家为观察员国和对话伙伴,提高了自己的国际地位。在上合组织这个论坛上,地区和平和安全问题总是受到特别的关注。

上合组织地区拥有世界40%人口、37%的能源储备。上合组织因此成为重要的国际平台。巴基斯坦和印度成为正式成员国后,这个强有力的地区平台包括了四个核大国,地缘政治和地缘经济影响力进一步增强。将巴基斯坦和印度纳入上合组织,有利于中亚和南亚国家联合起来,促进地区安全,打击恐怖主义和毒品贩卖,深化贸易和商业合作。在上合组织,巴基斯坦和印度能够从地区反恐机构显著获益,这主要体现在它提供的潜在的合作机会和内含的强制性合作要求。

这是巴印关系中的一个重要进步。但是,对上合组织而言,这也引发了几个问题:巴印这对南亚宿敌的加入,到底对上合组织意味着什么?上合组织为巴印两国如何提供,以及提供了什么样的互动机会?在巴印关系的问题上上合组织需要面对哪些复杂问题?

基于上述背景,本文首先简要评估巴印在上合组织的互动,然后评述双方塑造和平的挑战和机遇,最后,本文将在分析未来挑战和政策选项的基础上,展望他们未来在上合组织的互动前景。

一、巴印在上合组织的互动:突破瓶颈

南亚的持续和平是地区人民长久怀抱的梦想。但是,内外多重复杂原因导致梦想难以成为现实。长久以来,上合组织一直高度重视地区和平和稳定。这是实现经济繁荣发展的前提。上合组织为共同打击恐怖主义提供

了一个颇具前景的平台——地区反恐机构。2018年，上合组织在俄罗斯车里雅宾斯克州举办为期六天的"和平使命2018"联合军事演习。① 167名印度军人和110名巴基斯坦军人参加了联合军演。② 双方以温和而专业的方式进行了良性互动。这说明，联合军演作为典型的"建立信任措施"对舒缓巴印关系的紧张局面具有重要的意义。

这次演习是1947年以来两国首次联合举行军事演习，堪称巴印关系史上的转折性事件。70多年来，两国军队从未以和平方式接触，互相射击一直是家常便饭。但是现在，随着上合组织覆盖南亚核心地区，巴印互动模式出现了变化。这也难怪人们开始对南亚和平前景感到乐观，并希望巴基斯坦和印度开启和平和合作发展之路。联合军演很可能让巴印两国在争吵了几十年的反恐问题上改善关系，或者至少以温和的方式处理差异和冲突。如果以良好的愿望和信念运用相关的机会，上合组织确实是促进地区互联互通，打破巴印关系魔咒，促进南亚地区和平和稳定的理想平台。

尽管怀有南亚和平的美好希望，但是悲哀的现实是巴基斯坦和印度甚至没有直接的双边会谈。双方一致通过正式和非正式的互动保持接触。但是这些年里，所有推动巴印关系正常化的努力最终都裹足不前。追溯巴印谈判和和平进程的历史可以发现，巴印关系充满了跌宕起伏，间杂着双边对话、信任建立措施、二轨外交等。然而，所有的努力都毫无结果。最近巴基斯坦总理伊姆兰·汗向印度总理莫迪伸出了橄榄枝③，但是换来的是短视的政治沉默和根植于印度教民族主义的霸权主义傲慢。④ 巴印关系持续僵持的背后有许多原因，公平地看，两国已几乎已经试遍了所有和平选项。在这种情况下，第三方平台的调解对重启巴印对话就变得极为重要。⑤ 虽然美国多次调解巴印冲突，但是随着美国巴印战略的演进，美国

---

① "Pakistan, India Participate together in Military Exercises", *The Express Tribune*, August 25, 2018, https://tribune.com.pk/story/1787450/3-pakistan-india-participate-together-military-exercise/.

② M. Ashraf. Haidari, "The SCO Can De-escalate India-Pakistan Tensions", *The Diplomat*, March 1, 2019, https://thediplomat.com/2019/03/the-sco-can-de-escalate-india-pakistan-tensions/.

③ Shafqat Ali, "Imran Offers 'Joint Endeavors' for Peace", *The Nation*, June 8, 2019, https://nation.com.pk/08-Jun-2019/imran-offers-modi-joint-endeavours-for-peace.

④ Shafqat Ali, "India 'not Ready' for Pakistan Talks", June 21, 2019, https://nation.com.pk/21-Jun-2019/india-not-ready-for-pakistan-talks.

⑤ Moeed Yusuf, "Brokering Peace in Nuclear Environments: U.S. Crisis Management in South Asia", California, USA: Stanford University Press, 2018, pp: 320. https://www.amazon.com/Brokering-Peace-Nuclear-Environments-Management/dp/1503604853.

已经不再扮演中立的调解人角色了。在这种情况下，上合组织国家元首峰会开启了一个罕见却良好的开端。

据印度报纸的报道，在上合组织元首峰会上，印度总理莫迪不仅没有向巴基斯坦总理致意，而且还选择坐在巴基斯坦总理的对面。① 不过，在峰会次日，这对南亚宿敌的领导人还是选择寒暄一番：伊姆兰·汗祝贺莫迪总理在大选中取得压倒性胜利，而莫迪也礼节性地客套一番。② 这确实是值得欢迎的进展，意味着新德里和伊斯兰堡在普尔瓦马危机（Pulwama Crisis）后终于又重启了对话。就这一点而言，上合组织确实起到了为巴印互动提供平台，重燃各方对和平期待的作用。巴印示好姿态有助于给紧张局势降温，但是改善关系的切实举措并未出台。如果能够将促进地区和平和发展的努力与上合组织成员国互联互通的大势结合起来，巴印互动就有可能向积极的方向迈进。

二、地区和平和发展的可能性：经济倡议与上合组织对接

南亚地区的人力和物质资源非常富饶，但是这些优势经常被外界忽视，自身也长期处于欠发达状态。随着"一带一路"倡议的推进，亚洲国家间的互联互通网络出现新气象。"一带一路"倡议包含了中国的发展经验，对亚洲的经济发展有巨大推动作用。受此影响，亚洲的发展正在从现实主义范式转向经济自由主义范式，这有助于地区国家的战略思维从零和博弈转向正和博弈。

按照发展水平划分，世界分为南方和北方，而亚洲是南方的中心。在基础设施方面，大部分亚洲国家仍然处于欠发达状态，甚至成为被忽视的地区。根据亚洲开发银行的研究，亚洲地区有高达8万亿美元的基础设施

---

① "Day after Avoiding Handshake, PM Modi-Imran Khan Exchange Pleasantries at SCO Summit", India TV, June 14, 2109, https://www.indiatvnews.com/news/world-pm-modi-imran-khan-shake-hands-sco-summit-bishkek-india-pakistan-exchange-pleasantries-527255.

② "PM Imran, Narendra Modi Exchange Pleasantries at SCO Summit", The News, June 14, 2019, https://www.thenews.com.pk/latest/484668-pm-imran-khan-narendra-modi-briefly-meet-at-sco-summit-claims-fm-qureshi.

融资缺口。① 另一份亚洲开发银行的报告则认为，2017至2030年，亚洲每年需要1.4万亿美元的基础设施投资，才能维持目前的增长势头。②

受英国脱欧和美国民粹主义兴起的影响，欧洲和美国都不准备为亚洲的进步和发展出力。在这个关键时期，中国顺势而起，决定利用自己的经济发展经验、基础设施建设能力，帮助亚洲国家加速基础设施发展。在上合组织内部，中国也将她的跨国经济倡议和欧亚经济联盟对接起来。中国和俄罗斯都支持这个以发展和繁荣为目标的跨国对接项目。

因此，"一带一路"反映了中国为全世界创造发展机会的愿望。习近平主席对此有清晰表述："中国人民正在努力实现中华民族伟大复兴的中国梦，同时愿意支持和帮助亚洲各国人民实现各自的美好梦想，同各方一道努力实现持久和平、共同发展的亚洲梦，为促进人类和平与发展的崇高事业作出新的更大的贡献！"③ "一带一路"施行"投资—拨款—贷款模式"（the investment-grant-loan model），承诺根据每个国家的投资需要和经济环境，在所有利益攸关方共识的基础上，按照包容、适用、有利于经济公平的原则开展合作。由此"一带一路"成了南南合作的催化剂。联合国南南合作办公室助理主任亚当·罗杰（Adam Roger）赞赏中国推动全球发展中国家合作的努力，认为"多年来中国一直是南方国家的重要伙伴，'一带一路'倡议在纽约总部受到高度评价。中国大力支持南南合作，'一带一路'倡议和丝路基金就是两个例证"。在"一带一路"问题上，印度采取了自相矛盾的做法。在上合组织，主要是印度在批评"一带一路"。但是尽管印度总在批评和阻挠"一带一路"，其在南亚的对华竞争中仍然处于不利态势。这足以说明，借助上合组织平台推动本国发展战略与"一带一路"对接，有利于上合组织成员国。

---

① Wlliam A Callahan, "China's Asia Dream: The Belt and Road Initiative and the New Regional Order", *Asian Journal of Comparative Politics*, Vol. 1, Issue 3 (2016), pp: 226-243. https://doi.org/10.1177/2057891116647806.

② "China Real Time Report. (2017). Building Binge: ADB Calls for More Infrastructure Across Asia." *Wall Street Journal*, February 8, 2017, http://blogs.wsj.com/ chinarealtime/2017/02/28/adb0228.

③ "New Asian Security Concept for New Progress in Security Cooperation", Ministry of Foreign Affairs of the People's Republic of China, May 21, 2014, http://www.fmprc.gov.cn/mfa_eng/zxxx_662805/t1159951.shtml.

三、互动的未来路线图:挑战和政策选项

历史上南亚总在遭受传统或非传统威胁的蹂躏,目前仍然如此。南亚地区的未来归根到底握在它的人民和政治领导人的手中。目前,上合组织已经成为本地区拥有重要影响的国际组织,南亚地区也走到了新的历史节点:地缘政治对抗压缩了运筹国家利益的空间,而地缘经济的双赢合作和地区一体化则现出曙光。所以,加入上合组织,实际上为巴基斯坦和印度带来了克服严峻挑战、挖掘发展和进步潜力的宝贵机遇。

作为区域合作的倡导者,巴基斯坦对上合组织投入了极大的外交热情。考虑到上合组织地区包含了众多跨国和跨洲经济走廊,上合组织国家加强接触就变得异常重要。即使在这些倡议出台之前,巴基斯坦就一直是中亚内陆国家的出海桥梁。巴基斯坦一直对上合组织事务表示出浓厚兴趣,早在2005年刚成为观察员国时即如此。

当前,面对亚洲地区持续变化的地缘图景,巴基斯坦和印度亟须开创新的合作模式。2014年,习主席访问南亚国家时提出,"中国希望以丝绸之路经济带和21世纪海上丝绸之路为双翼,同南亚国家一道实现腾飞"。①在十九大报告中,习主席多次强调"平衡"。实际上,南亚地区也非常需要"平衡"。对于巴基斯坦和印度在上合组织框架内的互动,也尤其需要倡导并实现平衡。

在这个变动的时代里,上合组织面临诸多挑战。最大的挑战是冷战思维,以零和博弈方式处理国家间关系,拒绝接触和对话,滥用宣传策略,制造民间敌意。遵循西方做法,将互联互通政治化,将给上合组织合作带来致命伤害。互联互通合作遵循"上海精神"和双赢逻辑。所有人都需要互联互通,需要由互联互通带来的繁荣和发展。作为"一带一路"的旗舰项目,中巴经济走廊为地区国家提供了重要的能源、发展、金融、贸易和电子商务通道,代表了上合组织成员国能够达到的合作高度。印度加入之前,所有上合组织成员国都认可"一带一路",支持互联互通项目。俄罗斯不仅支持"一带一路",而且通过中俄合作实现了"一带一路"和欧亚

---

① 《习近平的"一带一路"足迹》,新华网,http://www.xinhuanet.com/politics/2016-01/06/c_1117679375.htm. 登陆时间:2019年6月2日。

经济联盟对接。这是顺应时代大势的做法,因为在现代全球化世界,经济的重要性远超其他,地缘政治也要让路。在具体的合作中,确定大方向和合作模式是优先事项。在上合组织成员国之间,中国通过"一带一路"倡议成为经济合作的旗手,而巴基斯坦则致力于借助中巴经济走廊拓展与地区国家的合作基础。

作为上合组织正式成员国,巴基斯坦致力于同上合组织能源俱乐部建立密切关系,并希望建立一个促进地区内外能源互联互通的合作制度。巴基斯坦还希望各方遵循开放、包容原则,在油气管线合作中,积极引入新项目,努力激活旧项目。巴基斯坦希望扩大与其他成员国的合作范围,深入推进经济、政治、文化领域合作,并积极鼓励学者和智库合作。

当前,上合组织地区的发展进步受到各种传统和非传统安全威胁的阻碍。不稳定因素上升,多国联合应对机制亟待增强。"三股势力"——极端主义、恐怖主义和分离主义——破坏地区发展基础。地区性难题需要地区性解决方案。巴基斯坦乐意与上合组织其他成员国合作,强化命运共同体意识,为地区安全、和平和繁荣夯实基础。

结 语

南亚地区的动荡历史很大程度根源于紧张的巴印关系。巴印双边的分歧和争议已经令南亚区域合作联盟(SAARC)停滞不前。现在巴基斯坦和印度共同加入上合组织,获得了在低政治领域开展互动的新平台。上合组织由中俄领导创立,现在又增加了巴基斯坦和印度两个重要国家,从而显著扩大了组织内国家的合作潜力。他们完全有可能通力合作创造和平的地区环境。但是,现实主义政治思维始终是巴印关系的拦路虎,是双方亟须克服的重要挑战,在这个过程中上合组织可以发挥促进作用。当前世界正在走向多极化,亚洲正在摆脱大国控制的阴影,现在主导权转移到了亚洲国家自己的手中,他们需要团结努力,在解决亚洲自身问题的同时,发展共同的亚洲性(Asianness)。

(白联磊 译)

Взаимодействие Индии и Пакистана в рамках Шанхайской организации сотрудничества

[Пакистан] Уме Фарва

Аннотация: Шанхайская организация сотрудничества (ШОС) быстро превращается в один из центров притяжения в кластерах транснациональных организаций. Обеспечивая мир и экономическую стабильность, ШОС теперь расширилась до Южной Азии с включением Индии и Пакистана в качестве постоянных членов. Действительно, включение Пакистана и Индии в ШОС является и возможностями, и проблемами. Из-за многолетнего соперничества между Индией и Пакистаном Южная Азия имела сложную историю, но с включением в ШОС у Индии и Пакистана шансы на взаимодействие и взаимодействие возросли в разы. Для Пакистана и Индии ШОС предлагает весьма перспективный форум для борьбы с угрозой терроризма в регионе, т.е. Региональную антитеррористическую структуру (РАТС). У них есть возможность объединить усилия для мобилизации своих ресурсов для совместных экономических инициатив. Китайская инициатива «Один пояс, один путь» является одной из таких наиболее перспективных инициатив. Кроме того, ШОС выступает в качестве форума по укреплению мира путем общения через неформальные и официальные встречи в области экономики, политики и безопасности на форумах экспертов, встречах министров иностранных дел и саммитах глав государств. Тем не менее, существуют проблемы с реальной политикой, такие как тенденция игры с нулевой суммой, политизация экономических связей и отсутствие политической воли со стороны Нью-Дели. Чтобы устранить эти препятствия, Пакистан и Индия должны извлечь выгоду из новых форм сотрудничества в рамках ШОС.

Ключевые слова: Шанхайская организация сотрудничества (ШОС), Индийско-Пакистанские отношения, Южная Азия, Инициатива «Один пояс, один путь», Китайско-Пакистанский экономический коридор

Автор: Уме Фарва, Научный сотрудник Института стратегических исследований Исламабада (ISSI) и субредактор журнала «Стратегические исследования»

Interactions between India and Pakistan under the Framework of the SCO

[Pakistan] Ume Farwa

Abstract: The Shanghai Cooperation Organization (SCO) is emerging as one of the gravity centres in the clusters of trans-national organizations. The SCO has played a significant role in maintaining regional peace and stability. The organization has expanded to cover South Asia after accepting India and Pakistan as its permanent members. Indeed, the inclusion of Pakistan and India into the SCO is a matter of both opportunities and challenges. Due to the decades-long rivalry of New Delhi and Pakistan, South Asia had a turbulent history. After Pakistan and India joined the SCO, the chances for the interactions and engagement between them will increase manifold. For India and Pakistan, the SCO offers the Regional Anti-Terrorist Structure (RATS), which is a highly prospective forum for fighting against the menace of terrorism in the region. They might join hands in mobilizing their resources for joint economic initiatives. China's Belt and Road Initiative (BRI) is among such most prospective initiatives. Furthermore, through mechanisms of think-tanks forums, foreign ministers meetings and leaders' summits, the SCO presents itself as a forum of fostering regional peace by formal and informal communications on the economic, political and security areas. However, the challenge of realpolitik is still grave, for example, mentality of zero-sum game, the trend of politicizing economic issues, New Delhi's lack of political to improve ties. To remove these obstacles, Pakistan and India must capitalize on the new modalities of cooperation under the framework of SCO.

Keywords: Shanghai Cooperation Organization (SCO), Indo-Pak Relations, South Asia, Belt and Road Initiative (BRI), China-Pakistan Economic Corridor (CPEC)

Author: Ume Farwa, Research Fellow at the Institute of Strategic Studies Islamabad (ISSI) and Sub-Editor for the Strategic Studies Journal.

印巴关系对上海合作组织的影响及中国策略

李青燕[*]

【内容提要】 印度与巴基斯坦于2017年阿斯塔纳峰会成为上合组织正式成员,上合组织完成首次扩员,步入发展新历程。印巴同步加入上合,两国紧张关系将不可避免地对上合组织发展产生影响,尤其使上合在处理领土争端、地区安全与反恐合作及区域经济倡议对接等问题面临挑战。中国作为上合组织重要成员,将继续发挥引领作用,进一步弘扬"上海精神",促进成员间互信协作,化解风险挑战,助推上合组织发展行稳致远。

【关键词】 印巴关系　上合组织　挑战　对策

一、印巴关系进入上合视野

印巴自上海合作组织(以下简称"上合组织")成立之初,即展现出浓厚兴趣。两国一直通过不同渠道表达希望加入该组织的愿望。鉴于上合组织自身发展需求和印巴对上合组织的诉求,至2015年上合组织启动接收印巴加入程序。印巴不睦是上合组织成员对两国加入的顾虑之一。印巴长期对抗,近年来更是在领土、反恐等问题上冲突频发,常因边境交火事件矛盾激化。同时,开创区域合作新模式的上合组织不断发展壮大,加入上合既满足了印巴在解决阿富汗问题及地区安全合作与经济融合等方面的诉求,又给两国缓解紧张关系、增进交流互动提供了良好平台。

(一)印巴矛盾长期难解

印巴龃龉不断,边界争端是横亘在两国间难以逾越的鸿沟。克什米尔

---

[*] 李青燕,中国国际问题研究院发展中国家研究所副研究员。

问题是殖民时代的历史遗留，印巴分治后，两国在克什米尔归属问题上针锋相对，不惜一战。克什米尔地区对印巴均具有重要的战略意义，两国派驻精锐部队驻扎在实控线附近，擦枪走火时有发生。近两年，印巴边境冲突事件增多，伤亡人数上升。该地区活跃着主张独立的极端武装组织，时常给印巴双方制造麻烦，往往成为两国冲突的"引信"。

（二）上合组织内的印巴互动

加入上合组织，印巴实现了对包括阿富汗问题在内的地区安全与经济合作的部分诉求；与此同时，上合组织也为僵持中的印巴缓和关系、增进了解提供了难得机会和沟通平台。

1. 印巴对上合的诉求。印度加入上合组织经过深思熟虑，主要着力点是解决阿富汗问题，推动地区反恐及加强与中亚各国联系。其一，阿富汗是印度"北进"战略的重要支点，亦是印北部领土安全的隐患。由于巴基斯坦阻碍印度北上连接中亚国家，绕过巴经阿富汗达至中亚的通道对于印度来说至关重要。印度联手伊朗和阿富汗持续推进恰巴哈尔港建设，并协助修建连接伊阿的公路与铁路。塔利班倒台后，印阿关系得到大幅提升，印度加大对阿投入，迄今对阿经济援助逾30亿美元。当前，美国有意从阿富汗撤军，加紧推进与塔利班和谈。阿安全形势不断恶化，印度对阿局势动荡忧惧上升，迫切希望借助上合组织这一地区安全合作平台，扩大对阿局势走向的影响。其二，加强地区合作，提升本土反恐能力。印度国内宗教矛盾、民族对立、发展失衡和领土争端等问题交织，恐怖主义活动日趋猖獗。《2018全球恐怖主义指数报告》显示，印度的恐怖主义指数达7.568，上升至全球排名第七位。其中，2017—2018年印度全境恐袭死亡人数384人，同比增加12%。切蒂斯加尔邦苏克马区和印控克什米尔区等地发生袭击的次数和规模居前位。极端武装组织的袭击手段升级，杀伤力增强，令印度政府的反恐行动收效甚微。印度亟须加强反恐能力建设，而上合组织在地区反恐机制建设上成效卓著，参与上合组织框架下的反恐机制与联合行动无疑是其最优选择。其三，以能源和联通为重心推进"连接中亚"政策。2012年印度出台"连接中亚"政策，展示出与中亚国家加强直接合作的战略方向。莫迪上台后更是将与中亚国家的"联通性"视为周边重要任务，续推"国际南北运输走廊"，升级"印度—中亚"外长对话会等。但由于缺乏足够的资金投入与有效的协调整合力，印度与中亚的诸多区域合作项目仍停留在纸面上。上合组织从传统安全合作向安全与经济"双轮模式"发展，及组织内多边、多层面、多领域的会晤协商机制，为印度所看重，可使其低成本、高效率地融入地区能源与联通合作，短期内提升印度在中亚乃至欧亚地区的影响力。

作为邻国，巴基斯坦加入上合组织亦有着相似诉求。实际上，印巴的中亚政策往往以彼此为参照。冷战期间，印苏关系紧密带动印度与中亚地区交往频繁；冷战后一段时期，印度未能腾出手来经营中亚，而依靠地缘优势和伊斯兰国家属性，巴基斯坦在中亚的影响力逐渐增长。为防止印度与阿富汗、中亚国家对巴基斯坦形成东西夹击，巴在战略上一贯重视中亚国家与阿富汗的作用，但囿于国力不足，投入受限。随着印度"重拾山河"，巴基斯坦在中亚地区的存在感下降。巴基斯坦与中亚五国的贸易量十分有限，仅占中亚五国进口总量的1%，而印度对中亚国家的出口是巴的9倍之多。① 当前巴基斯坦进入中亚市场主要有三个通道：阿富汗、伊朗和中国。巴基斯坦与阿富汗在反恐问题上分歧扩大，巴阿关系趋紧掣肘巴与中亚地区开展大规模贸易活动。由于美国对伊朗的制裁打压，伊朗这条通道目前难以发挥作用。因而，除了积极参与中国"一带一路"倡议，共建"中巴经济走廊"，巴基斯坦期望借助上合组织在地区联通建设与经济一体化进程中的独特作用，加强与中亚国家的贸易联系，打开中亚国家市场。

2. 印巴在上合的互动交流

自2017年加入上合以来，尽管印巴关系持续紧张，但双方在这一平台上的交流未受影响，有些活动甚至是两国分治以来的首次合作。印巴尽量表现出不将双方矛盾带入上合议程，也彰显两国对上合组织的重视。2018年5月，上合组织地区反恐机构法律专家会议在巴基斯坦首都伊斯兰堡举行，印度派出代表团赴巴参会，成为该次会议的亮点。巴上合组织友好论坛秘书长阿西夫·努尔表示，保持印巴两国以建设性姿态坐在一起，对于任何一个地区组织来说都是十分艰巨的挑战；在由印巴共同参与的国际和地区组织中，能使两国相向而行的只有上合组织。② 与此相对照的是南亚

---

① 《巴基斯坦需加强与中亚国家的贸易联系》，中国驻巴基斯坦使馆经商参处，http://pk.mofcom.gov.cn/article/jmxw/201707/20170702612018.shtml，登录时间：2019年9月3日。

② 《巴基斯坦办上合工作会意义重大》，中国经济网，http://www.ce.cn/xwzx/gnsz/gdxw/201806/01/t20180601_29305887.shtml，登录时间：2019年9月3日。

区域合作联盟（南盟），南盟进程经常因印巴矛盾而停滞，新一届南盟峰会迟迟未能举行。2018年6月，上合组织青岛峰会成功召开，印度总理莫迪与巴基斯坦总统马姆努恩·侯赛因虽未举行双边会见，但在会场上进行了一次短暂而友好的交流。最引人瞩目的是印巴首次共同参加上合组织安全合作框架下的"和平使命"军事演习。2018年8月，印度与巴基斯坦约350名军人参加演习，成为70年来两国首次共同参加的军事演习。此次演习引发双方国内媒体普遍关注，对缓解印巴紧张关系、共同应对恐怖威胁起到积极作用。

二、印巴关系对上合组织发展的挑战

印巴的加入使上合组织成为世界上人口最多、地域最广、潜力巨大的综合性区域组织，将在地区和国际事务中发挥更加积极的作用。① 但挑战与机遇并存，印巴领土争端可能使上合组织再次面临传统安全问题考验，而印巴矛盾也将给上合组织安全与反恐机制建设及区域经济融合发展增加难度。

（一）领土争端问题再次凸显。上合组织的前身是"上海五国"机制，成立的初衷就是为解决中苏遗留的边界问题。秉持"互信、互利、平等、协商、尊重多样文明、谋求共同发展"的"上海精神"，中国与俄罗斯、哈萨克斯坦、吉尔吉斯斯坦和塔吉克斯坦在八年内成功解决了五国长达7000公里的边界争端。这为上合组织日后发展壮大奠定了坚实基础，也让世界赞叹于"上合模式"的成功。时隔多年，因领土争端频起冲突的印巴加入上合，该组织再次面临这一传统安全问题的考验。"上合模式"的成功需要涉事各方既有和平解决边界争端的意愿和管控分歧的共识，更重要的是谈判双方要有落实谈判成果、彰显谈判实效的诚意和机制，确保划界谈判与边境安全相向而行。② 由于印巴陷入安全困局，政治互信缺失，对抗趋势加剧，尚不具备展开边界谈判的基础和氛围。每次印巴新政府上台双方关系出现缓和势头时，往往会被意外事件打断，且需要较长时间修复。

---

① 中华人民共和国外交部：《上合组织已成人口最多、地域最广、潜力巨大的综合性区域组织》，新华网，http://www.xinhuanet.com/2018-04/26/c_129860224.htm，登录时间：2019年9月6日。
② 王会鹏：《上合组织扩员后的领土争端问题：潜在挑战与未来出路》，载《上海交通大学学报》2018年第4期。

印巴持续对峙将对上合组织内部信任与团结产生消极影响,其不安定因素恐波及中印领土争端或引发连锁反应。如何消除规避印巴边界争端的负面效应是上合组织亟须应对的难题,也是对上合国际与地区影响力和权威性的考验。

(二)印巴矛盾掣肘地区反恐合作。安全合作始终是上合组织发展的动力和重心。当前上合组织的区域安全公共产品主要集中于六个方面:军事互信机制、地区反恐机制、地区禁毒机制、信息安全合作机制、执法安全合作机制和上合组织—阿富汗联络组机制。[①] 尽管印巴面临同样严峻的反恐形势,且印巴共同参与上合安全合作机制可有力打击流窜于中亚与南亚的国际恐怖主义组织如"伊斯兰国""基地"组织等,但印巴矛盾造成互信赤字使双方在安全合作上必然相互防范,对情报共享、联合行动等有抵触情绪,甚至有意将"指责游戏"带入上合议程。当前上合组织内安全合作逐渐从战术合练向战役协作转变,并在成员间信息交换与执法安全合作等方面扩大深化,这显然在印巴之间难以实现,而新老成员不同步又将增加协商一致的难度,加剧上合组织论坛化风险。当前印巴在上合安全合作框架下的分歧主要集中于反恐互信与阿富汗问题。一是印巴互相指责对方利用极端武装组织破坏境内安全与稳定。印度将"穆罕默德军"和"虔诚军"列为巴基斯坦纵容支持的恐怖组织,巴基斯坦则指责印度暗中培育和支持俾路支分裂主义武装组织。二是印巴在阿富汗的利益冲突,使两国在推进阿富汗和解进程及防范地区恐怖外溢上难以形成合力。

(三)印巴对抗加剧地缘经济博弈。印巴作为南亚最大两个经济体加入上合组织,在拓展上合组织经济合作空间的同时,也增加了区域内经济合作的多样性和多元化。而就印巴对抗来看,域内经济合作倡议对接难度增大,地缘经济博弈上升。俄罗斯力推欧亚经济联盟以实现其主导的区域经济一体化,并不乐见上合组织的经济功能进一步扩大,担心经济实力更强的中国在中亚的影响力进一步提升。[②] 印度的经济体量与俄罗斯相当,在南亚主导南盟建设,并伴随"连接中亚"政策,近年来与俄罗斯、中亚国家等积极推动"国际南北运输走廊"。巴基斯坦积极参与中国"一带一

[①] 陈小鼎、王翠梅:《扩员后上合组织深化安全合作的路径选择》,载《世界经济与政治》2019年第3期。

[②] 丁超:《合作博弈:上海合作组织扩员与成员国间的经济关系分析》,载《欧亚经济》2017年第5期。

路"建设,"中巴经济走廊"迈入充实、拓展新阶段,未来期待与"中国—中亚—西亚经济走廊"实现对接。印度对中国的"一带一路"倡议态度暧昧,以领土争议为由反对"中巴经济走廊"。印巴紧张关系难免投射于域内经济合作项目的规划整合,将放大原本中俄及中亚国家间的发展战略分歧与贸易联通短板;与此同时,印度还积极响应和参加美国提出的连通中亚与南亚的"新丝绸之路计划"及日本倡导的"亚洲基础设施建设计划",使上合组织域内经济合作的地缘博弈更趋复杂。

三、思考建议

作为上合组织创始成员之一,中国在上合18年发展历程中发挥着重要作用,始终践行"上海精神",全面推进各领域合作,开创区域合作新模式,助推上合成长为维护地区安全和实现共同发展的重要力量。未来中国在上合组织将继续发挥重要引领作用,就印巴矛盾给上合带来的潜在影响,中国可同其他成员国一道通过加强政治、安全、经济和人文合作机制建设,进一步弘扬"上海精神",挖掘合作潜力,促进互信协作,化解风险挑战,使上合组织在合租发展中走深走实。

(一)秉承"上海精神",加强团结互信。"上海精神"产生的强大凝聚力是上合组织发展的保证。弘扬上合团结协作的良好传统,促进新老成员国密切融合,深化政治互信,加大相互支持,营造和平协商良好氛围。上合的元首峰会、总理峰会、外长会晤、安全会议秘书会议、联合军演等多层次、多机制平台,将利于印巴扩展对话和沟通渠道,提升双方政治与安全互信水平。增强互信有助于印巴开启领土争端根本解决之路。中俄可发挥积极建设性作用,在印巴冲突中积极斡旋,劝和促谈。俄罗斯外长拉夫罗夫曾建议通过上合组织机制来调节印巴之间的紧张局势。

(二)深化安全合作,管控印巴分歧。安全合作是上合组织的立足根基。针对地区严峻的反恐形势,防范"伊斯兰国"武装分子回流,包括印巴在上合组织各成员应扎实落实《打击恐怖主义、分裂主义和极端主义2019年至2021年合作纲要》,完善执法安全合作体系,建立应对安全威胁和挑战综合中心,合力打击"三股势力"。鉴于印巴融入上合安全合作体系尚存在障碍,可先从非敏感非传统安全领域入手,循序渐进,由浅入深,逐步提升信息共享和反恐协作水平。上合组织内可设立多渠道、多领域、多功能的冲突调解机制,针对突发事件及时做出有效应对。印巴均重视"上合组织—阿富汗联络组"作用,可在此平台上促印巴就阿富汗问题增信释疑,凝聚共识,共同推动阿和平进程和维护地区稳定。

(三)超越零和博弈,扩大务实合作。务实合作是上合组织发展的物质基础和原动力。[①]在世界经济前景不确定性增加、贸易保护主义抬头的情况下,上合组织各成员均需在互利共赢基础上,深挖区域合作潜力,共创合作机遇,增强经济发展内生动力和抗风险能力。尽管印巴及其他成员对区域经济合作规划不尽相同,但各国在中亚与南亚经济融合,尤其是域内贸易投资便利化、国际产能合作、基础设施建设等领域拥有利益公约数,通过充分协商可实现良性竞争与合作。"一带一路"为上合组织务实合作注入新动力,已与欧亚经济联盟建设等区域合作倡议以及哈萨克斯坦"光明之路"等国家发展战略对接。可增强上合组织作为域内各国对接"一带一路"的平台作用,"经济"与"安全"并进,提升域内营商环境,优化产业发展结构,以实效化解误解,"合作共赢"取代"对抗竞争",推动上合组织务实合作跨上新台阶。

(四)加强人文交流,促进民心相通。印巴民间交往十分有限,上合组织框架下日益增多的人文交流合作机制,将为两国民众增进相互了解和友谊搭建重要桥梁。上合组织国家互办文化年、语言年、旅游年、艺术节、妇女论坛、职工技能大赛等,创新交往形式不断延展。青年一代是各国民心融通的希望。青年交流营、中小学生夏令营等品牌项目,反响热烈,成效显著。未来可继续深化教育、文化、科技、环保、卫生、体育等领域合作,加强媒体、妇女、青年、智库等各界人士友好交往,[②]夯实上合组织各国合作的社会和民意基础。

---

① 《关于上合组织发展,习近平这些论述很重要》,人民网,http://world.people.com.cn/n1/2018/0531/c1002-30025126.html,登录时间:2019年9月7日。
② 《王毅出席上海合作组织外长会议》,外交部网站,https://www.fmprc.gov.cn/web/wjbzhd/t1665634.shtml,登录时间:2019年6月7日。

Влияние Индийско-пакистанских отношений на ШОС и стратегия Китая

Ли Цинъянь

Аннотация: Индия и Пакистан стали полноправными государствами-членами ШОС на саммите в Астане в 2017 году. ШОС завершила свое первое расширение и вступила на новый этап развития. После совместного присоединения Индии и Пакистана к ШОС напряженные отношения между ними неизбежно бубут влиять на развитие ШОС и бросать ШОС вызовы во время выполнения ШОС таких задач, как решение территориальных споров, продвижение регионального сотрудничества в безопасности, борьба с терроризмом и сопряжение региональных экономических инициатив. Как важный член ШОС, Китай продолжит играть ведущую роль в дальнейшем развитии «Шанхайского духа», способствует укреплению взаимодействия и взаимодоверия между членами и нейтрализует риски и вызовы, обеспечив ШОС устойчивое дальнее плавание.

Ключевые слова: индийско-пакистанские отношения, ШОС, вызов, ответные меры

Автор: Ли Цинъянь, Ведущий научный сотрудник института развивающихся стран КАМП

The Impact of India-Pakistan Relations on the SCO and China's Strategy

Li Qingyan

Abstract: The SCO completed its first expansion and entered a new stage of development, with India and Pakistan simultaneously joining the SCO, tensions between the two countries will inevitably affect the development of the SCO, bringing challenges for the SCO to resolve territorial disputes, regional security cooperation, counter terrorism and the synergy of regional economic initiatives. As an important member of the SCO, China will continue to play a leading role by further promoting the "Shanghai Spirit" and enhancing interactions and mutual trust between SCO members, so as to resolve risks and challenges, and bring long-term stability to the SCO.

Key words: India-Pakistan relations, SCO, Shanghai Spririt

Author: Li Qingyan, Associate Research Fellow of Department for Developing Countries Studies of the China Institute of International Studies.

塔吉克斯坦对加强上海合作组织框架内合作的政策与愿景

【塔吉克斯坦】帕·穆罕默德佐达[*]

【内容提要】塔吉克斯坦积极支持加强上合组织框架内的合作,认为当前必须特别重视阿富汗问题,应进一步打击极端主义和恐怖主义,加大禁毒和信息安全领域的合作。作者认为塔方关于在杜尚别建立上合组织禁毒中心的建议亟待落实,必须加强经济合作,加大在交通、能源、农业、旅游等领域的合作力度,主张建立上合组织专门的金融机构。

【关键词】塔吉克斯坦　安全　阿富汗　合作

现阶段的国际形势正在发生重大变化并伴随着紧张态势加剧,我们成为这一变化的见证者。在这个方面,上合组织作为一个得到广泛认可并有威望的多边组织,必须适应新形势的变化,迎难而上应对各种威胁和挑战,发掘合作潜力并促进合作。

在这一背景下,塔吉克斯坦政府支持《〈上合组织成员国长期睦邻友好合作条约〉实施纲要》。

本组织要讨论的一个关键问题,是在上合组织范围内确保安全。因此,要特别关注与上合组织国家相邻的阿富汗国内局势。尽管已经采取了种种措施,该国局势依旧复杂多变,难以预测。

最近观察到来自"伊斯兰国"、叙利亚以及其他热点地区的武装分子向阿富汗北部转移,这不得不引起我们的深切担忧。在国内政治问题的背景下恐怖主义组织活动日益猖獗,进一步加剧了阿富汗本已复杂的局势。

---

[*] 帕·穆罕默德佐达(П. Мухаммадзода),塔吉克斯坦总统战略研究中心副主任、政治学博士。

因此，我们支持并认为签署《上合组织成员国打击恐怖主义、分裂主义和极端主义2019年至2021年合作纲要》很及时。

值得一提的是，为打击洗钱和资助恐怖主义，2018年5月5日在塔吉克斯坦由总统令批准通过了《2018年至2025年国家构想》及其落实行动计划。

因此，我们支持加强安全领域的协调与合作，改善执法机构的工作。

与此同时，我们认为有必要扩大对阿富汗的针对性援助，以促进该国的和平建设和经济复兴。

在这一背景下，我们希望尽早研究2019年在比什凯克举办上合组织—阿富汗联络小组第三次会议及小组接下来积极开展活动的相关事宜。

还必须关注非法贩毒问题，并在上合组织地区加强这方面的合作。根据我们禁毒机构统计，仅在2018年8个月内，受阿富汗鸦片产量增加的影响，塔吉克斯坦缴获了3.1吨以上非法贩运的毒品，比2017年增加了23.5公斤。

在这方面，为支持《上合组织禁毒战略》及其《落实行动计划》，我们认为落实我国的建议——在杜尚别建立上合组织禁毒中心以协调该领域行动，变得很迫切。

近年来，在网络空间的思想渗透也很泛滥，尤其是拉拢青年加入恐怖分子和极端分子的行列。

2009年签订了《上合组织成员国保障国际信息安全政府间合作协定》，我们积极评价上合组织成员国在落实该协议方面所做的总体工作，并认为加强各国协调，防止被认定为恐怖主义和极端分子的组织利用媒体和社交网络开展宣传非常重要。

我们还认为，《上合组织成员国元首致青年共同寄语》和《上合组织防止青年参与破坏性组织活动的行动纲要》的通过很及时。

为了加强国际社会为打击上述不良现象的努力，塔吉克斯坦共和国计划于2019年5月16日至17日在杜尚别市举行"打击包括非法贩毒和有组织犯罪在内的恐怖主义及其资金来源的国际和区域合作"高级别会议。我们希望上合组织成员国积极派遣高级别代表团参与此次国际会议。

在目前世界经济不稳定的大背景下，本组织在经济领域活动的进一步发展尤为重要。广泛的经济贸易和投资伙伴关系，互相支持以及共同实施互利双赢的项目，仍应是区域合作的优先方向之一。在上合组织区域内的过境交通合作也同样重要。

考虑到新成员的加入，上合组织正扩大在上述领域的潜力，并为实现这方面的各种项目开辟了新天地。

建立统一的运输系统和有效利用各国的过境潜力对本地区非常重要。在这方面要特别关注公路和铁路修复和建设项目，并建设通向出海口的区域交通走廊。

在这一背景下，我们认为，上合组织成员国元首理事会在即将举行的峰会上批准上合组织成员国铁路管理部门在铁路运输领域的合作构想的决定是及时的。

同时也认为，上合组织成员国元首理事会批准上合成员国公路合作纲要的决定是及时的。

上合组织将能源资源的最大生产者联合在一起，也将消费者联合起来。随着经济的蓬勃发展和电力需求的快速增长，在上合组织框架内在这一领域建立更持久、互利的合作是非常重要和及时的。

我们重申有意愿合作实施水电项目以造福整个地区，这无疑将有助于上合组织内外一体化进程的发展。

在农业领域，我们认为，推进解决粮食安全问题和在农业部门引入创新技术的相关措施最为重要。

我们相信，在即将召开的峰会框架内，上合组织秘书处与联合国粮食及农业组织（粮农组织）签署谅解备忘录，以及《上合组织成员国粮食安全合作纲要实施计划》将加深我们的共同工作。

我们支持在区域金融组织框架下的合作。同时，我们支持成立上合组织专门的金融机构。

深化旅游合作是加强我们各国联系的重要因素。塔斯克斯坦宣布2019—2021年为本国农村发展、旅游和民间工艺年。考虑到这个活动，我们打算在继续实施《2019—2020年落实〈上合组织成员国旅游合作发展纲要〉联合行动计划》方面开展密切合作。

我们期待在即将召开的峰会框架内签署上合组织秘书处和世界旅游组织间谅解备忘录，其随后的落实将加深我们卓有成效的共同工作。

（李　琰　译）

Политика и видение Республики Таджикистан по укреплению сотрудничества в рамках ШОС

[Таджикистан] Парвиз Мухаммадзода

Аннотация: Таджикистан активно поддерживает укрепление сотрудничества в рамках ШОС и считает, что необходимо уделить особое внимание афганской проблеме, продолжить борьбу с экстремизмом и терроризмом, расширить сотрудничество в области контроля над наркотиками и информационной безопасности. Автор считает актуальным реализацию предложения Таджикистана по созданию Антинаркотического центра ШОС в городе Душанбе. Необходимо укреплять экономическое сотрудничество, прилагать усилия по расширению сотрудничества в сфере транспорта, энергетики, сельского хозяйства, туризма. А также выступает за создание специализированного финансового института ШОС.

Ключевые слова: Таджикистан, безопасность, Афганистан, сотрудничество

Автор: Парвиз Мухаммадзода, Заместитель директора Центра стратегических исследований при Президенте Республики Таджикистан, д.п.н.

Tajikistan's Views and Policies on Strengthening the Cooperation of the SCO

[Tajikistan] Parviz Muhammadzoda

Abstract: Tajikistan is actively in support of strengthening cooperation within the framework of the SCO. It calls for special attention to the Afghan issue, continued efforts to fight against extremism and terrorism, and intensifying cooperation on drug control and information security, and establishing a SCO Anti-Drug Center in Dushanbe. It is necessary to strengthen economic cooperation, especially in the fields of transport, energy, agriculture and tourism, and to create a specialized financial institution of the SCO.

Keywords: Tajikistan, security, Afghanistan, cooperation

Author: Parviz Muhammadzoda, Deputy Director of the Center for Strategic Research under the President of the Republic of Tajikistan, D.Sc. in Political science.

印度对上海合作组织政策的新动向

白联磊

【内容提要】 印度加入上合组织以来,延续了观察员国时期的关注重点,即反恐、解决阿富汗问题、推进互联互通,取得了三个方面的成就,即推动形成更坚决的反恐共识、利用上合组织影响阿富汗局势、在上合组织宣扬印度的互联互通理念。但是,印度反对"一带一路"倡议,导致其在上合组织互联互通合作中沦为"少数派"。为了扭转这一尴尬局面,印度采取了由外及内的互联互通策略,即充分利用上合组织的各种便利,在组织框架外加强与上合组织相关国家互联互通,进而依靠框架外合作抬高印度在上合组织内的话语权。这种具有内部竞争性的互联互通策略将对上合组织制度弹性和聚同化异能力构成考验。

【关键词】 印度　反恐　阿富汗问题　互联互通　策略

印度正式加入上合组织后,一方面积极利用上合组织平台推进原定政策目标,另一方面则根据上合组织发展态势提出新目标和诉求。

一、原定政策目标进展:反恐、介入阿富汗、互联互通

印度作为上合组织观察员国时,主要关注上合组织在反恐、促进阿富汗和平、促进互联互通中的角色。[①] 成为正式成员国后,印度通过上合组织平台持续推进上述三方面的政策目标,取得了积极进展。

---

* 白联磊,中国国际问题研究院副研究员,经济学博士。
① 2011年印度外长在阿斯塔纳峰会的讲话主要谈及反恐、阿富汗局势、互联互通问题。在此之后这三个议题得到印度的持续关注。2017年上合组织阿斯塔纳峰会上,印度总理谈及的三个关键领域分别是互联互通、恐怖主义和阿富汗局势。

（一）推动形成更坚决的反恐共识

印度认为其面临的恐怖威胁有相当部分源于巴基斯坦境内（含巴控克什米尔）的恐怖组织，并明确将巴基斯坦停止支持跨境恐怖活动作为重启印巴双边会谈的前提。① 因此，在印度的语境下，恐怖主义表面是非传统安全问题，背后则是传统安全问题，反恐与反巴互为表里。在印巴同时加入上合组织后，反恐问题由于掺杂了潜在的反巴和传统安全难题，而使得界定恐怖主义进而联合反恐变成棘手难题。2018年8月2日，联合国安理会1267委员会技术性搁置关于马苏德的列名申请，事实上反映了有关方面对恐怖主义的定义存在分歧。由于印巴关系导致的反恐问题复杂化还导致印度和上合组织其他成员国在反恐话语上存在程度差别。印度的经典表述是"印度强烈谴责一切形式的恐怖主义，任何恐怖行动都无可辩白"（India strongly condemns terrorism in all its forms and manifestations. There can be no justification whatsoever for any acts of terrorism.），② 在语气上强于上合组织历次元首宣言对反恐的表述。在中印领导人武汉非正式会晤后，印度世界事务委员会的学者在比较中印双方的媒体口径后认为"中方对恐怖主义的表述还不够。因为与印方不同，中方并未谴责一切形式的恐怖主义"。③

但是在印度加入上合组织后，印度通过多边协商成功地将印度版强硬反恐话语转化成了上合组织的统一口径。2018年6月的青岛峰会上，印度首次以成员国身份参加上合组织会议。但青岛峰会元首宣言基本接纳了印度对反恐的表述方式，"成员国强烈谴责一切形式和表现的恐怖主义，认为必须努力推动建立联合国发挥中心协调作用，以国际法为基础，摒弃政治化和双重标准的全球反恐统一战线"。2019年的上合组织比什凯克元首宣言，在完整继承上述表述的基础上，进一步表示"不能以任何理由为任何恐怖主义和极端主义行径开脱"，从而完全接受了印度关于反恐的经典表

---

① Adminlogin, "SCO 2019: Opportunities and challenges for India", *Gwadaria*, June 5, 2019. https://gwadaria.com/sco-2019-opportunities-and-challenges-for-india/，登录时间：2019年9月11日。

② "Statement by External Affairs Minister at the 16th Meeting of Council of SCO Heads of Governments, Sochi", Ministry of External Affairs of India, December 01, 2017, https://mea.gov.in/Speeches-Statements.htm?dtl/29144/statement+by+external+affairs+minister+at+the+16th+meeting+of+council+of+sco+heads+of+governments+sochi+december+01+2017，登录时间：2019年9月14日。

③ Sanjeev Kumar and Puyam Rakesh Singh, "Wuhan Summit", *ICWA Issue Brief*, May 24, 2018, https://icwa.in/pdfs/IB/2014/WuhanSummitIB24052018.pdf，登录时间：2019年9月2日。

述。这也意味着印度借助上合组织平台，成功地将一国的反恐意志提升为多边组织的反恐决心，进而借助多边组织的帮助显著增强维护非传统安全的能力。同样得益于上合组织内外的协商和沟通，2019年5月1日，联合国安理会1267委员会审议通过了印度对马苏德的列名申请。搁置接近一年的马苏德列名问题得以解决，表明中俄印巴四国在反恐问题上取得了更进一步的共识。

（二）利用上合组织影响阿富汗局势

上合组织在阿富汗问题上的现实作用和巨大潜力是吸引印度加入上合组织的重要原因。阿富汗局势对上合组织成员国安全具有深刻影响。因此，上合组织对阿富汗投以特殊关注。2005年上合组织开始邀请阿富汗以主席国客人身份参加元首峰会，并同时建立了上合组织—阿富汗联络组。这也是迄今为止上合组织与阿富汗之间唯一的磋商机制。同样在2005年，印度成了上合组织观察员国。2012年，阿富汗也成为上合组织观察员国。上合组织成为印度与阿富汗加强互动的重要纽带。印度认为阿富汗问题应该在区域框架下，由相关国家共同参与解决，而上合组织是一个重要的地区平台。同时，考虑到俄罗斯积极利用上合组织对阿富汗问题施加影响，印度也希望充分参与这一进程。① 因此在观察员国时期，印度就积极参加上合组织涉阿活动。2010年1月，印度参加了在莫斯科举办的"伦敦阿富汗问题会议"的预备会。印度在上合组织场合一直倡导将阿富汗打造成连接中亚和南亚的交通、贸易和能源枢纽。② 印巴同时加入上合组织后，与阿富汗问题相关的地区利益攸关方几乎都被囊括进上合组织。印度借上合组织影响阿富汗局势的诉求获得了更好的实现条件。

2017年10月12日印度首次作为正式成员国参加了在莫斯科举行的上合组织—阿富汗联络组会议。印度认为阿富汗局势不稳的重要原因是境外恐怖主义的干扰破坏，主张通过四个途径促进阿富汗局势好转，即加强阿

---

① "Briefing by Official Spokesperson, JS (CE) and JS (ERS) on visits of Slovenian PM and EAM's to ASTANA for SCO Summit", Ministry of External Affairs of India, June 13, 2011, https://mea.gov.in/media-briefings .ht m?dtl/3148/briefing+by+official+spokesperson+js+ce+and+js+ers+on+visits+of+slovenian+pm+and+eams+to+astana+for+sco+summit, 登录时间：2019年9月12日。

② "Statement by Minister of Power at SCO meeting in Dushanbe", Ministry of External Affairs of India, November 25, 2010, https://mea.gov.in/Speeches-Statements.htm?dtl/812/statement+by+minister+of+power+at+ sco+meeting+in+dushanbe, 登录时间：2019年9月10日。

富汗国防和安全力量，按照"阿人主导、阿人所有、阿人控制"原则推进和解进程；和平和解进程应排除恐怖主义和暴力干扰；在民生导向下对阿提供社会经济援助；促进阿为中心的互联互通和地区一体化。① 2018年5月28日，印度再次派代表团参加上合组织—阿富汗联络组会议，除重申上述观点外，还明确支持阿富汗正式加入上合组织。而在接下来的青岛峰会上，印度又力推各方与阿方签署《"上合组织—阿富汗联络组"下一步行动路线图》，以加强上合组织对阿富汗问题的影响。此外，印度还表示将积极举办2019年的"上合组织—阿富汗联络组"会议。

（三）借上合组织平台宣示互联互通主张

最迟在2010年，印度就以官方口径明确表示愿加强与上合组织成员国的互联互通（connectivity with SCO countries）。只是这里互联互通的内涵还仅限于"软件"，如人员往来、贸易流通、跨国投资、技术转移等。② 2011年6月，印度开始将交通走廊作为互联互通的重要方式。印度外交部联秘毕沙利亚（Shri Ajay Bisaria）在新闻发布会上表示，上合组织应该讨论交通走廊问题，这有助于解决印度与中亚的互联互通（connectivity issues with Central Asia）。③ 在接下来的上合组织阿斯塔纳峰会上，印度外长将互联互通并列为与反恐、阿富汗和平同等重要议题，认为"互联互通是上合组织国家的核心议题"（Connectivity between SCO countries is in fact central），印度致力于推进中亚和南亚的互联互通。④ 2012年6月的上合组织元首峰会上，印度外长进一步提到，为了推动中亚南亚互联互通，印度

---

① "SCO- Afghanistan Contact Group Meeting, Moscow (October 11, 2017)", Ministry of External Affairs of India, October 12, 2017, https://mea.gov.in/press-releases.htm?dtl/29022/sco+afghanistan+contact+group+meeting+ mos cow+october+11+2017，登录时间：2019年9月11日。

② "Briefing by Official Spokesperson on EAM's visit to Tashkent for SCO Summit", Ministry of External Affairs of India, June 09, 2010, https://mea.gov.in/media-briefings.htm?dtl/2947/briefing+by+official+spokesperson +on+eams+visit+to+tashkent+for+sco+summit，登录时间：2019年9月11日。

③ "Briefing by Official Spokesperson, JS (CE) and JS (ERS) on visits of Slovenian PM and EAM's to ASTANA for SCO Summit", Ministry of External Affairs of India, June 13, 2011, https://mea.gov.in/media-briefings.htm? dtl/3148/briefing+by+official+spokesperson+js+ce+and+js+ers+on+visits+of+slovenian+pm+and+eams+to+astana+for+sco+summit，登录时间：2019年9月11日。

④ "Statement by EAM at the SCO Heads of States Summit", Ministry of External Affairs of India, June 15, 2011, https://mea.gov.in/Speeches-Statements.htm?dtl/373/statement+by+eam+at+the+sco+heads+of+states+summit，登录时间：2019年9月11日。

正在复兴北南交通走廊。① 与此同时，印度在首届"印度—中亚对话会"上提出了"联通中亚政策"，同样重点提及北南交通走廊。至此，印度在上合组织框架内的互联互通主张基本成型，即以北南交通走廊为抓手，以中亚国家为对象，推进交通基础设施联通。

　　印度加入上合组织后，更加重视在上合组织推进互联互通。印度的经典表述是"同上合组织国家的互联互通是印度的优先事项，互联互通将为不同国家和社会之间的互信和合作铺平道路"。但是，印度认为互联互通应符合一定的原则。2017年6月上合组织阿斯塔纳峰会上，莫迪表示"包容、可持续、尊重主权和领土完整"是互联互通倡议广受欢迎并取得成功的关键。同年12月上合组织政府首脑理事会上，印度又增加了对透明（transparency）的要求。② 2018年10月，印度的互联互通原则又表述为"尊重主权和领土完整、协商、良治、透明、能见度和可持续"。③ 2019年上合组织元首峰会上，印度总理莫迪则强调互联互通倡议应该基于"尊重主权和领土完整、良治、透明、务实（practicality）、可靠（reliability）"。④ 显然，印度的互联互通标准很大程度是针对"一带一路"提出的，主要指向中巴经济走廊穿越巴控克什米尔，国际舆论炒作"一带一路"使东道国陷入债务陷阱，"一带一路"投融资及项目招标不透明等话题。与此同时，印度积极倡导自己主导的互联互通项目。2017年阿斯塔纳峰会上莫迪表示，印度将通过参与北南交通走廊、恰巴哈尔协议、阿什哈巴德协议增进与上

---

① "Statement by External Affairs Minister at the SCO Heads of State Summit", Ministry of External Affairs of India, June 07, 2012, https://mea.gov.in/Speeches-Statements.htm?dtl/19755/statement+by+external+affairs+minister +at+the+sco+heads+of+state+summit，登录时间：2019年9月10日。

② "Statement by External Affairs Minister at the 16th Meeting of Council of SCO Heads of Governments, Sochi", Ministry of External Affairs of India, December 01, 2017, https://mea.gov.in/Speeches-Statements.htm?dtl/29144/statement+by+external+affairs+minister+at+the+16th+meeting+of+council+of+sco+heads+of+governments+sochi+december+01+2017，登录时间：2019年9月14日。

③ "Statement by External Affairs Minister at SCO-Meeting of the Council of Heads of Government (October 11-12, 2018)", Ministry of External Affairs of India, October 12, 2018, https://mea.gov.in/Speeches-Statements. htm?dtl/30495/statement+by+external+affairs+minister+at+scomeeting+of+the+council+of+heads+of+government+october+1112+2018，登录时间：2019年9月14日。

④ "Meeting of Council of Foreign Ministers of SCO, Bishkek, 21-22 May 2019", Ministry of External Affairs of India, May 20, 2019. https://mea.gov.in/press-releases.htm?dtl/31326/meeting+of+council+of+foreign+ministers+of+sco+bishkek+2122+may+2019，登录时间：2019年9月14日。

合组织地区的互联互通。① 此后，印度还多次提及2017年启动的喀布尔—坎大哈—新德里—孟买空中运输走廊②号召中亚国家加强与中亚的经济和互联互通合作③，呼吁建立以阿富汗为中心的地区一体化④，表明印度在上合组织框架下的互联互通倡议，已经从相对粗略的"联通中亚"进一步明确为建立以阿富汗为核心的地区互联互通网络。

二、挫折后的政策调整：由外及内推进互联互通

印度加入上合组织后，增进反恐共识，加强对阿富汗介入取得了积极成效，但推动互联互通的目标遭遇挫折。

（一）印度互联互通在组织内遭遇挫折

首先，印度互联互通倡议未得到上合组织确认。上合组织地区存在多个互联互通倡议，尤其以中俄印分别倡导的"一带一路""欧亚经济联盟""北南交通走廊"为典型代表。相比中俄，印度既是上合组织的后来者，也是欧亚地区互联互通的后来者，这导致印度的互联互通倡议在上合组织内部很难获得主导地位。再加上中俄早在2015年即就"一带一路"与欧亚经济联盟对接达成共识，并在上合组织元首峰会宣言中得到确认，而印度又拒绝在上合组织支持"一带一路"，于是进一步导致印度在上合组

---

① "English rendition of Prepared text of Press Statement by Prime Minister at SCO Summit in Astana (June 09, 2017)", Ministry of External Affairs of India, https://mea.gov.in/Speeches-Statements.htm?dtl/28518/english+rendition+of+prepared+text+of+press+statement+by+prime+minister+at+sco+summit+in+astana+june+09+2017，登录时间：2019年9月13日。

② "Statement by External Affairs Minister at the 16th Meeting of Council of SCO Heads of Governments, Sochi (December 01, 2017)", Ministry of External Affairs of India, December 01, 2017, https://mea.gov.in/Speeches-Statements.htm?dtl/29144/statement+by+external+affairs+minister+at+the+16th+meeting+of+council+of+sco+heads+of+governments+sochi+december+01+2017，登录时间：2019年9月14日。

③ "Statement by External Affairs Minister at the 16th Meeting of Council of SCO Heads of Governments, Sochi (December 01, 2017)", Ministry of External Affairs of India, December 01, 2017, https://mea.gov.in/Speech es-Statements.htm?dtl/29144/statement+by+external+affairs+minister+at+the+16th+meeting+of+council+of+sco+heads+of+governments+sochi+december+01+2017，登录时间：2019年9月14日。

④ SCO-Afghanistan Contact Group Meeting, Moscow (October 11, 2017), Ministry of External Affairs of India, October 12, 2017, https://mea.gov.in/press-releases.htm?dtl/29022/sco+afghanistan+contact+group+meeting +moscow+october+11+2017，登录时间：2019年9月10日。

织互联互通合作中孤立而尴尬的处境。

其次，印度的互联互通原则未得到上合组织采纳。印度在上合组织倡导自己的互联互通原则，既是表达对"一带一路"的批评和不满，也希望借此推动上合组织其他成员国接纳印度的原则，以抗衡中国影响力。这种以"怼华""抗华"为真实目的的互联互通主张，在以友好协商为主基调，其他成员国均支持"一带一路"的上合组织，显然难以获得广泛支持。于是印度对其互联互通原则的反复强调，只能停留在立场宣示层面。印度一面拒绝在上合组织支持"一带一路"，一面又未能使其他成员国接受自己的互联互通原则，使其在上合组织互联互通合作中陷入孤立。

在上合组织框架下，印度既拥有成员国的有利条件，又在推进互联互通上遭遇挫折。在此背景下，印度为充分发挥上合组织工具价值，促进外交政策目标实现，自然而然将地区互联互通政策与上合组织政策进行适应性调整。

（二）印度转向组织外落实互联互通

2017年以来，印度除了继续推进恰巴哈尔港为枢纽的北南交通走廊外，还先后加入了国际货物运输关税协定（TIR Convention）和阿什哈巴德协定。2018年11月16日，罗贡水力发电站奠基。印度认为这代表了中亚一体化的趋势，有利于连通中亚政策，进而于2019年1月13日举办首届印度—中亚外长对话。

印度外长在对话会下半场大量谈及印度与中亚国家的互联互通合作。一是继续倡导"尊重主权和领土完整、透明、平等、良治"等印度的互联互通原则；二是介绍印度互联互通的进展；三是呼吁中亚国家充分利用恰巴哈尔港；四是呼吁与中亚国家共同设立互联互通项目，如建立印度—中亚空中运输走廊、组织"空中走廊对话"机制等。印度对互联互通的呼吁得到中亚国家的回应。2018年10月乌兹别克斯坦总统米尔季耶夫在访问印度时表示，乌兹别克斯坦将参加印度倡导的北南交通走廊。① 哈萨克斯坦提出将哈萨克斯坦与伊朗阿巴斯港连接，乌兹别克斯坦建设的Hairatan to

---

① "Statement by External Affairs Minister at the Second Session of the India-Central Asia Dialogue", Ministry of External Affairs of India, January 13, 2019, https://mea.gov.in/Speeches-Statements.htm?dtl/30906/statement+by+external+affairs+minister+at+the+second+session+of+the+india central+asia+dialogue, 登录时间：2019年9月10日。

Mazar-i-Sharif 铁路，有可能最终连接赫拉特，从而成为北南交通走廊的一部分，这些客观上也有利于印度推进自己的互联互通倡议。

印度外长在印度—中亚外长对话会上提出设立"印度—中亚商业委员会"（India-Central Asia Business Council）和"印度中亚发展小组"（India-Central Asia Development Group）也得到中亚国家支持。印度则有意支持中亚国家的区域合作倡议，如支持乌兹别克斯坦组建"中亚地区交通委员会"（Regional Transportation Council），以促进与中亚的互联互通。这说明印度已经显著加大了上合组织外的互联互通合作力度。这些合作在取得积极成效的同时也逐渐进入了机制化阶段。

（三）上合组织既是工具又是战场

上合组织为印度推进对组织框架外互联互通提供"护身符"和"安全阀"。印度参加的"国际货物运输关税协定"包括了所有中亚国家、伊朗和阿富汗，而"阿什哈巴德协定"则包括哈萨克斯坦、乌兹别克斯坦、土库曼斯坦、伊朗在内的所有上合组织成员国和观察员国。印度的联通中亚政策以及为此启动的印度—中亚对话会，对象国主要是中亚国家和阿富汗。他们同时是上合组织的成员国/观察员国/主席国客人。由于印度互联互通对象地区与上合组织地区高度重叠，当印度在上合组织框架外推进互联互通目标时，印度的上合组织成员国身份提供了合法性和合理性，有利于减少外界疑虑；上合组织框架内的多样化交流渠道则有利于增进理解，促进共识，客观上为框架外合作创造了有利条件。在印度反对"一带一路"倡议的背景下，其互联互通项目和原则、连通中亚政策既有对抗中国影响力的显著意图[1]，也有以阿富汗为枢纽遏制巴基斯坦的地缘政治诉求。这种对抗倾向下的互联互通竞争，容易演变为具有火药味的地缘政治争夺。中印巴同为上合组织成员国的身份有利于缓解这种焦虑，上合组织搭建的沟通平台则有助于管控分歧和消除误解。

印度推进互联互通的主战场终将转向上合组织内部。印度在上合组织内的互联互通外交瞄准两个目标。一是确立上合组织的大国地位。上合组织元首宣言明确支持"一带一路"和"欧亚经济联盟"，间接体现了中俄

---

[1] Dipanjan Roy Chaudhury, "India and China: New Players in Central Asia's 'Great Game' ", *The Economic Times*, June 12, 2018, https://economictimes.indiatimes.com/news/defence/india-china-new-players-in-central-asias-great-game/articleshow/60905273.cms，登录时间：2019年9月10日。

在上合组织内的领导地位。印度寻求成为与中俄并肩的大国,为此积极谋求将印度的互联互通项目或原则、标准写入上合组织文件,以便与中俄比肩。二是变少数派为多数派。印度是上合组织成员国中唯一反对"一带一路"的成员国,由此造成其少数派身份。这一处境不利于印度充分运用上合组织平台推进自己的利益。要实现上述目标,印度面临两个选项。一是改弦易辙支持"一带一路"或推动自己的互联互通倡议与"一带一路"对接。二是继续推进自己的互联互通倡议,抵制"一带一路"影响,并寻求尽可能广泛的支持。目前看,印度选择了第二个选项。这一选项意味着:印度既在上合组织框架内推广其理念和主张,又在组织框架外推动互联互通务实合作;印度将通过务实合作,争取上合组织成员国事实上的支持,进而将事实上的支持转化为组织框架内的支持;通过争取尽可能多的组织框架内的支持,将印度的主张和理念写入上合组织官方文件,从而让印度成为上合组织内与中俄并驾齐驱、拥有广泛支持的大国。

三、总结与展望

印度的上合组织政策植根于具体地区政策和大国外交需要。印度加入上合组织以来,持续在反恐、阿富汗事务、互联互通三个政策领域发力。其中互联互通尤为重要。它既是介入中亚的突破口也是影响阿富汗局势的抓手,更对增强反恐能力具有重要意义。印度互联互通政策目标在上合组织遭遇困难,导致印度在上合组织陷入孤立,未能获得比肩中俄的大国地位。为扭转局面,印度转而在上合组织框架外推动落实互联互通主张,既抗衡中国"一带一路"影响力,又争取上合组织成员国的事实承认和支持,进而利用这些支持力量,将其互联互通主张升格为上合组织的共识性互联互通倡议。

印度版互联互通是关系其中亚政策、阿富汗政策、反恐政策的根本性政策工具。它以阿富汗为枢纽,向北连通中亚,向南绕过巴基斯坦的阻隔,既有寻求经济贸易联通的地缘经济诉求,也有抗衡中国影响力、挤压巴基斯坦战略空间的地缘政治目的。随着印度与上合组织磨合期的结束,印度将日益娴熟地利用上合组织的沟通机制、上合组织成员国的身份价值、上合组织长期以来为互联互通创造的制度性便利,推进其具有内部对抗性的互联互通项目。由此引发的冲突和分裂风险将是对上合组织制度弹性和聚同化异能力的严峻考验。

Новые тенденции политики Индии в отношении ШОС

Бай Леньлэй

Аннотация: После присоединения к ШОС Идиня продолжает прежнюю политику, проводившуюся в период государства-наблюдателя, и делает акцент на борьбу с терроризмом, решение афганской проблемы и продвижение взаимосвязанной инфраструктуры. Индия сделала успехи в трех направлениях: способствование формированию более решительного антитеррористического консенсуса, влияние на ситуацию в Афганистане с использованием ШОС, пропаганда внутри ШОС о инициативе инфраструктурной взаимосвязи индийской версии. Выступая против инициативы «Один пояс, один путь», Индия стала элементом из «меньшинства» по вопросу сотрудничества в инфраструктурной взаимосвязи в рамках ШОС. Чтобы выйти из неловкого положения, Индия приняла внешне-внутреннюю тактику, при которой Индия в полной мере использует все удобные условия ШОС для того, чтобы сотрудничать в инфраструктнрной взаимосвязи с отдельными странами вне рамок ШОС. Очевидно, что данная поступка имеет цель увеличения своего права на слово внутри ШОС, и эта тактика, ориентированная на внутреннюю конкуренцию, станет испытанием на системную гибкость ШОС и на ее способность согласования позиций и сглаживания противоречий.

Ключевые слова: Индия; борьба с терроризмом, проблема Афганистана; взаимосвязь; тактика

Автор: Бай Лэньлэй, Ведущий научный сотрудник КАМП, доктор экономических наук

New Trends of India's SCO Policy

Bai Lianlei

Abstract: After India joined the SCO, the focus of India when having an observer status in the SCO has been maintained, that is, combating terrorism, resolving the Afghan issue and promoting interconnectivity. And India has also achieved the following successes: promoting the formation of a more abosolute anti-terrorism consensus, influencing the situation in Afghanistan through the SCO, and promoting India's concept of interconnectivity. However, its opposition against the "Belt and Road" initiative led to the fact that India has become a "minority" in the SCO's interconnectivity cooperation. In order to reverse this embarrassing situation, India has adopted a strategy on interconnectivity from outside to inside, that is, making full use of the various facilitation measures of the SCO to strengthen the interconnectivity with the relevant SCO countries outside the organizational framework, and then relying on cooperation outside the framework to strengthen India's position in the SCO. This kind of internal competitive interconnectivity strategy will test the flexibility of the SCO system and the ability of coordinating competitions.

Keywords: India; anti-terrorism, Afghanistan issue; interconnection; strategy

Author: Bai Lianlei, Associate Research Fellow of the Department for European and Central Asian Studies at the China Institute of International Studies., Ph.D. in Economics.

图书在版编目（CIP）数据

新时期上海合作组织：形势和任务：2018—2019 / 戚振宏主编.—北京：世界知识出版社，2019.11
ISBN 978-7-5012-5160-5

Ⅰ.①新… Ⅱ.①戚… Ⅲ.①上海合作组织—研究 Ⅳ.①D814.1

中国版本图书馆CIP数据核字（2019）第269482号

书　　名	新时期上海合作组织：形势和任务（2018—2019） Shanghai Cooperation Organization in the New Era: Situation and Task (2018-2019)
主　　编	戚振宏
责任编辑	范景峰
责任出版	赵　玥
责任校对	陈可望
出版发行	世界知识出版社
地址邮编	北京市东城区干面胡同51号（100010）
网　　址	www.ishizhi.cn
电　　话	010-65265923（发行）　010-85119023（邮购）
经　　销	新华书店
印　　刷	北京虎彩文化传播有限公司
开本印张	165mm×240mm　1/16　18¼印张
字　　数	365千字
版次印次	2019年12月第一版　2019年12月第一次印刷
标准书号	ISBN 978-7-5012-5160-5
定　　价	120.00元

版权所有　侵权必究